新款
汽车电路图与元件位置
速查手册

李土军　主编

国产车系

化学工业出版社
·北京·

内 容 简 介

本书选取了近几年新上市的国产车型，展示了这些车型的电气系统电路图、线束布置、电气元件/控制单元位置分布和接地点分布等信息，方便汽车维修人员查阅车型电路资料，查找故障线路，检测电路故障。

本书介绍了近十款国产汽车的电气系统，这些电气系统包括充电与启动系统、照明与信号系统、刮水器与洗涤器、中控门锁和防盗系统、无钥匙进入与启动系统（PEPS）、电动车窗、电动天窗、电动后视镜、电动座椅调节系统、空调系统、倒车雷达和倒车影像系统、音响娱乐系统、组合仪表和CAN总线网络通信系统等。此外，本书还简要介绍了各电气系统的电路原理，有助于维修人员在检修电路前弄懂其工作原理。

本书电路资料齐全，车型新，实用性强，适合汽车维修人员特别是汽车电工阅读使用，也可供汽车电器电路改装、加装人员参考。

图书在版编目（CIP）数据

新款汽车电路图与元件位置速查手册. 国产车系/李土军主编.
—北京：化学工业出版社，2021.11
ISBN 978-7-122-39809-3

Ⅰ.①新… Ⅱ.①李… Ⅲ.①汽车-电气设备-电路图-手册②汽车-电子元件-手册　Ⅳ.①U463.62-62

中国版本图书馆 CIP 数据核字（2021）第 174945 号

责任编辑：周　红　　　　　　　　　　装帧设计：王晓宇
责任校对：张雨彤

出版发行：化学工业出版社(北京市东城区青年湖南街13号　邮政编码100011)
印　　装：三河市延风印装有限公司
787mm×1092mm　1/16　印张 28¼　字数 607 千字　2022 年 1 月北京第 1 版第 1 次印刷

购书咨询：010-64518888　　　　　　　　售后服务：010-64518899
网　　址：http://www.cip.com.cn
凡购买本书，如有缺损质量问题，本社销售中心负责调换。

定　　价：158.00元　　　　　　　　　　　　　　　　版权所有　违者必究

前言
PREFACE

  汽车电路是汽车电气系统的神经脉络，是汽车电器正常工作的关键。近十年来，随着汽车电子电气工业技术的迅猛发展，汽车上的电器装备越来越多，汽车电路变得复杂多样。其次，车型更新的速度也在加快，厂家不断推陈出新，这就增加了汽车维修人员对汽车电器电路认知与维修的难度。为了满足广大汽车运用人员和维修工对新款车型电器电路的了解和修理需求，我们特编写了此书。

  本书选取了近几年新上市的国产车型，展示了这些车型的电气系统电路图、线束布置、电气元件/控制单元位置分布和接地点分布等信息，方便汽车维修人员查阅车型电路，查找及检测电路故障。介绍的车型包括长城哈弗 H6、长城 WEY（魏）VV7、吉利帝豪 GL、吉利远景 X3、众泰 T300、众泰 T600、广汽传祺 GS4、奇瑞瑞虎 7 等。本书电路资料齐全，车型新，实用性强，物超所值。

  本书的电路图按系统分类，方便查看。本书对各个电气系统的电路原理描述简洁而易懂，且有的系统配备了电气原理图，有利于全局把握电路工作原理。电路图中的主要控制单元如 BCM、PEPS 等和控制开关、执行器（用电器）配有端子定义及功能描述，方便了解电路端子功能。电器位置图和接地点分布图中的电气元件在实车上也是非常直观易找。本书使用说明见附录。

  本书适合汽车维修人员特别是汽车维修电工阅读使用，也可供汽车电器电路改装、加装人员参考，还能作为广大汽车电器电路学员的辅助用书。

  本书由李土军主编，参加本书编写工作的还有李春、颜雪飞、颜复湘、欧阳汝平、李孝武、朱莲芳、陈庆吉、李桂林、周家祥、颜雪凤、李玲玲。

  由于编者水平有限及成书仓促，不妥之处在所难免，敬请广大读者批评指正。因每款车型有几个配置版本，在进行电路检测、维修时，请以实车配置为准，书中电路资料仅供参考。

编　者

目录
CONTENTS

001 第一章 汽车电路检修基础知识

第一节 电气符号 ··· 001
第二节 万用表的使用方法 ··· 002
第三节 电路检修基本方法 ··· 004
 一、电路故障诊断流程 ·· 004
 二、电路检测方法 ·· 005
 三、电路故障排除方法 ·· 006

009 第二章 2017~2019 长城哈弗 H6 电路图与元件位置

第一节 系统电路图 ·· 009
 一、电源与启动系统 ··· 009
 二、照明与信号系统 ··· 012
 三、刮水器与洗涤器 ··· 025
 四、中控门锁系统 ·· 028
 五、无钥匙进入与启动系统（PEPS） ································· 030
 六、电动车窗系统 ·· 034
 七、电动后视镜系统 ··· 037
 八、车身控制器（BCM） ··· 042
 九、自动空调系统 ·· 043
 十、组合仪表系统 ·· 044
 十一、网关与诊断接口 ·· 046
第二节 线束布置 ··· 047
 一、发动机舱线束 ·· 047
 二、仪表板线束 ··· 048
 三、车身线束 ·· 048

　　　　四、车门线束…………………………………………………………051
　　　　五、车门门灯线束……………………………………………………052
　　　　六、顶篷线束…………………………………………………………052
　　　　七、后背门线束………………………………………………………052
　　第三节　电气元件位置………………………………………………………055
　　　　一、发动机舱…………………………………………………………055
　　　　二、驾驶室……………………………………………………………055
　　　　三、仪表板……………………………………………………………055
　　　　四、车身后部…………………………………………………………057
　　　　五、无钥匙进入与启动系统…………………………………………057
　　第四节　接地点分布…………………………………………………………058
　　　　一、发动机舱线束接地点……………………………………………058
　　　　二、仪表板线束接地点………………………………………………059
　　　　三、车身线束接地点…………………………………………………059
　　　　四、后背门线束接地点………………………………………………059

061　第三章　2017~2019 长城 WEY VV7 电路图与元件位置

　　第一节　系统电路图…………………………………………………………061
　　　　一、电源系统…………………………………………………………061
　　　　二、照明与信号系统…………………………………………………061
　　　　三、刮水器与洗涤器…………………………………………………077
　　　　四、中控门锁系统……………………………………………………079
　　　　五、无钥匙进入与启动系统（PEPS）………………………………081
　　　　六、电动车窗系统……………………………………………………084
　　　　七、电动天窗、阅读灯………………………………………………087
　　　　八、电动后视镜系统…………………………………………………088
　　　　九、电动座椅…………………………………………………………092
　　　　十、电动后背门………………………………………………………095
　　　　十一、自动空调系统…………………………………………………097
　　　　十二、组合仪表………………………………………………………100

　　　　十三、网关与诊断接口 …………………………………………………… 101
　第二节　线束布置 …………………………………………………………………… 102
　　　　一、发动机线束 ………………………………………………………………… 102
　　　　二、发动机舱线束 ……………………………………………………………… 102
　　　　三、仪表板线束 ………………………………………………………………… 105
　　　　四、车身线束 …………………………………………………………………… 106
　　　　五、车门线束 …………………………………………………………………… 108
　　　　六、车门门灯线束 ……………………………………………………………… 110
　　　　七、座椅线束 …………………………………………………………………… 111
　　　　八、顶篷线束 …………………………………………………………………… 112
　　　　九、后背门线束 ………………………………………………………………… 112
　第三节　电气元件位置 ……………………………………………………………… 113
　　　　一、发动机舱 …………………………………………………………………… 113
　　　　二、驾驶室 ……………………………………………………………………… 113
　　　　三、仪表板 ……………………………………………………………………… 115
　　　　四、前排座椅 …………………………………………………………………… 115
　　　　五、车身后部 …………………………………………………………………… 115
　第四节　接地点分布 ………………………………………………………………… 117
　　　　一、发动机舱线束接地点 ……………………………………………………… 117
　　　　二、仪表板线束接地点 ………………………………………………………… 117
　　　　三、车身线束接地点 …………………………………………………………… 117
　　　　四、后背门线束接地点 ………………………………………………………… 119

第四章　2018吉利帝豪GL电路图与元件位置

　第一节　系统电路图 ………………………………………………………………… 120
　　　　一、充电与启动系统 …………………………………………………………… 120
　　　　二、照明与信号系统 …………………………………………………………… 125
　　　　三、刮水器与洗涤器 …………………………………………………………… 138
　　　　四、中控门锁和防盗系统 ……………………………………………………… 139
　　　　五、无钥匙进入与启动系统（PEPS）………………………………………… 143

　　　　六、电动车窗系统·················147
　　　　七、电动天窗系统·················150
　　　　八、电动后视镜系统···············151
　　　　九、电动座椅和座椅加热···········154
　　　　十、空调系统·····················156
　　　　十一、音响娱乐系统···············162
　　　　十二、行车记录仪·················168
　　　　十三、组合仪表···················169
　　第二节　线束布置·····················171
　　　　一、发动机舱线束·················171
　　　　二、仪表线束·····················172
　　　　三、空调线束·····················174
　　　　四、地板线束·····················175
　　　　五、车门线束·····················177
　　第三节　接地点分布···················180
　　　　一、发动机舱线束接地点···········180
　　　　二、仪表板接地点·················180
　　　　三、车身地板接地点···············180

第五章　2017~2018 吉利远景 X3 电路图与元件位置

　　第一节　系统电路图···················182
　　　　一、充电与启动系统···············182
　　　　二、照明与信号系统···············184
　　　　三、刮水器与洗涤器···············192
　　　　四、中控门锁和防盗系统···········194
　　　　五、无钥匙进入与启动系统（PEPS）·197
　　　　六、电动车窗系统·················199
　　　　七、电动天窗与诊断接口···········201
　　　　八、电动后视镜系统···············202
　　　　九、空调系统·····················204

　　　　　十、音响导航系统 ·· 207
　　　　　十一、行车记录仪 ·· 210
　　　　　十二、组合仪表 ·· 211
　　　　　十三、倒车雷达系统 ·· 213
　　　　　十四、总线网络通信系统 ·· 214
　　第二节　线束布置 ·· 217
　　　　　一、发动机舱线束 ·· 217
　　　　　二、仪表线束 ·· 218
　　　　　三、顶篷线束 ·· 219
　　　　　四、地板线束 ·· 219
　　　　　五、车门线束 ·· 221
　　第三节　接地点分布 ·· 223
　　　　　一、发动机舱线束接地点 ·· 223
　　　　　二、仪表线束接地点 ·· 223
　　　　　三、地板线束接地点 ·· 224
　　　　　四、顶篷线束接地点 ·· 225

226　第六章　2017~2019 众泰 T300 电路图与元件位置

　　第一节　系统电路图 ·· 226
　　　　　一、充电与启动系统 ·· 226
　　　　　二、照明与信号系统 ·· 226
　　　　　三、刮水器与洗涤器 ·· 236
　　　　　四、中控门锁系统 ·· 237
　　　　　五、无钥匙进入与启动系统（PEPS） ······························ 239
　　　　　六、电动车窗系统 ·· 243
　　　　　七、电动天窗系统 ·· 245
　　　　　八、电动内外后视镜系统 ·· 246
　　　　　九、电动座椅调节和喇叭 ·· 247
　　　　　十、空调系统 ·· 248
　　　　　十一、音响系统 ·· 250

　　　　　十二、组合仪表……………………………………………………252
　　　　　十三、倒车灯和倒车雷达系统………………………………………254
　　　　　十四、盲区侦测系统…………………………………………………257
　　　　　十五、电子驻车系统（EPB）…………………………………………259
　　第二节　线束布置…………………………………………………………260
　　　　　一、发动机舱线束……………………………………………………260
　　　　　二、仪表线束…………………………………………………………261
　　　　　三、顶篷线束…………………………………………………………262
　　　　　四、地板线束…………………………………………………………262
　　　　　五、车门线束…………………………………………………………264
　　　　　六、后背门线束………………………………………………………266
　　　　　七、线束对接插头……………………………………………………267
　　第三节　控制单元位置……………………………………………………269
　　　　　一、发动机舱…………………………………………………………269
　　　　　二、驾驶室……………………………………………………………269
　　　　　三、地板/车身…………………………………………………………270
　　第四节　接地点分布………………………………………………………271
　　　　　一、整车接地点分布…………………………………………………271
　　　　　二、发动机舱线束接地点……………………………………………272
　　　　　三、仪表线束接地点…………………………………………………272
　　　　　四、地板线束接地点…………………………………………………274
　　　　　五、顶篷线束接地点…………………………………………………274
　　　　　六、后背门线束接地点………………………………………………276

第七章　2018~2019 众泰 T600 电路图与元件位置

　　第一节　系统电路图………………………………………………………278
　　　　　一、充电与启动系统…………………………………………………278
　　　　　二、照明与信号系统…………………………………………………278
　　　　　三、刮水器与洗涤器…………………………………………………289
　　　　　四、中控门锁系统……………………………………………………291

　　　　五、无钥匙进入与启动系统（PEPS）……………292

　　　　六、电动车窗系统……………295

　　　　七、电动天窗系统……………297

　　　　八、电动后视镜系统……………299

　　　　九、电动座椅调节和喇叭……………300

　　　　十、空调系统……………301

　　　　十一、音响系统……………302

　　　　十二、组合仪表……………303

　　　　十三、电动尾门系统……………306

　　　　十四、电子驻车系统（EPB）……………308

　　　　十五、电子悬架系统……………308

　　第二节　线束布置……………311

　　　　一、发动机舱线束……………311

　　　　二、仪表线束……………312

　　　　三、顶篷线束……………313

　　　　四、地板线束……………314

　　　　五、后背门线束……………314

　　第三节　控制单元位置……………316

　　第四节　接地点分布……………318

　　　　一、整车接地点分布……………318

　　　　二、发动机舱线束接地点……………318

　　　　三、仪表线束接地点……………320

　　　　四、地板线束接地点……………320

　　　　五、顶篷线束接地点……………321

　　　　六、后背门线束接地点……………321

第八章　2017~2018 广汽传祺 GS4 电路图与元件位置

　　第一节　系统电路图……………322

　　　　一、充电与启动系统……………322

　　　　二、照明与信号系统……………322

三、刮水器与洗涤器 ……………………………………………………… 335
　　四、中控门锁系统 ………………………………………………………… 339
　　五、无钥匙启动和智能进入系统 ………………………………………… 341
　　六、电动车窗系统 ………………………………………………………… 345
　　七、电动天窗系统 ………………………………………………………… 348
　　八、电动后视镜系统 ……………………………………………………… 349
　　九、电动座椅和座椅加热 ………………………………………………… 351
　　十、空调系统 ……………………………………………………………… 353
　　十一、组合仪表 …………………………………………………………… 358
　　十二、喇叭 ………………………………………………………………… 360
　　十三、智能传感器 ………………………………………………………… 361
第二节　线束布置 ……………………………………………………………… 362
　　一、发动机舱线束 ………………………………………………………… 362
　　二、仪表板线束 …………………………………………………………… 363
　　三、车身线束 ……………………………………………………………… 364
　　四、左前门线束 …………………………………………………………… 365
　　五、右前门线束 …………………………………………………………… 366
　　六、左后门线束 …………………………………………………………… 367
　　七、右后门线束 …………………………………………………………… 367
　　八、后背门线束 …………………………………………………………… 368
第三节　控制单元位置 ………………………………………………………… 368
　　一、整车控制单元 ………………………………………………………… 368
　　二、控制单元位置分布 …………………………………………………… 370
第四节　接地点分布 …………………………………………………………… 373
　　一、发动机舱线束接地点 ………………………………………………… 373
　　二、车身线束接地点 ……………………………………………………… 374
　　三、仪表板线束接地点 …………………………………………………… 374
　　四、后背门线束接地点 …………………………………………………… 375
　　五、蓄电池线束接地点 …………………………………………………… 375

第九章　2016~2017 奇瑞瑞虎 7 电路图与元件位置

第一节　系统电路图 …………………………………………… 376
　　一、充电与启动系统 ………………………………………… 376
　　二、照明与信号系统 ………………………………………… 376
　　三、刮水器与洗涤器 ………………………………………… 386
　　四、中控门锁与后视镜折叠 ………………………………… 388
　　五、无钥匙进入与启动系统（PEPS） …………………… 389
　　六、电动车窗、除霜和喇叭 ………………………………… 391
　　七、电动天窗和点烟器 ……………………………………… 393
　　八、电动后视镜与诊断接口 ………………………………… 394
　　九、电动座椅和座椅加热 …………………………………… 395
　　十、电动空调系统 …………………………………………… 397
　　十一、自动空调系统 ………………………………………… 399
　　十二、音响导航系统 ………………………………………… 402
　　十三、组合仪表 ……………………………………………… 404
　　十四、倒车雷达系统 ………………………………………… 405
　　十五、全景影像系统 ………………………………………… 406
　　十六、BCM 电源、网络通信 ……………………………… 407
　　十七、网络总线通信系统（网络拓扑图） ………………… 408
第二节　线束布置 ……………………………………………… 410
　　一、前保险杠、发动机舱线束 ……………………………… 410
　　二、仪表板线束 ……………………………………………… 411
　　三、室内地板线束 …………………………………………… 412
　　四、车门线束 ………………………………………………… 417
　　五、后保险杠线束 …………………………………………… 419
　　六、空调线束 ………………………………………………… 419
　　七、电源线束 ………………………………………………… 420
　　八、整车线束插接器 ………………………………………… 421
第三节　控制单元位置 ………………………………………… 426

一、发动机舱 …………………………………… 426
　　二、驾驶室 ……………………………………… 426
　　三、后备厢 ……………………………………… 427
第四节　接地点分布 ………………………………… 427
　　一、整车接地点分布 …………………………… 427
　　二、发动机舱线束接地点 ……………………… 427
　　三、室内地板线束接地点 ……………………… 427
　　四、后背门线束接地点 ………………………… 431

433　附录

　　本书使用说明 …………………………………… 433

第一章
汽车电路检修基础知识

第一节 电气符号

以吉利汽车为例,汽车电路图中的电气符号如图 1-1、图 1-2 所示。记住这些图标有利于看懂新能源汽车各系统电路图。

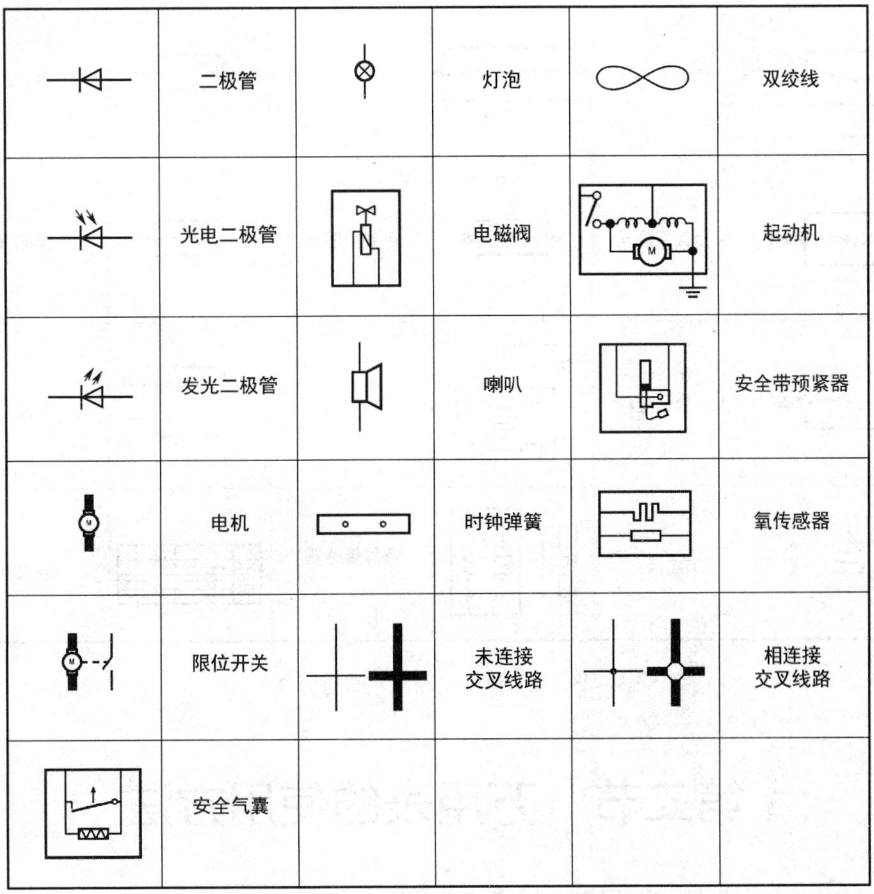

符号	名称	符号	名称	符号	名称
⊷	二极管	⊗	灯泡	∞	双绞线
LED	光电二极管		电磁阀		起动机
LED	发光二极管		喇叭		安全带预紧器
M	电机		时钟弹簧		氧传感器
M	限位开关	+	未连接交叉线路	✛	相连接交叉线路
	安全气囊				

图 1-1 汽车电路图电气符号 1

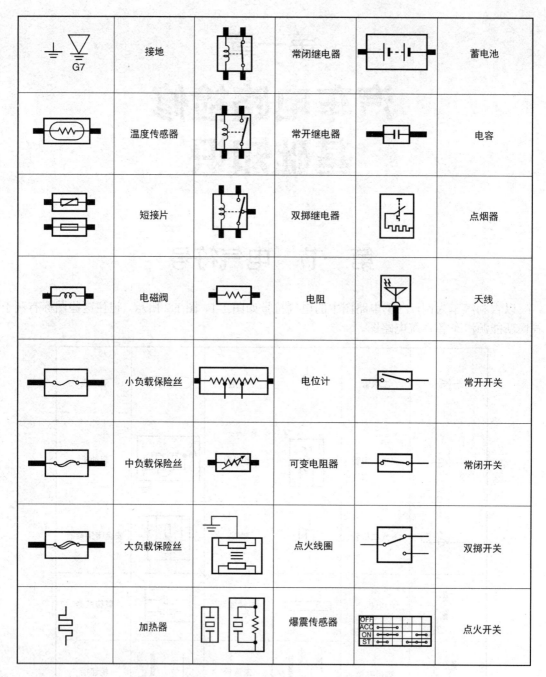

图1-2 汽车电路图电气符号2

第二节 万用表的使用方法

万用表一般分为指针式万用表（模拟式）和数字式万用表（图1-3）。
数字式万用表可测量直流电压、交流电压、直流电流、交流电流、喷油脉冲、电阻以及判断二极管/三极管极性、电路导通性等。

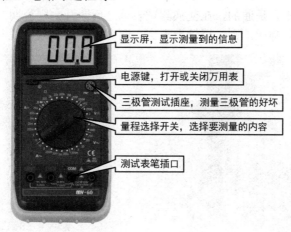

图1-3　数字式万用表

数字式万用表的使用方法如下：

① 直流电压的测量：将量程开关有黑线的一端拨至"DC-V"范围内的适当量程挡，黑表笔插入"COM"插口，红表笔插入"V·Ω"插口，将电源开关拨至"ON"挡，表笔接触测量点（图1-4）后，显示屏上便出现测量值。量程开关置于200mV挡，显示值以"mV"为单位，其余各挡以"V"为单位。

② 交流电压的测量：将量程开关拨至"AC-V"范围内的适当量程挡，表笔接法同上，其测量方法与测量直流电压相同。

③ 直流电流的测量：将量程开关拨至"DC-A"范围内的适当量程挡，当被测电流小于200mA时，红表笔应插入"mA"插口，黑表笔插入"COM"插口，接通内电源，把仪表串联接入（图1-5）。

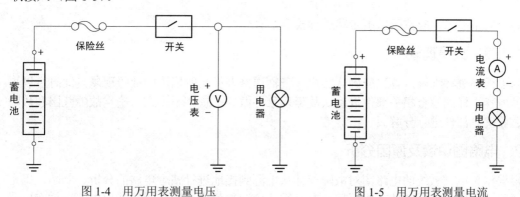

图1-4　用万用表测量电压　　　　　图1-5　用万用表测量电流

④ 交流电流的测量：将量程开关拨至"AC-A"范围内的适当量程挡，红表笔应按量程不同插入"mA"或"10A"插口，测量方法与测量直流电流方法相同。

⑤ 电阻的测量：将量程开关拨至"Ω"范围内的适当量程挡，红表笔插入"V·Ω"插口，黑表笔插入"COM"插口。然后如图1-6示将万用表的测试表笔连接到待测电阻或线圈，测量其电阻值（测量时确保电阻或线圈不带电）。

⑥ 二极管的测量：将量程开关拨至二极管符号挡，红、黑表笔分别插入"V·Ω"和"COM"插口，将表笔接至二极管两端，并调换表笔再测一次，读数应一次通一次不通，如

图 1-7 所示。

若在一个方向二极管是通的，在交换测试表笔之后断开，则说明二极管良好。

若二极管两个方向都通，则二极管被击穿。两个方向都不通，说明二极管已开路。

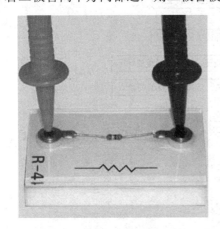

图 1-6　使用万用表测量电阻

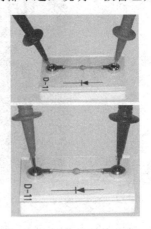

图 1-7　测量二极管导通性

⑦ 电路通断的检查：将红表笔插入"V·Ω"孔内，量程开关转至标有"•)))"的符号处，然后用表笔触及被测量电路，若表内蜂鸣器发出叫声，说明电路是通的；反之，则不通。

第三节　电路检修基本方法

一、电路故障诊断流程

对于电路故障，应按照以下步骤进行检查：

1. 确认故障现象

为了正确进行维修，首先应确认客户（车辆送修人员）所描述的故障现象，此时可以再现故障内容。仔细检查相关部件以确认故障现象并做好记录。不得在未确定故障范围和故障原因之前就对部件进行分解。

2. 电路图识读及原因分析

根据相关电气系统的电路图对故障部件从电源到接地进行整个电路的分析、判断，确定故障原因，明白电气系统的工作原理。有时需要检测与故障电路公用的其他电路，如在电路图上参考保险丝、接地、开关等公用的系统电路。

如果公用电路中的其他部件工作正常，则故障就在本身电路上。如果公用电路上的部件都有故障，则公用的保险丝或搭铁存在问题。

3. 电路及部件的检查

查阅电路图时应该结合维修手册来使用，以参考维修手册中对电气系统的描述，了解系统的工作原理，以及参考维修手册中电路及部件的检查流程。对于有控制模块的电路，可以先使用诊断仪对部件进行测试,得出结果。

有效的故障诊断应该是具有逻辑性的分析过程。

4. 故障维修

找出故障原因后,参考电路图及维修手册中的故障处理方法对故障电路及部件进行维修。

5. 确认电路工作

修理结束后,为了确认故障已排除,要重新进行检测。如果是保险丝熔断故障,则对所有该保险丝的连接电路进行检测。

二、电路检测方法

1. 电压检测

此测试检查某一点是否有电压。当检查导线连接器的某一个端子时,可以不分解导线连接器,从导线连接器的背面进行测试。要始终检查连接器的两侧,因为连接器接触面之间的污垢和侵蚀可能导致电气故障。

线路电压的检测方法如图 1-8 所示,操作步骤如下:

① 用试灯或电压表检查电压时,先把测量仪的负极与蓄电池负极连接。

② 再把试灯或电压表的另一端连接到要检测的位置上(连接器或端子)。

③ 如果用试灯检查,试灯亮,表示有电。如果用电压表检查,电压表的显示比规定值小 1V 以上,说明电路有故障。

2. 通电测试

① 分离蓄电池负极端子。

② 把自带电源试灯或电阻表的一根引线连接到要检测的部位上,如图 1-9 所示。使用电阻表时,先把电阻表的两根引线短接,用调零器调零。

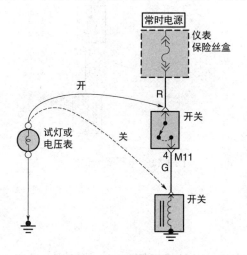

图 1-8 电压的检测方法

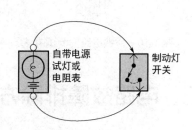

图 1-9 通电测试方法

③ 把检测仪的另一引线连接到要检测的负载的另一端子上。
④ 自带电源试灯亮，表示导通；使用电阻表时，电阻很小或接近 0Ω 表示良好的导通状态。

3. 搭铁电路的短路测试

① 分离蓄电池负极导线。
② 把自带电源试灯或电阻表的一根引线连接到保险丝的一个端子上。
③ 把自带电源的试灯或电阻表的另一引线搭铁。
④ 如图 1-10 所示，从接近保险丝盒的线束开始逐一检查。观察自带电源试灯或电阻表，重复此过程。
⑤ 自带电源试灯亮或电阻表有显示，说明这部分到搭铁电路短路。

4. 电压降测试

① 如图 1-11 所示，连接电压表的正极引线到最靠近蓄电池的导线的末端（或连接到连接器或开关的一侧）。
② 连接负极引线到导线的另一端（或连接到连接器或开关的另一侧）。
③ 接通电路。
④ 电压表显示两点之间的电压差值。0.1V 以上的差值（5V 电路中为 50mV）表示可能出现故障。
⑤ 检查电路是否松动或连接器是否脏污。

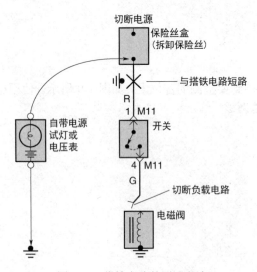

图 1-10　搭铁电路的测试方法

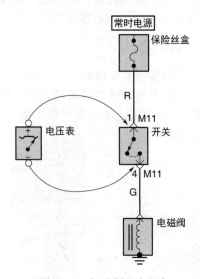

图 1-11　电压降测试方法

三、电路故障排除方法

汽车电路中发生的故障主要有断路、短路、电气设备的损坏等。为了能迅速、准确地诊断出故障，下面介绍几种常见的电气故障检修方法。

1. 直观诊断法

汽车电路发生故障时，有时会出现冒烟、火花、异响、焦臭、发热等异常现象。这些现象可通过人的眼、耳、鼻、手感觉到，从而可以直接判断出故障所在部位。

例如：一辆大众汽车在行驶中，突然发现转向灯与转向指示灯均不亮，用手一摸，发现闪光器发热烫手，说明闪光器已被烧坏。事后，检测该车的组合尾灯，发现转向灯灯座上的导电金属片发热严重，用手触摸感觉温度很高，于是更换组合尾灯灯座，故障排除。

2. 断路法

汽车电路设备发生搭铁（短路）故障时，可用断路法判断，即将怀疑有搭铁故障的电路断路后，根据电气设备中搭铁故障是否还存在，判断电路搭铁的部位和原因。

例如：汽车行驶时，听到喇叭长鸣，则可以将喇叭继电器的开关控制线拔下，此时如果喇叭停鸣，则说明转向盘上的喇叭开关至继电器这段电路中有搭铁现象。

3. 试灯法

试灯法就是利用试灯对电路故障进行诊断的一种方法，其优点是可迅速地判断出电路中的短路、断路故障。试灯法又分为短路检测法和断路检测法两种方法。短路法主要用于检测线路中的断路故障，而断路法则主要用于检测线路中的短路故障。

4. 仪表法

仪表法即通过观察汽车仪表板上的电流表、电量表、燃油表、机油压力表等的指示情况，来判断电路中有无故障的方法。

例如：燃油表发生故障，接通点火开关时，燃油表指示最低刻度位置，而此时汽车已加油，说明燃油液位传感器有故障或该线路搭铁。

5. 换件法

换件法在实际故障诊断中经常采用，即使用一个无故障的元件替换怀疑可能出现故障的元件，观察故障系统的工作情况，从而判断故障所在。采用换件法必须注意的是，在换件前要对线路进行必要的检查，确保线路正常方可使用，否则会造成更大的损失。

6. 仪器法

随着汽车电气设备的日趋复杂，在维修中，特别是维修电子控制单元较多的车辆，使用一些专用的仪器是十分必要的，新能源汽车高压电控系统的维修更是离不开专用诊断仪。诊断仪可读取高压电池、电池管理系统（BMS）、电机和电机控制器的数据流信息，为高压系统的故障诊断和排除提供便利和依据。

例如：我们要检测起亚混合动力汽车高压蓄电池的总电压、电流及单格电池电压，先将KDS/GDS诊断仪连接到诊断连接器（DLC）上，然后将点火开关置于ON位置，在GDS的当前数据流中检查单格电池和蓄电池组电压参数，如图1-12所示。

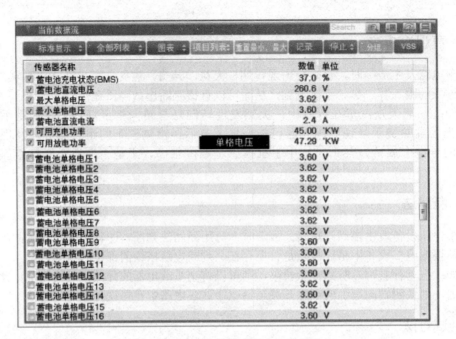

图 1-12 诊断仪读取高压电池数据流

第二章
2017~2019 长城哈弗 H6 电路图与元件位置

第一节 系统电路图

一、电源与启动系统

长城哈弗 H6 汽车的电源系统为整车电气系统提供电能并调节发电机的发电量,使蓄电池电量保持在一定的范围内。哈弗 H6 汽车的 DC/DC 稳压器电路如图 2-1 所示。

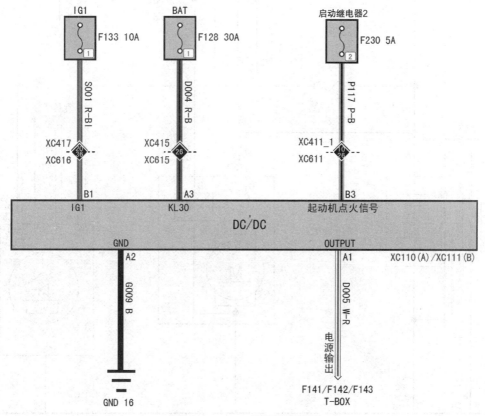

图 2-1 DC/DC 稳压器电路图

A1—电源输出;A2—电源地线;A3—电源输入;B1—IGN(KL.15)电源模式输入;B3—ISG(KL.50)起动机点火信号

在车辆启动的过程中，蓄电池电压会被拉低，此时 DC/DC 稳压器工作，可以将车载娱乐系统的供电电压维持在 12V 左右，避免造成车内灯光闪烁，车载娱乐系统产生停顿。DC/DC 稳压器后端负载为多媒体播放器、功率放大器、T-BOX。

长城哈弗 H6 汽车的充电与启动系统电路如图 2-2～图 2-4 所示。

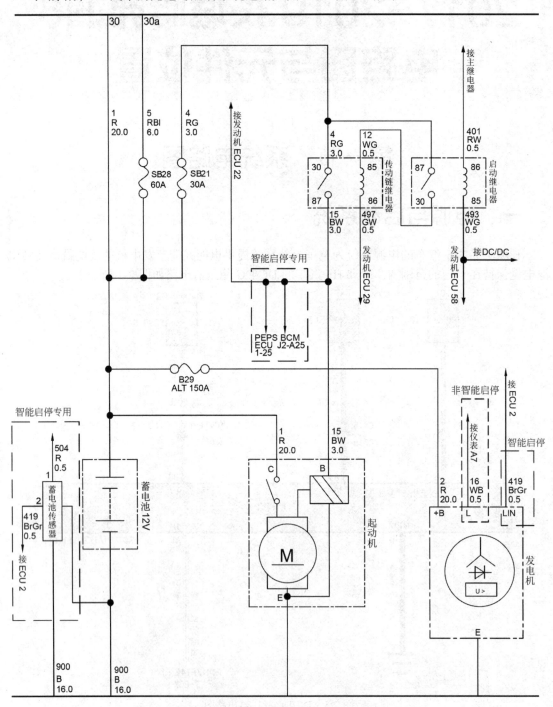

图 2-2　充电与启动系统电路图（1.5T-GW4G15B+6MT）

蓄电池传感器引脚：1—发动机 ECU（LIN）；2—蓄电池正极

蓄电池传感器用于启停汽车，其作用是测量蓄电池的电量（SOC）及蓄电池的健康状态（SOF），并判断车辆是否满足启停的要求。

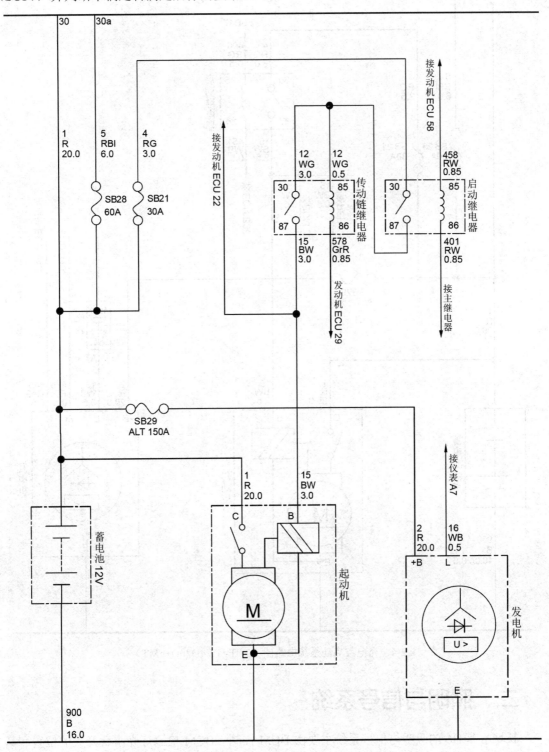

图 2-3　充电与启动系统电路图（1.5T-GW4G15B+6AT）

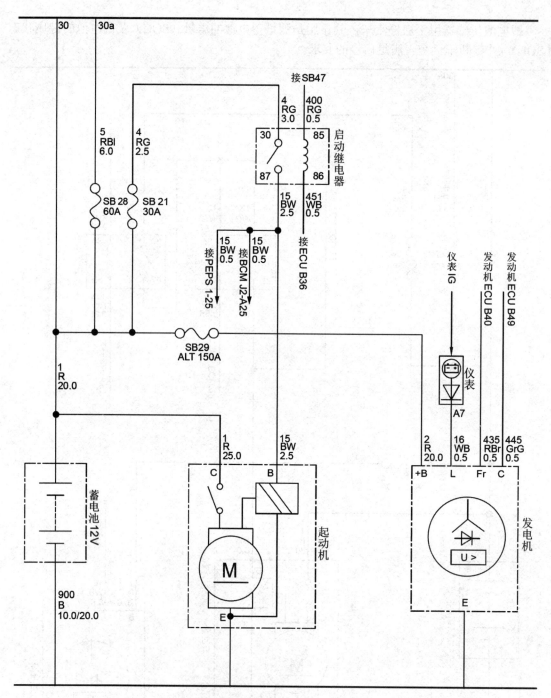

图 2-4 充电与启动系统电路图（2.0T-GW4D20D+6MT）

二、照明与信号系统

长城哈弗 H6 的照明与信号系统主要由 BCM 控制。BCM 检测灯光组合开关的位置和其他传感器开关信息，通过继电器或直接控制车内外灯的开启与关闭。

① 自动灯光：点火开关打开，灯光组合开关处于自动挡，BCM 收到雨量光线传感器点亮灯光的请求信号后，点亮相应的位置灯或近光灯。

② 制动灯：制动开关接通，BCM 点亮制动灯，BCM 收到陡坡缓降信号，点亮制动灯。BCM 检测到制动灯保险丝短路时，点亮其他正常的制动灯。

③ 背景灯和氛围灯：

点火开关处于 OFF/ACC，任意车门打开，BCM 点亮仪表的背景灯 30s，30s 内无任何变化，组合仪表背景灯立即熄灭。30s 内任意车门打开再次计时 30s。

点火开关处于 OFF/ACC，位置灯点亮后，BCM 点亮组合仪表背景灯，30s 内任意车门打开再次计时 30s。

点火开关处于 ON 模式后，组合仪表背景灯常亮。

点火开关处于任意模式，位置灯打开，BCM 点亮中控台的背景灯和氛围灯。

1. 灯光组合开关

长城哈弗 H6 汽车的灯光组合开关电路如图 2-5 所示。

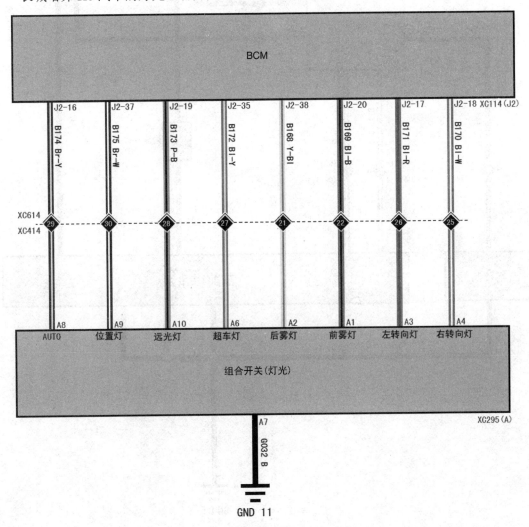

图 2-5　灯光组合开关电路图

2. 左前组合灯

长城哈弗 H6 汽车的左前组合灯电路如图 2-6 所示。

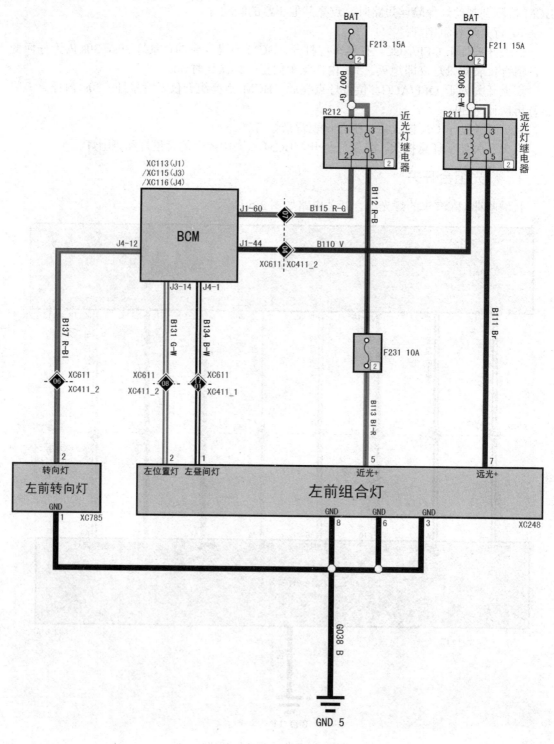

图 2-6 左前组合灯电路图

3. 右前组合灯

长城哈弗 H6 汽车的右前组合灯电路如图 2-7 所示。

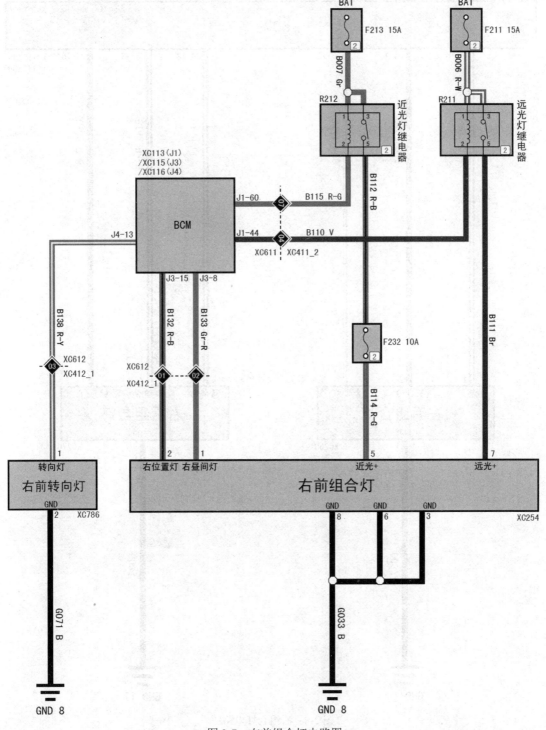

图 2-7 右前组合灯电路图

4. 后组合灯

长城哈弗 H6 汽车的后组合灯电路如图 2-8 所示。

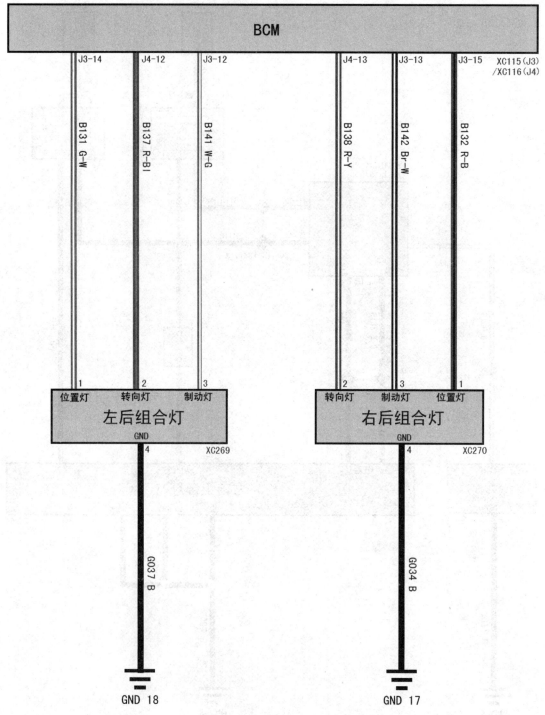

图 2-8 后组合灯电路图

5. 大灯高度调节

长城哈弗 H6 汽车的大灯高度调节电路如图 2-9 所示。

位于副仪表板上的控制开关能调节仪表背景灯的亮度,并能向 ESP 模块输出 ESP 功能和陡坡缓降功能控制信号,还能向前组合灯内的调节电机发送大灯调节高度信号。

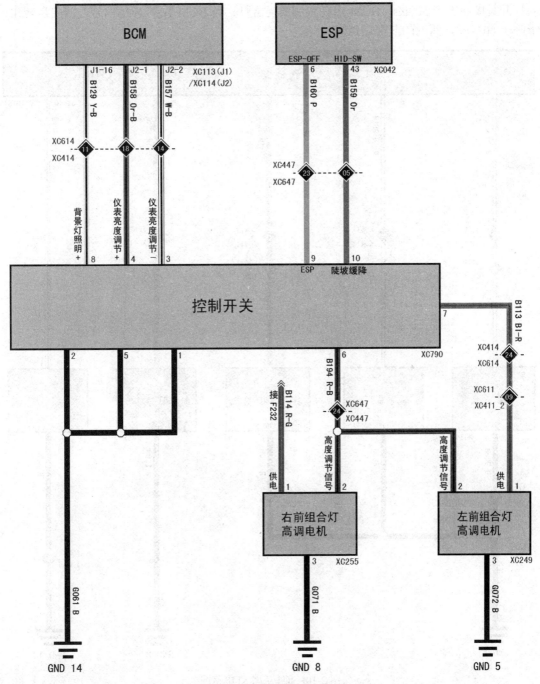

图 2-9　大灯高度调节电路图

6. 前、后雾灯

长城哈弗 H6 汽车的前、后雾灯电路如图 2-10 所示。

前雾灯辅助照明：当车速小于 35km/h，点火开关打开，位置灯、近光灯打开，转向盘向左转角大于等于 60°时，BCM 点亮左侧的前雾灯；当转向盘向右转角大于等于 60°时，BCM 点亮右侧的前雾灯；当左侧转向灯开关接通大于 500ms，BCM 点亮左侧的前雾灯；当右侧转向灯开关接通大于 500ms，BCM 点亮右侧的前雾灯；当 BCM 收到 R 挡信号，转向盘转角大于等于 60°时，两侧的前雾灯点亮。

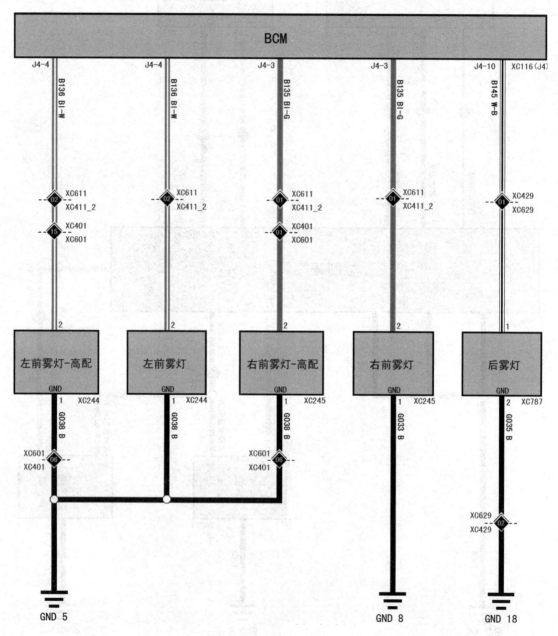

图 2-10 前、后雾灯电路图

7. 杂物箱、遮阳板照明灯

长城哈弗 H6 汽车的杂物箱、遮阳板照明灯电路如图 2-11 所示。

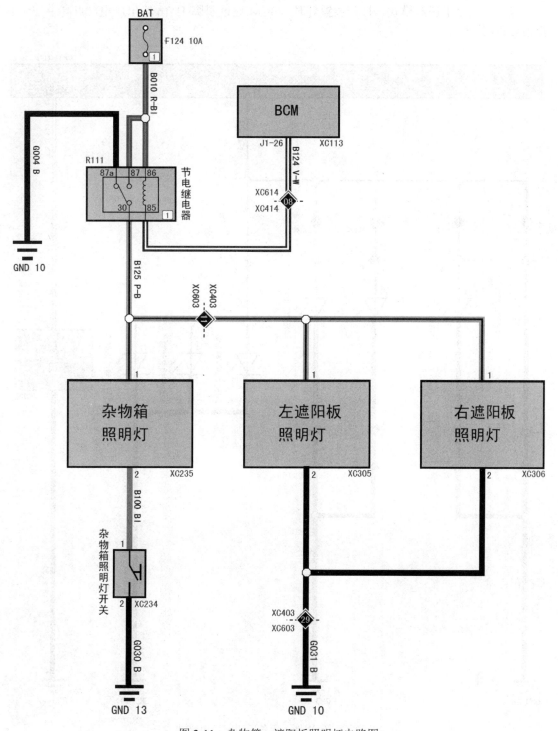

图 2-11　杂物箱、遮阳板照明灯电路图

8. 氛围灯、后备厢照明灯

长城哈弗 H6 汽车的氛围灯、后备厢照明灯电路如图 2-12 所示。

点火开关处于任意模式，打开位置灯时，BCM 通过引脚 J1-16 输出供电，点亮中控台的背景灯和氛围灯。

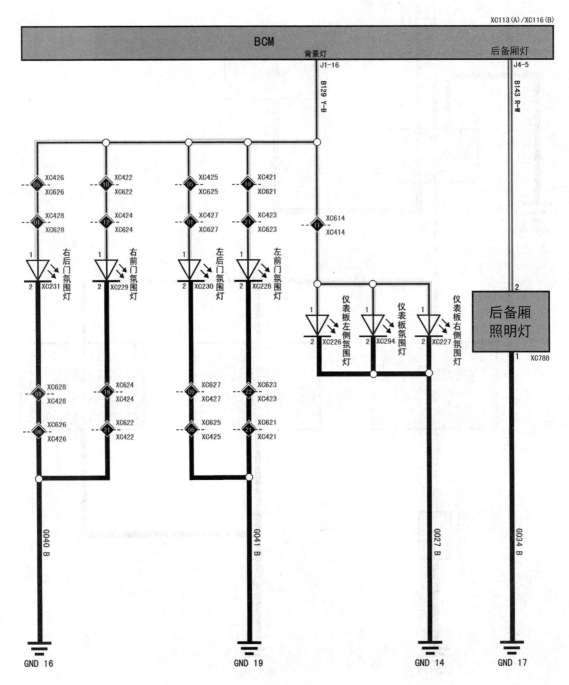

图 2-12　氛围灯、后备厢照明灯电路图

9. 阅读灯与天窗系统

长城哈弗 H6 汽车的前阅读灯（无天窗车型）电路如图 2-13 所示。

点火开关处于任意模式，内灯开关位于 DOOR 位置，任意车门打开，BCM 点亮中顶灯和阅读灯，并延时关闭，延时期间任意车门再次打开重新计时。四门关闭，点火开关处于 ON 位置后，顶灯和阅读灯渐灭。

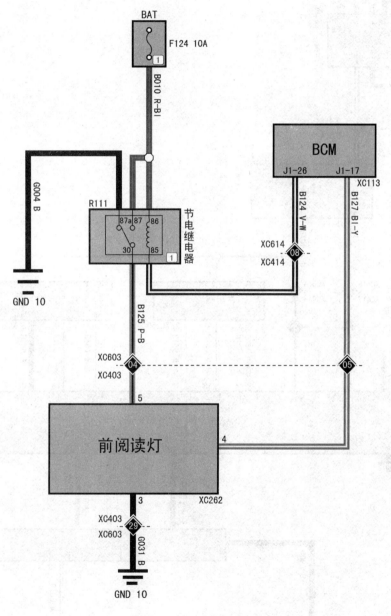

图 2-13　前阅读灯电路图

前阅读灯插接器 XC262 引脚：3—接地；4—门控；5—电源

长城哈弗 H6 汽车的阅读灯、天窗（带天窗车型）电路如图 2-14 所示。

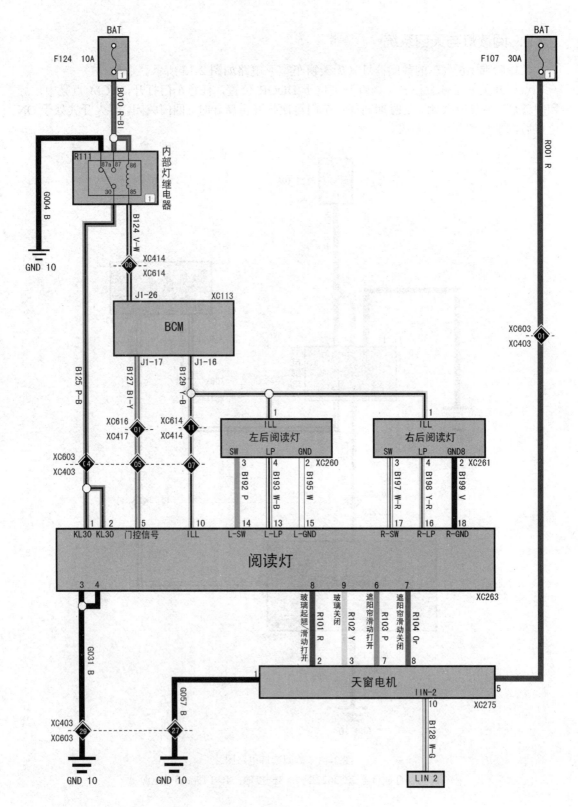

图 2-14 阅读灯、天窗电路图

10. 电喇叭与雨量光线传感器

长城哈弗 H6 汽车的电喇叭与雨量光线传感器电路如图 2-15 所示。

电喇叭由转向盘上的喇叭开关或 BCM 控制，它们通过接通喇叭继电器向高低音喇叭供电，从而使喇叭鸣叫。如在设防状态下，触发车身防盗系统警报，BCM 将会周期性地控制喇叭鸣叫，且使双侧转向灯闪烁。

雨量光线传感器通过 LIN 总线向 BCM 发送雨量和光线信号，具有自动刮水和自动灯光的功能。当刮水器开关打到 AUTO 挡，传感器检测到外界下雨时，根据雨量的大小发出间歇刮、连续低速刮和连续高速刮的请求。电源打开，灯光开关处于 AUTO 挡时，BCM 收到雨量光线传感器的光线信号后点亮相应的位置灯或者近光灯。

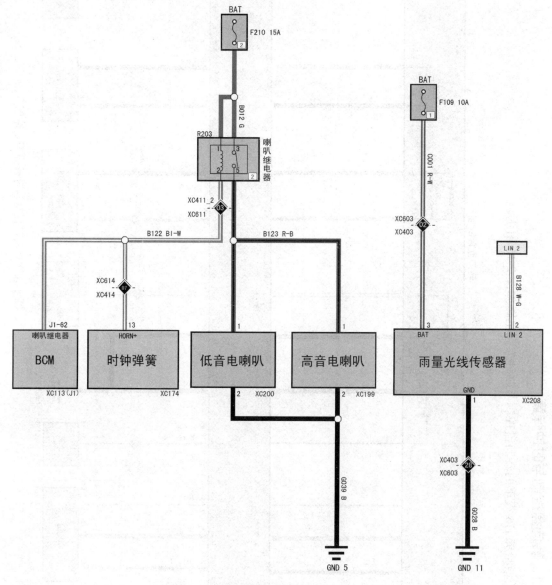

图 2-15 电喇叭与雨量光线传感器电路图

11. 转向盘控制与时钟弹簧

长城哈弗 H6 汽车的转向盘控制与时钟弹簧电路如图 2-16 所示。

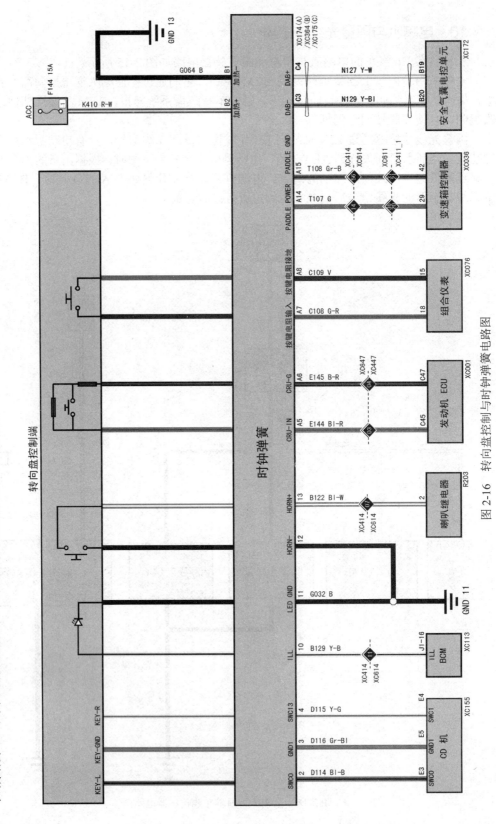

图 2-16 转向盘控制与时钟弹簧电路图

三、刮水器与洗涤器

长城哈弗 H6 汽车的刮水器与洗涤器电路如图 2-17～图 2-19 所示。

前刮水器通过刮水器组合开关分别接通前刮水器电机的各挡位，电机通电后通过连杆机构，将电机的旋转运动转化为刮水器臂安装处输出轴的摇摆运动，实现刮水器臂的摇摆刮刷。

后刮水器是通过刮水器组合开关接通后刮水器电机，电机内部连杆机构将电机的旋转运动转化为刮水器臂安装处输出轴的摇摆运动，实现刮水器臂的摇摆刮刷。

风窗洗涤器系统通过接通风窗洗涤器电机，利用风窗洗涤器电机将洗涤液通过洗涤水管输送到前/后喷嘴，从喷嘴位置喷射洗涤液，加上刮水器的转动，实现对风窗的清洗功能。

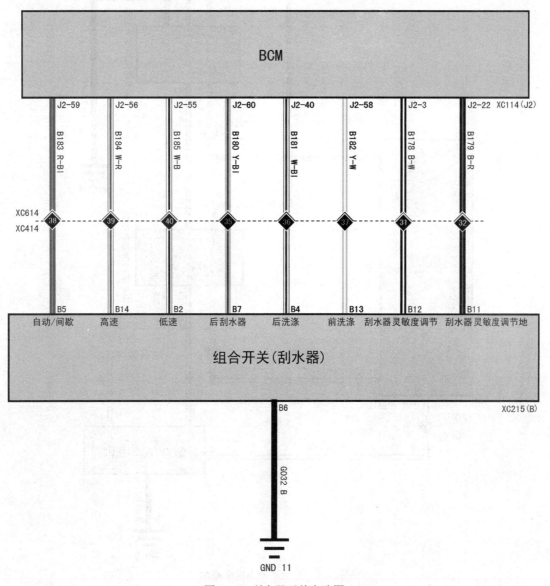

图 2-17　刮水器开关电路图

低速挡：BCM（J1-65）接通前刮水器低速继电器时，供电通过低速继电器、高速继电器到达前刮水器电机引脚 2，前刮水器电机低速运转。

高速挡：BCM（J1-67）接通前刮水器低速继电器和高速继电器时，供电通过低速继电器、高速继电器到达前刮水器电机引脚 1，前刮水器电机高速运转。

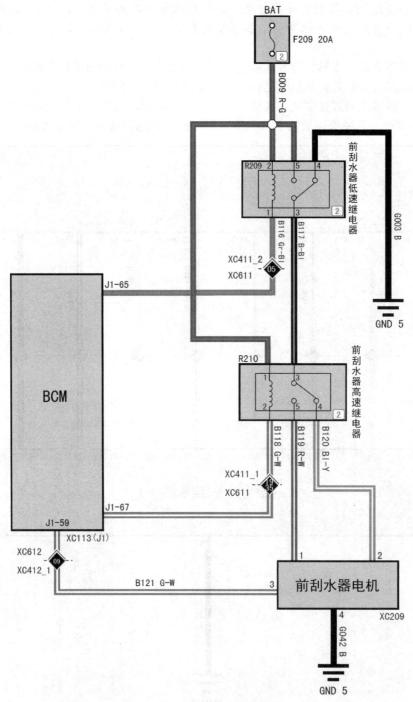

图 2-18　前刮水器电机电路图

前刮水器电机引脚：1—高速；2—低速；3—停位；4—接地

BCM（J1-68）接通后刮水器继电器时，供电通过后刮水器继电器到达后刮水器电机引脚1，后刮水器电机运转。后刮水器电机引脚2向BCM发送停机复位信号。

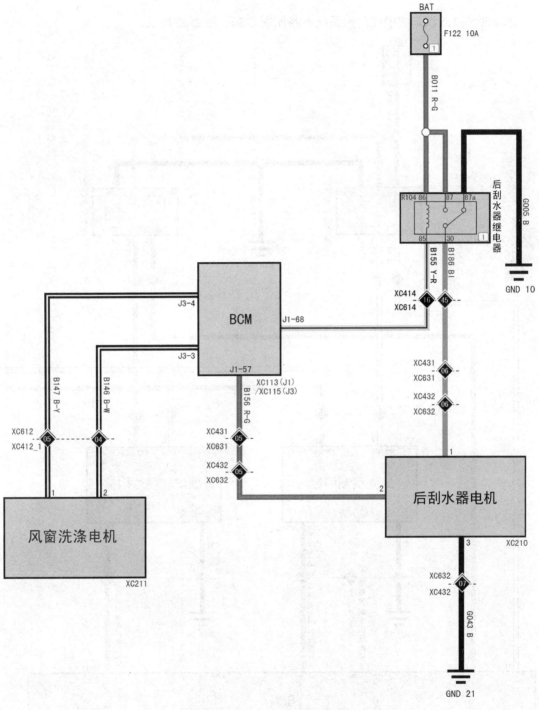

图2-19 后刮水器与洗涤器电路图

后刮水器电机引脚：1—正极；2—停位；3—接地

风窗洗涤电机引脚：1—正极；2—接地

四、中控门锁系统

长城哈弗 H6 汽车的中控门锁系统电路如图 2-20～图 2-22 所示。

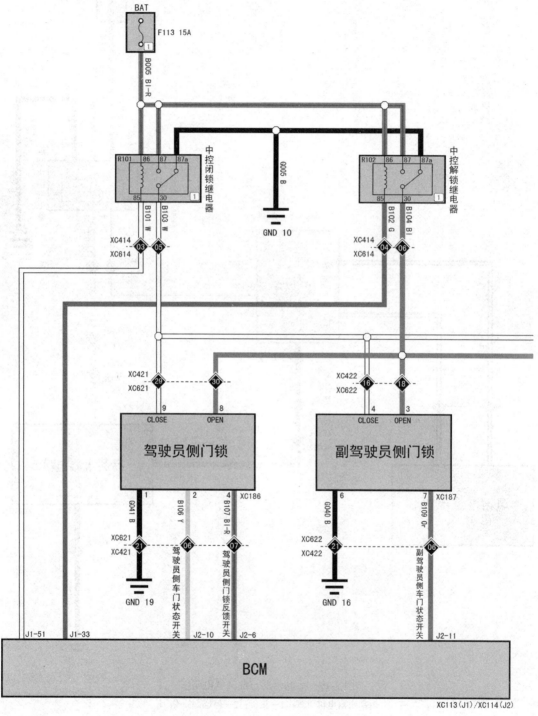

图 2-20 中控门锁系统电路图 1

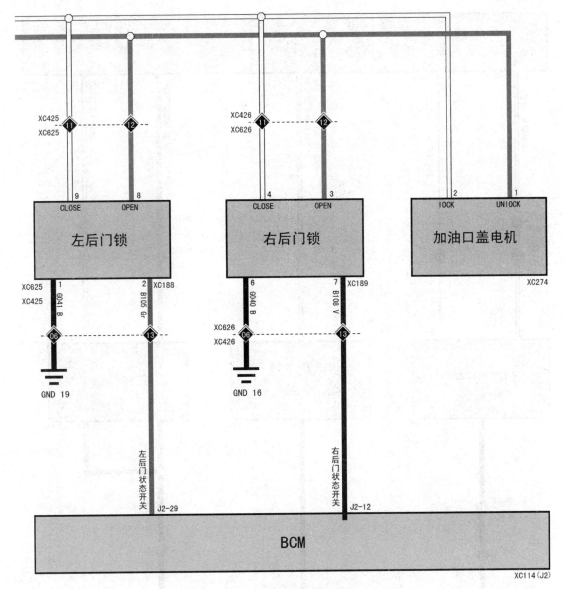

图 2-21 中控门锁系统电路图 2

中控门锁系统主要由左前门锁、右前门锁、左后门锁、右后门锁、加油口盖电机、BCM、中控锁开关、中控闭锁继电器、中控解锁继电器及控制电路组成。

当五门（包含油箱门）处于关闭状态，操作中控锁开关将锁止/解锁信号发送至 BCM 时，BCM 根据输入信号做出反应，并向各车门锁电动机发送请求信号，以锁止/解锁所有车门。

在解锁状态下，通过操作一次内开启手柄，可实现车门正常打开。

在闭锁状态下，通过操作两次内开启手柄，可实现车门正常打开。

自动落锁功能：当驾驶员侧车门为解锁状态，五门都关闭，且车速达到 15km/h 时，四门自动闭锁。

碰撞解锁功能：当点火开关处于 ON 模式，系统检测到碰撞时，所有车门自动执行解锁操作。

发动机熄火解锁功能：发动机熄火后，所有车门执行解锁操作。

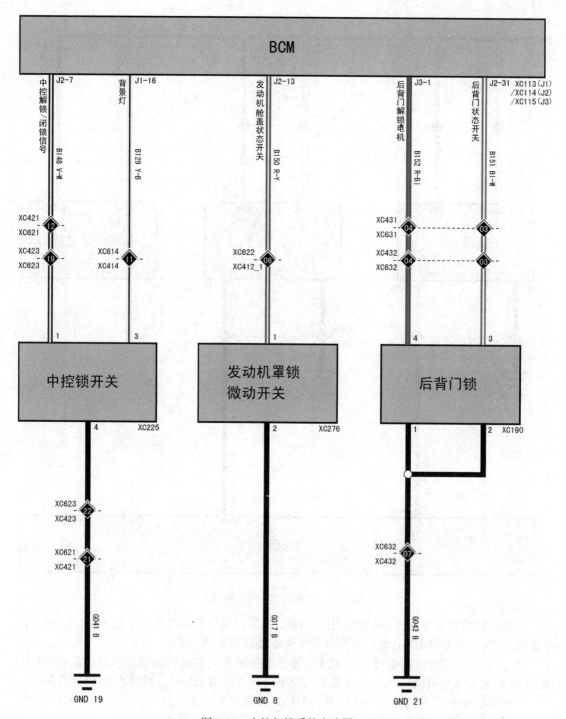

图 2-22 中控门锁系统电路图 3

五、无钥匙进入与启动系统（PEPS）

长城哈弗 H6 汽车的无钥匙进入与启动系统电路如图 2-23～图 2-25 所示。

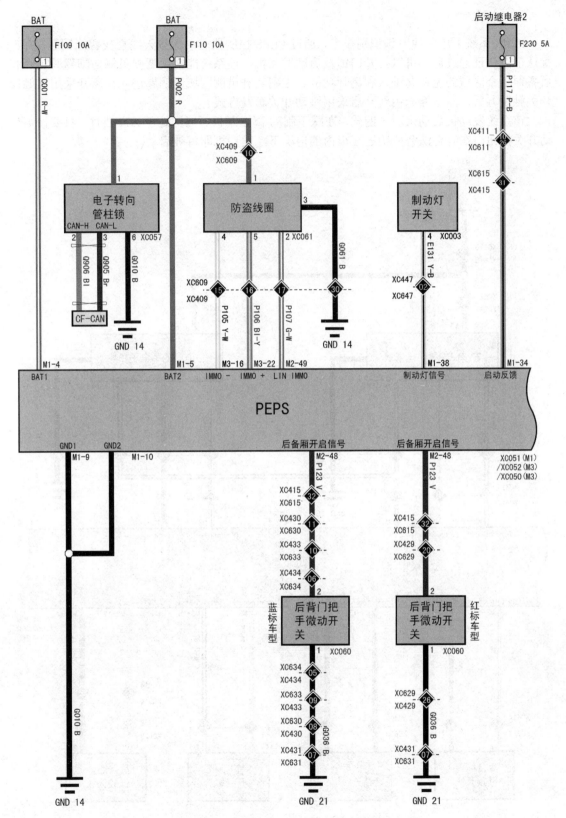

图 2-23　无钥匙进入与启动系统电路图 1

PEPS 系统采用无线射频识别技术，通过 PEPS 控制器驱动低频天线查找智能钥匙，并进行认证，认证通过后，可以打开门锁及启动发动机。该系统能实现驾驶员侧、副驾驶员侧和后备厢三个区域的无钥匙进入和离开功能。主副驾驶员侧区域无钥匙进入与离开采用双触摸开关触发方式，后备厢无钥匙开启采用微动开关触发方式。

该系统发动机启动采用一键式，在踩下制动/离合踏板、挡位处于 P/N 挡时，只要按下启动开关按钮，在有合法智能钥匙在车内的情况下，发动机即可被启动。

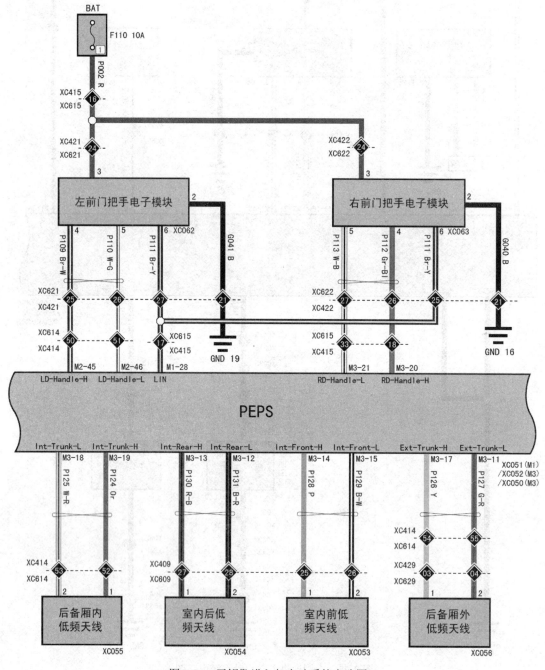

图 2-24　无钥匙进入与启动系统电路图 2

PEPS 系统负责整车电源的分配，PEPS 模块控制 ACC、IG1 和 IG2 继电器。Start（启动）继电器由 EMS 控制。

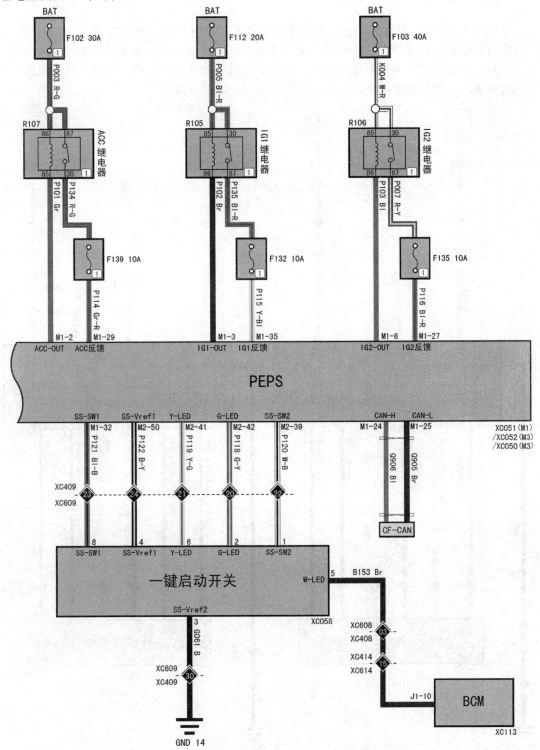

图 2-25　无钥匙进入与启动系统电路图 3

六、电动车窗系统

长城哈弗 H6 汽车带防夹功能的电动车窗系统电路如图 2-26、图 2-27 所示。

电动车窗开关通过逻辑电路改变玻璃升降器电机的转动方向,来实现车窗玻璃的自动上升、下降。驾驶员侧玻璃升降开关要控制其他车门的玻璃升降时,通过 LIN1 总线向这些车门上的玻璃升降开关发送指令,从而控制这些车门玻璃的升降。

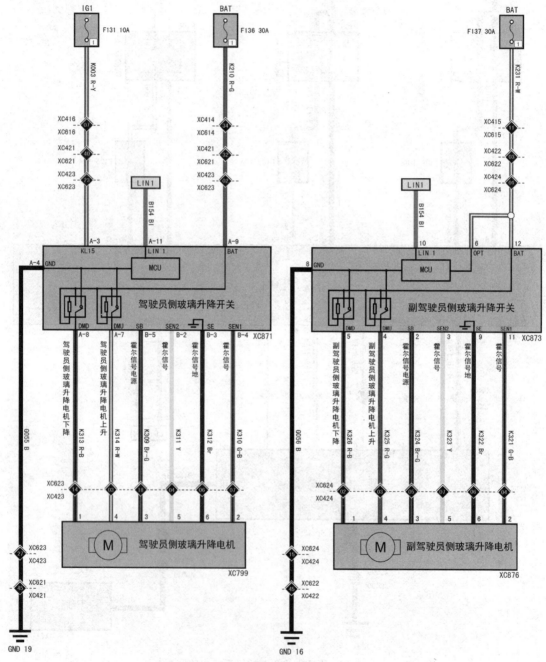

图 2-26 带防夹功能的电动车窗系统电路图 1

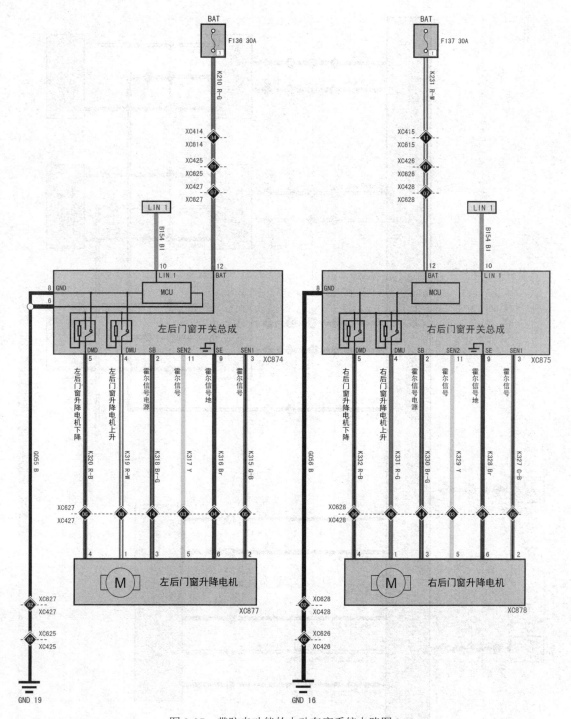

图 2-27 带防夹功能的电动车窗系统电路图 2

当电动车窗自动上升时可能会夹到障碍物，车窗防夹功能允许电动车窗在安全区域（车窗框顶部向下一段距离）夹到物体后反转。当物体被车窗夹住时，在夹力达到 100N 之前，电动车窗会反转或回到起始位置以下。

无防夹功能的电动车窗系统电路如图 2-28 所示。

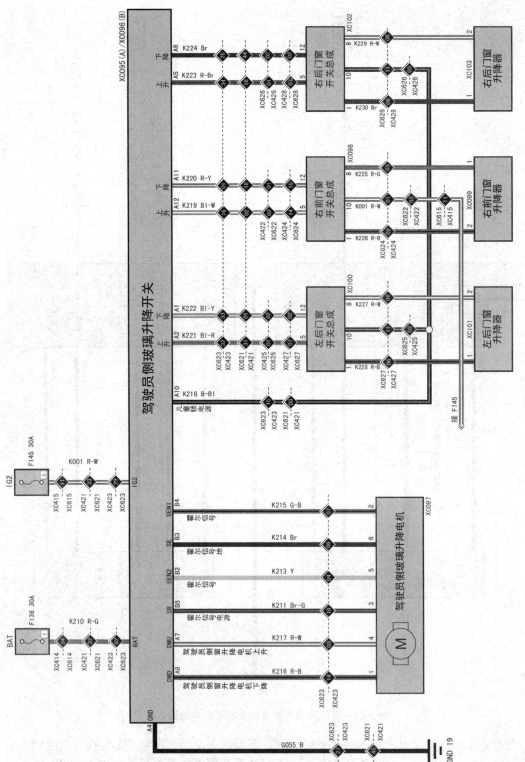

图 2-28 无防夹功能的电动车窗系统电路图

七、电动后视镜系统

长城哈弗 H6 汽车低配车型的电动后视镜系统电路如图 2-29、图 2-30 所示。

电动后视镜系统由外后视镜、外后视镜折叠电机、外后视镜调节电机、电动外后视镜开关、外后视镜照地灯、外后视镜转向灯、BCM 及控制电路组成。

BCM 通过 J1-16 引脚向电动外后视镜开关提供背景照明电源。低配车型外后视镜的镜面调节由电动外后视镜开关直接控制，高配车型外后视镜的镜面调节及折叠/展开则由电动外后视镜开关通过驾驶员侧车门模块和副驾驶员侧车门模块控制，并增加了照地灯。

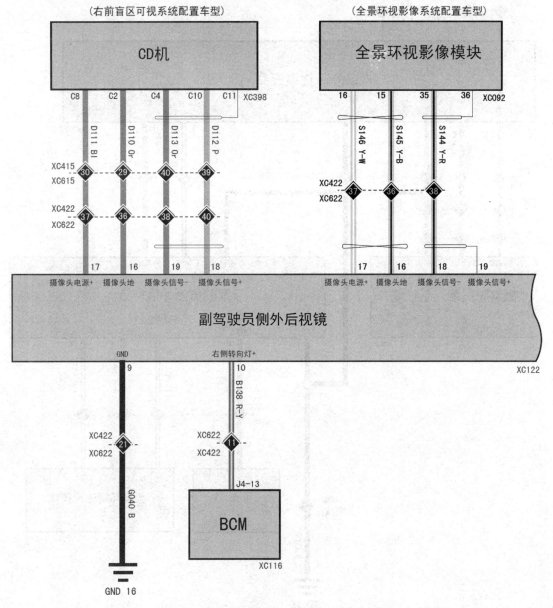

图 2-29 电动后视镜系统电路图 1（低配车型）

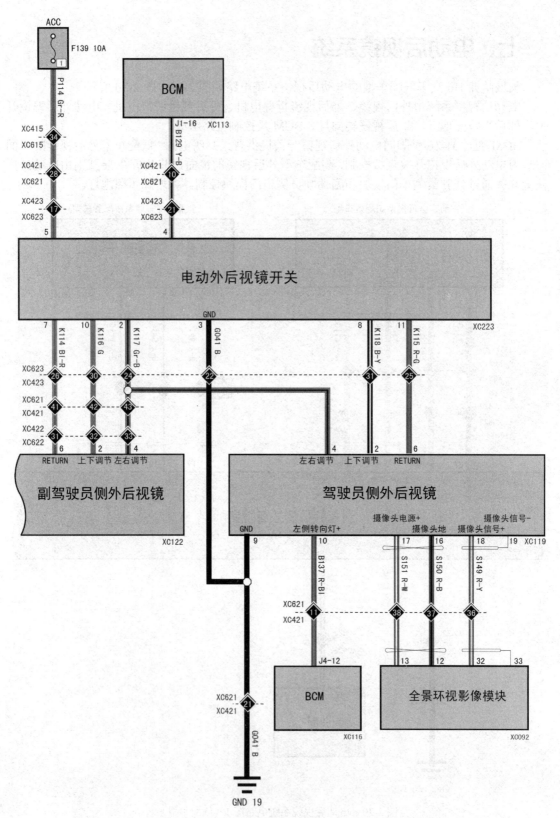

图 2-30 电动后视镜系统电路图 2（低配车型）

高配车型的电动后视镜系统电路如图 2-31～图 2-33 所示。

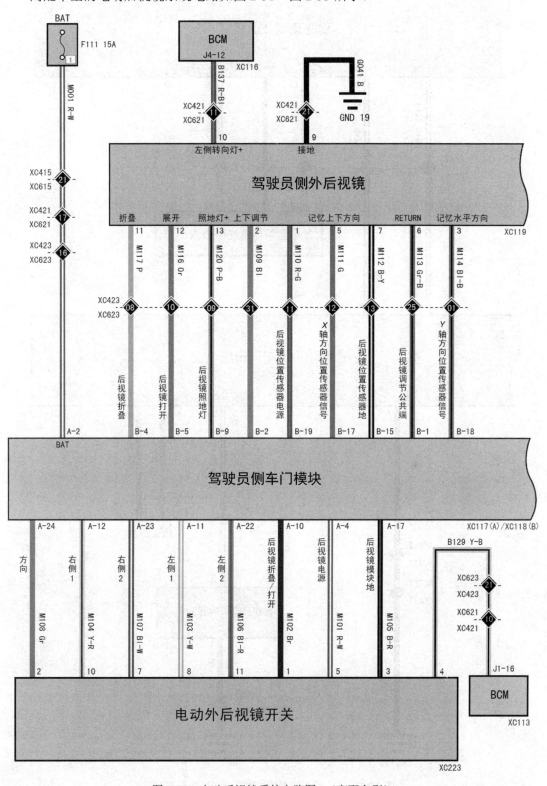

图 2-31 电动后视镜系统电路图 1（高配车型）

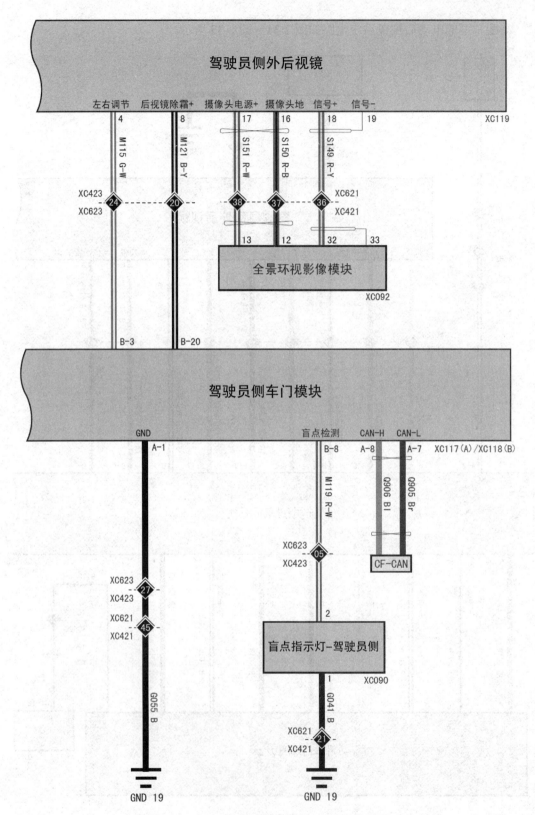

图 2-32 电动后视镜系统电路图 2（高配车型）

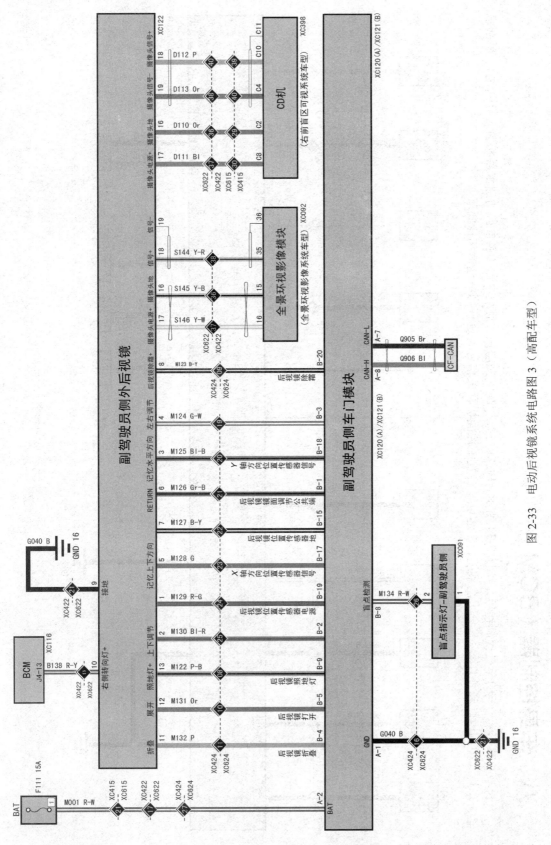

图 2-33 电动后视镜系统电路图 3（高配车型）

八、车身控制器（BCM）

长城哈弗 H6 汽车的车身控制器电路如图 2-34 所示。BCM 主要控制中央门锁、前刮水器、后刮水器（包含自动刮水器和前大灯清洗）、车灯（控制内灯和外灯）、车身防盗系统、雷达以及转发中控面板开关信号，进行网络通信和诊断等。

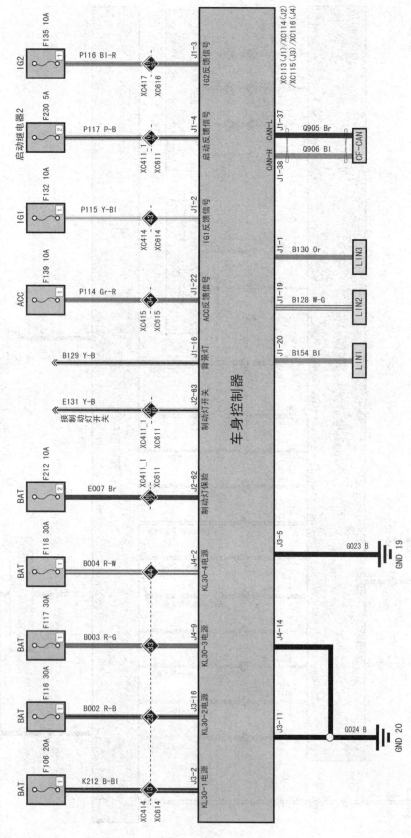

图 2-34　车身控制器电路图

九、自动空调系统

长城哈弗 H6 汽车的自动空调系统电路如图 2-35、图 2-36 所示。

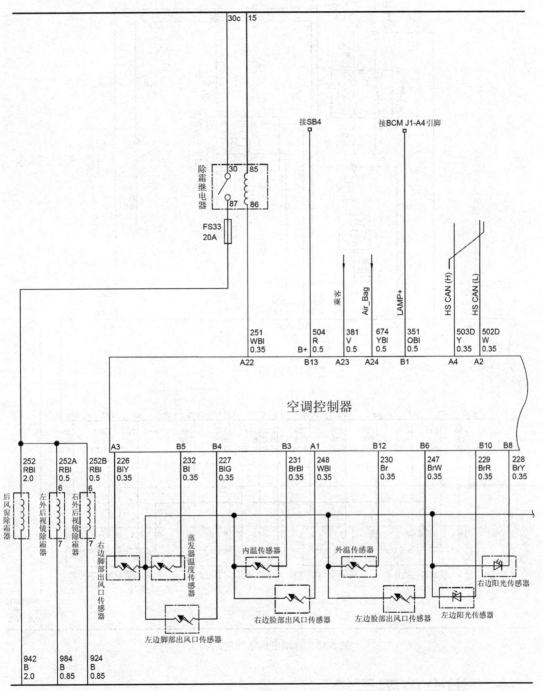

图 2-35　自动空调系统电路图 1

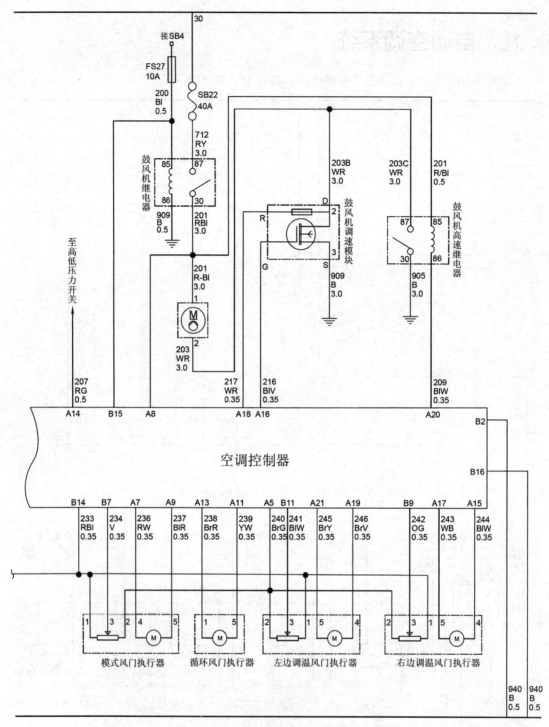

图 2-36 自动空调系统电路图 2

十、组合仪表系统

长城哈弗 H6 汽车的组合仪表系统电路如图 2-37 所示。

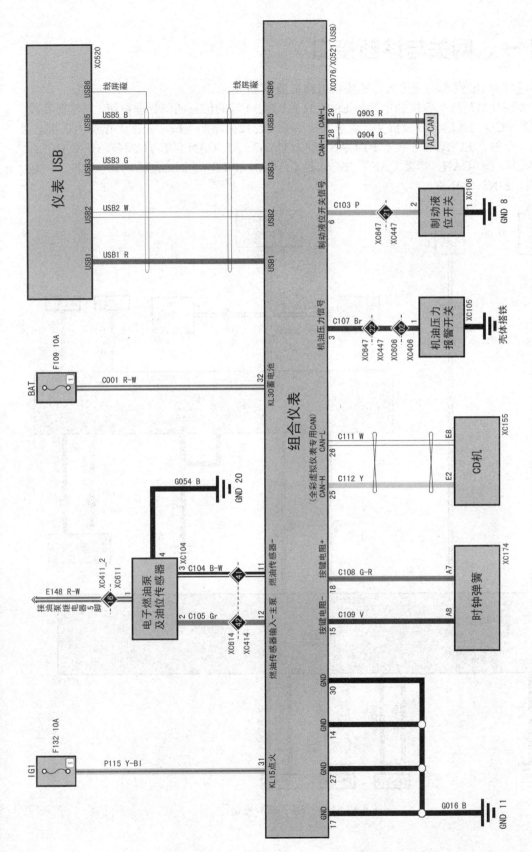

图 2-37 组合仪表系统电路图

十一、网关与诊断接口

长城哈弗 H6 汽车的网关与诊断接口电路如图 2-38 所示。

网关控制器是汽车各控制单元如 ESP、仪表、BCM 等的信息通信管理枢纽，它实时接收和转发各 ECU 的通信信号及报文，管理和协调整车总线网络的唤醒、正常工作及休眠状态。网关是一个独立 ECU，它连接着 PT-CAN（动力 CAN）、AD-CAN（辅助 CAN）、CF-CAN（舒适 CAN）和 DG-CAN（诊断 CAN）。BCM 是 CF-CAN 和 LIN 子网之间的网关。LIN 子网包括 LIN1、LIN2、LIN3。

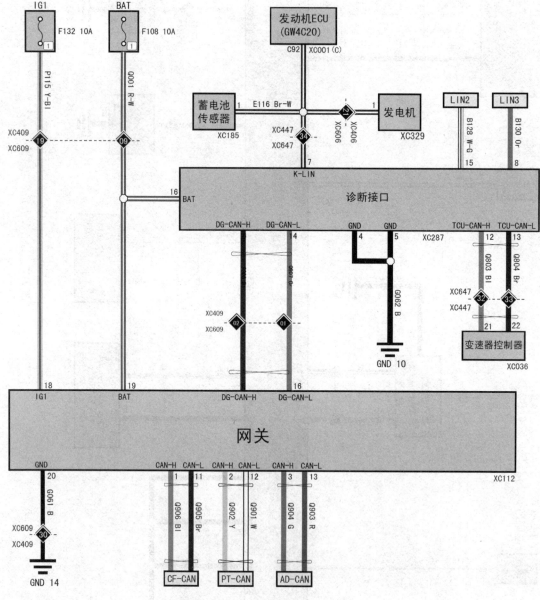

图 2-38　网关与诊断接口电路图

第二节　线束布置

一、发动机舱线束

长城哈弗 H6 汽车的发动机舱线束如图 2-39、图 2-40 所示。

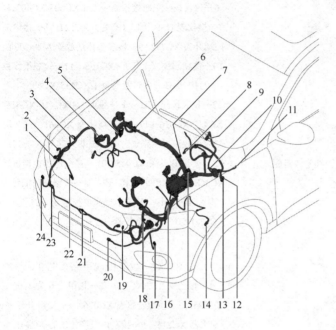

图 2-39　发动机舱线束布置图 1

1—接右前组合灯 XC254；2—接右前转向灯 XC786；3—接空调管路压力传感器 XC074；4—接发动机 ECU-GW4C20 XC001；5—机舱线束对接发动机线束 XC606-XC406；6—机舱线束对接车身线束 1 XC412_1-XC612；7—接制动液位开关 XC106；8—接加速踏板模块 XC009；9—接 EPS 电源 XC048；10—接制动灯开关 XC003；11—B+；12—机舱线束对接车身线束 3 XC411_1-XC611；13—机舱线束对接车身线束 4 XC411_2-XC611；14—接左前轮速传感器 XC038；15—接制动真空传感器 XC108；16—接左前高调电机 XC249；17—接左前雾灯 XC244；18—接左前碰撞传感器 XC176；19—接 TCU 电子水泵 XC701；20—接室外温度传感器 XC742；21—接发动机罩锁微动开关 XC276；22—接右前碰撞传感器 XC177；23—接右侧电喇叭 XC200；24—接右前雾灯 XC245

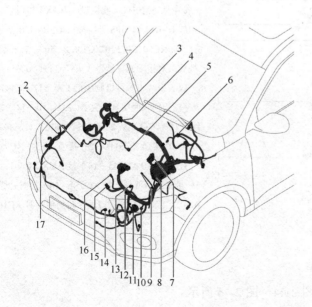

图 2-40　发动机舱线束布置图 2

1—接右前高调电机 XC255；2—接右前轮速传感器 XC039；3—机舱线束对接仪表板线束 XC447-XC647；4—机舱线束对接车身线束 2 XC412_2-XC612；5—接后氧传感器 XC007；6—接前刮水器电机 XC209；7—接 ESP 液压电控单元 XC042；8—接蓄电池传感器 XC185；9—接 PEPS 报警蜂鸣器 XC059；10—机舱线束对接前保险杠线束 XC401-XC601；11—接变速器控制器 XC036；12—接左前组合灯 XC248；13—接左前转向灯 XC785；14—接左侧电喇叭 XC199；15—接风扇控制器 XC032；16—接液压控制阀 XC008；17—接风窗洗涤电机 XC211

二、仪表板线束

长城哈弗 H6 汽车的仪表板线束如图 2-41~图 2-43 所示。

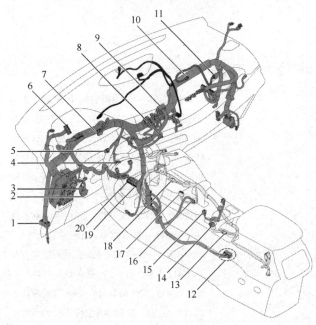

图 2-41 仪表板线束布置图 1

1—仪表板线束对接车身线束 1 XC414-XC614；2—诊断接口 XC287；3—接仪表 USB 接口 XC520；4—接电子转向管柱锁 XC057；5—接 EPS XC049；6—仪表板线束对接顶棚线束 1 XC603-XC403；7—接仪表 USB 接口（高配）XC521；8—接中央控制开关 XC732；9—接多媒体播放器 A/B/C/D/E；10—接副驾驶安全气囊 XC166；11—仪表板线束对接 PAB 开关过渡线束 1 XC435-XC635；12—仪表板线束对接车身线束 3/4 XC416-XC616/XC417-XC616；13—接防盗线圈 XC061；14—副仪表板线束对接副仪表面板线束 XC457-XC657；15—接 EPB 开关 XC045；16—接变速器换挡机构 XC368；17—接网关 XC112；18—接室内前低频天线 XC053；19—接安全气囊电控单元（24 孔）XC172；20—接安全气囊电控单元（32 孔）XC173

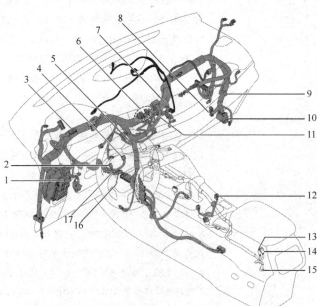

图 2-42 仪表板线束布置图 2

1—接控制开关 XC790；2—接组合开关-灯光 XC295；3—接组合仪表 XC076；4—接组合开关-刮水器 XC215；5—接室内温度传感器 XC741；6—接主机 AM/FM 天线接口/T-BOX USB 接口/显示屏 USB 接口/GPS 天线接口/USB HUB 接口 XC504/XC507/XC510/XC506/XC507；7—仪表板线束对接阳光传感器线束 XC451-XC651；8—仪表板线束对接机舱线束 1 XC647-XC447；9—接杂物箱照明灯开关 XC234；10—仪表板线束对接车身线束 2 XC415-XC615；11—接显示屏 USB 接口 XC511；12—接模式开关 XC789；13—接 USB XC545；14—接 AUX XC361；15—接室内后低频天线 XC054；16—接时钟弹簧 A/B XC174/XC175；17—接转角传感器 XC163

三、车身线束

长城哈弗 H6 汽车的车身线束如图 2-44~图 2-46 所示。

图 2-43 仪表板线束布置图 3

1—接仪表板左侧氛围灯 XC226；2—接点烟器电源 XC205；3—接显示屏 XC161；4—接鼓风机电源 XC744；5—接空调线束 XC067；6—接 T-BOX GPS 接口 XC501；7—接 T-BOX 3G 接口 XC502；8—接 T-BOX USB 接口 XC503；9—接 T-BOX XC162；10—仪表板天线对接顶篷天线 1/2/3 XC580/XC581/XC452；11—接仪表板右侧氛围灯 XC227；12—接 PEPS 控制器 A/B/C XC050/XC051/XC052；13—接杂物箱照明灯 XC235；14—接仪表板氛围灯 4 XC294；15—接一键启动开关 XC058；16—接备用电源 XC207；17—接点烟器照明 XC206；18—接人机交互面板控制开关 XC222；19—仪表板线束对接副仪表板线束 3 XC456-XC656；20—仪表板线束对接副仪表板线束 2 XC409-XC609；21—仪表板线束对接副仪表板线束 1 XC408-XC608

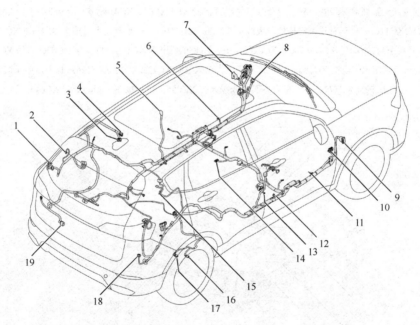

图 2-44 车身线束布置图 1

1—接左组合后灯 XC269；2—接加油口盖电机 XC274；3—车身线束对接后背门过渡线束 1 XC430-XC630；4—车身线束对接后背门过渡线束 2 XC431-XC631；5—车身线束对接左后门线束 XC425-XC625；6—接左前门槛灯 XC301；7—车身线束对接左前门线束 XC421-XC621；8—车身线束对接机舱线束 1 XC611-XC411；9—车身线束对接右前门线束 XC422-XC622；10—车身线束对接仪表板线束 XC615-XC415；11—接右前门槛灯 XC302；12—接右侧碰撞传感器 XC179；13—接副驾驶员安全带预紧 XC300；14—接全景环视影像控制模块 XC092；15—接后备厢照明灯 XC788；16—接后右轮速传感器 XC041；17—接右后制动卡钳 XC044；18—接右后辅助雷达 XC089；19—车身线束对接后保险杠线束 XC429-XC629

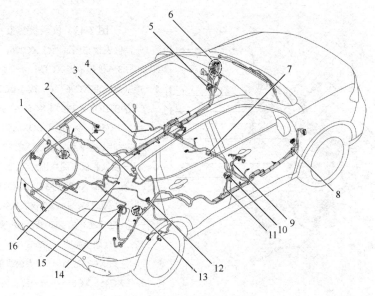

图 2-45　车身线束布置图 2

1—接泊车控制器 A/B/C XC341/XC342/XC343；2—接电子燃油泵总成 XC104；3—接左侧碰撞传感器 XC178；4—接驾驶员安全带预紧 XC299；5—车身线束对接仪表板线束 1 XC614-XC414；6—接 BCM-J1/J2/J3/J4 XC113/XC114/XC115/XC116；7—车身线束对接仪表板线束 3 XC616-XC416；8—车身线束对接机舱线束 2 XC612-XC412；9—车身线束对接右前门线束 XC426-XC626；10—接 DC/DC 电源 XC110；11—接 DC/DC 信号 XC111；12—接拖车控制模块 XC184；13—接功率放大器 A/B/C XC123/XC124/XC125；14—接胎压监测控制器 XC377；15—接后备厢内低频天线 XC055；16—接左后制动卡钳 XC043

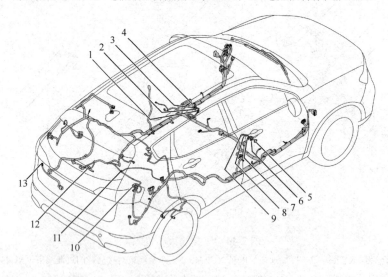

图 2-46　车身线束布置图 3

1—接驾驶员座椅（高配）XC282；2—接左侧气囊 XC285；3—接驾驶员前排插销 XC280；4—接驾驶员座椅（低配）XC856；5—接副驾驶员座椅（低配）XC857；6—接副驾驶员座椅（高配）XC283；7—接右侧气囊 XC286；8—接 SBR XC321；9—接副驾驶员前排插销 XC312；10—接右组合后灯 XC270；11—接重低音扬声器 XC135；12—接左后轮速传感器 XC040；13—接左后辅助雷达 XC088

四、车门线束

长城哈弗 H6 汽车的车门线束如图 2-47、图 2-48 所示。

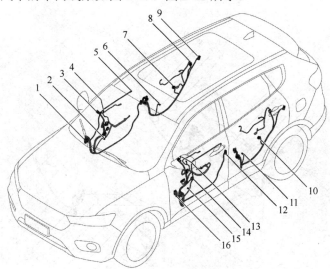

图 2-47 车门线束布置图 1

1—右前门线束对接车身线束 XC622-XC422；2—接右前低音扬声器 XC141；3—接副驾驶员侧外后视镜 XC122；4—接右前高音扬声器 XC137；5—接副驾驶员侧门把手电子模块 XC063；6—接右后低音扬声器 XC143；7—接右后门玻璃升降器（防夹）XC878；8—右后门线束对接右后门灯线束 XC428-XC628；9—接右后门锁 XC189；10—接左后门玻璃升降器（防夹）XC877；11—接左后低音扬声器 XC142；12—接驾驶侧门锁 XC186；13—接左前高音扬声器 XC136；14—接驾驶员侧玻璃升降电机（防夹）XC799；15—接左前低音扬声器 XC140；16—左前门线束对接车身线束 XC621-XC421

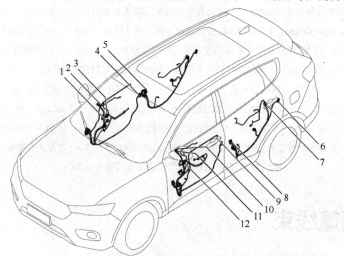

图 2-48 车门线束布置图 2

1—接副驾驶员侧玻璃升降电机（防夹）XC876；2—接副驾驶员侧盲点警示灯 XC091；3—右前门线束对接右前门灯线束 XC424-XC624/XC454-XC654；4—接副驾驶员侧门锁 XC187；5—右后门线束对接车身线束 XC626-XC426；6—接左后门锁 XC188；7—左后门线束对接左后门灯线束 XC427-XC627；8—左后门线束对接车身线束 XC625-XC425；9—驾驶员侧门把手电子模块 XC062；10—接驾驶员侧盲点警示灯 XC090；11—接驾驶员侧外后视镜 XC119；12—左前门线束对接左前门灯线束 XC423-XC623/XC453-XC653

五、车门门灯线束

长城哈弗 H6 汽车的车门门灯线束如图 2-49 所示。

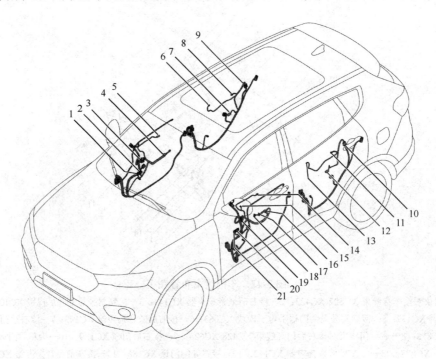

图 2-49　车门门灯线束布置图

1—接副驾驶员侧车门模块 A XC120；2—接副驾驶员侧车门模块 B XC121；3—右前门灯线束对接右前门线束 XC624-XC424/XC654-XC454；4—接副驾驶员侧玻璃升降开关（防夹）XC873；5—接右前门氛围灯 XC229；6—接右后高音扬声器 XC139；7—接右后门窗开关（防夹）XC875；8—接右后门氛围灯 XC231；9—右后门灯线束对接右后门线束 XC628-XC428；10—左后门灯线束对接左后门线束 XC627-XC427；11—接左后门氛围灯 XC230；12—接左后门窗开关（防夹）XC874；13—接左后高音扬声器 XC138；14—接左前门氛围灯 XC228；15—接中控锁开关 XC225；16—接电动外后视镜开关 XC223；17—接驾驶员侧玻璃升降开关（防夹）A XC871；18—接驾驶员侧玻璃升降开关（防夹）B XC872；19—左前门灯线束对接左前门线束 XC623-XC423/XC653-XC453；20—接驾驶员侧车门模块 B XC118；21—接驾驶员侧车门模块 A XC117

六、顶篷线束

长城哈弗 H6 汽车的顶篷线束如图 2-50 所示。

七、后背门线束

长城哈弗 H6 汽车蓝标车型的后背门线束如图 2-51、图 2-52 所示。

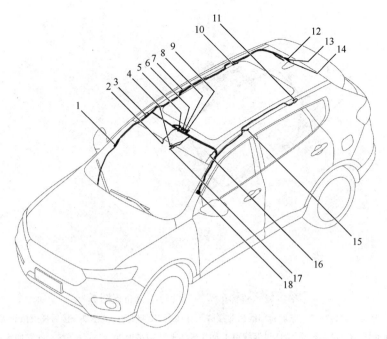

图 2-50 顶篷线束布置图

1—顶篷天线对接仪表板天线 1~3 XC590、XC591、XC652；2—接智能前视控制模块 XC164；3—接右遮阳板照明灯 XC306；4—接内后视镜 XC109；5—接阅读灯（天窗）XC263；6—接天窗电机 XC275；7—接右侧安全气帘 XC168；8—接右麦克 XC363；9—接左麦克 XC362；10—接右侧顶灯 XC261；11—接左侧顶灯 XC260；12—接 GPS 天线 XC530；13—接 T-BOX 天线 XC531；14—接 FM/AM 天线 XC532；15—接左侧安全气帘 XC167；16—接左遮阳板照明灯 XC305；17—接雨量光线传感器 XC208；18—顶篷线束对接仪表板线束 1 XC403-XC603

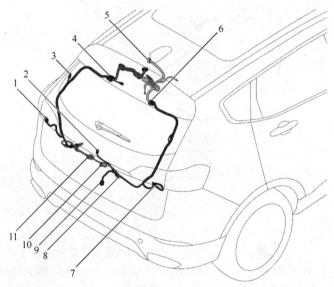

图 2-51 蓝标车型的后背门线束布置图 1

1—接后背门左组合灯 XC271；2—接后刮水器电机 XC210；3—接后除霜加热正极 XC278；4—左后背门线束对接后背门过渡线束 1 XC633-XC433；5—后背门过渡线束 2 对接车身线束 XC631-XC431；6—右后背门线束对接后背门过渡线束 2 XC632-XC432；7—接后背门右组合灯 XC272；8—接右牌照灯 XC243；9—接后背门锁 XC190；10—接后背门把手微动开关 XC060；11—接后环视摄像头（带 360°环视系统车型）XC094

第二章　2017~2019 长城哈弗 H6 电路图与元件位置　053

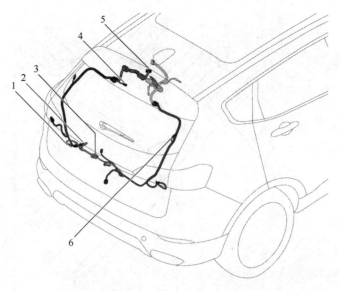

图 2-52 蓝标车型的后背门线束布置图 2

1—接左牌照灯 XC242；2—左后背门线束对接牌照灯线束 XC434-XC634；3—接后视摄像头 XC086；4—接高位制动灯 XC273；5—后背门过渡线束 1 对接车身线束 XC630-XC430；6—接后除霜加热负极 XC279

长城哈弗 H6 汽车红标车型的后背门线束如图 2-53 所示。

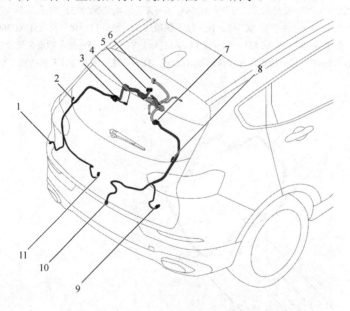

图 2-53 红标车型的后背门线束布置图

1—接后背门左组合灯 XC271；2—接后除霜加热正极 XC278；3—左后背门线束对接后背门过渡线束 1 XC633-XC433；4—接高位制动灯 XC273；5—后背门过渡线束 1 对接车身线束 XC630-XC430；6—后背门过渡线束 2 对接车身线束 XC631-XC431；7—右后背门线束对接后背门过渡线束 2 XC632-XC432；8—接后除霜加热负极 XC279；9—接后背门右组合灯 XC272；10—后背门锁 XC190；11—接后刮水器电机 XC210

第三节 电气元件位置

一、发动机舱

长城哈弗 H6 汽车发动机舱的电气元件位置如图 2-54 所示。

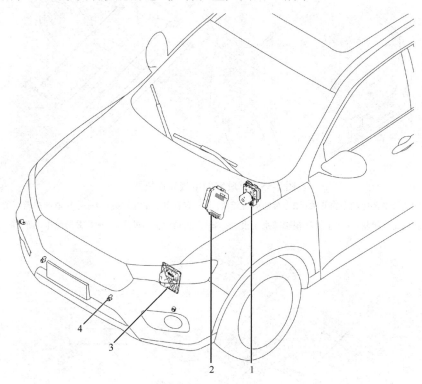

图 2-54 发动机舱的电气元件位置
1—ESP 电子控制单元；2—发动机 ECU；3—变速器控制单元；
4—前防撞雷达探头

二、驾驶室

长城哈弗 H6 汽车驾驶室的电气元件位置如图 2-55 所示。
提示：副驾驶员侧车门模块位置与驾驶员侧车门模块位置对称。

三、仪表板

长城哈弗 H6 汽车仪表板的电气元件位置如图 2-56 所示。

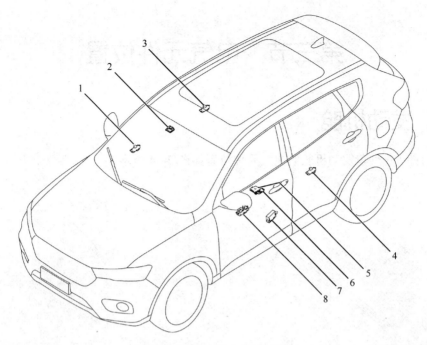

图 2-55 驾驶室的电气元件位置

1—副驾驶员侧电动车窗开关；2—智能前视模块；3—右后电动车窗开关；4—左后电动车窗开关；5—座椅记忆模块；6—全景环视影像系统模块；7—驾驶员侧车门模块；8—驾驶员侧电动车窗开关

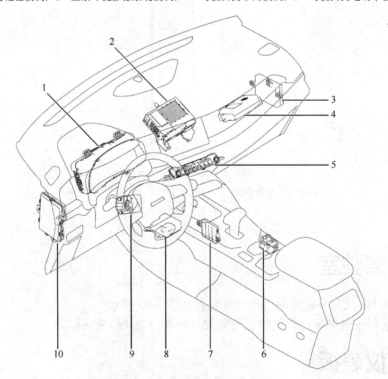

图 2-56 仪表板的电气元件位置

1—组合仪表；2—多媒体播放器；3—PEPS控制器；4—T-BOX；5—中央控制开关；6—驾驶模式开关；7—网关；8—安全气囊电控单元；9—电子转向管柱锁；10—车身控制器（BCM）

四、车身后部

长城哈弗 H6 汽车车身后部的电气元件位置如图 2-57 所示。

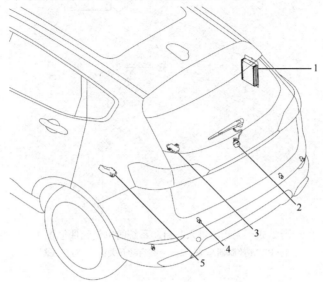

图 2-57 车身后部的电气元件位置
1—音响功放总成；2—后视摄像头总成；3—胎压监测接收器；
4—后防撞雷达探头；5—倒车/泊车/防撞雷达控制器

五、无钥匙进入与启动系统

长城哈弗 H6 汽车无钥匙进入与启动系统的电气元件位置如图 2-58、图 2-59 所示。

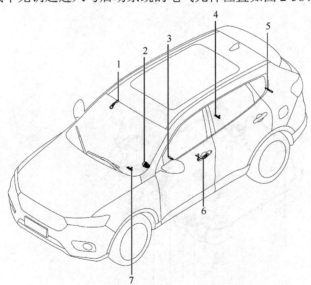

图 2-58 无钥匙进入与启动系统的电气元件位置 1
1—右门把手电子模块；2—电子转向锁总成；3—室内后低频天线；4—后备厢内低频天线；
5—后备厢外低频天线；6—左门把手电子模块；7—室内低频天线

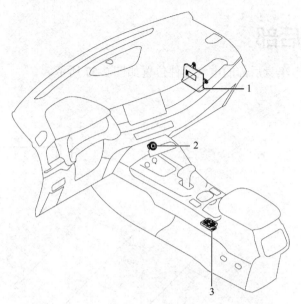

图 2-59　无钥匙进入与启动系统的电气元件位置 2
1—PEPS 控制器总成；2——键启动开关；3—防盗线圈

第四节　接地点分布

一、发动机舱线束接地点

长城哈弗 H6 汽车发动机舱线束接地点分布如图 2-60 所示。

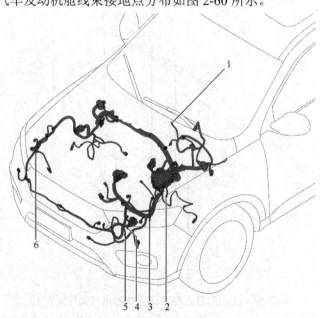

图 2-60　发动机舱线束接地点分布图
1—GND9；2—GND6；3—GND5；4—GND23；5—GND4；6—GND8

二、仪表板线束接地点

长城哈弗 H6 汽车仪表板线束接地点分布如图 2-61 所示。

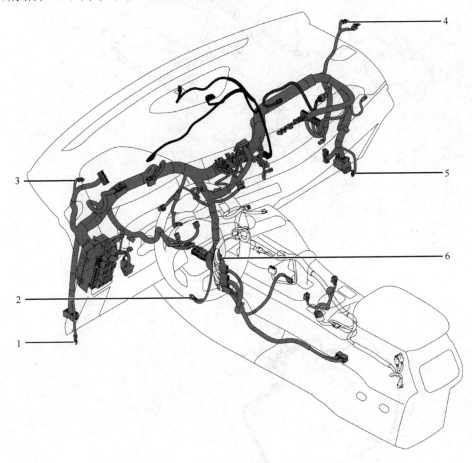

图 2-61　仪表板线束接地点分布图
1—GND10；2—GND13；3—GND11；4—GND14；
5—GND15；6—GND12

三、车身线束接地点

长城哈弗 H6 汽车车身线束接地点分布如图 2-62 所示。

四、后背门线束接地点

长城哈弗 H6 汽车后背门线束接地点分布如图 2-63 所示。

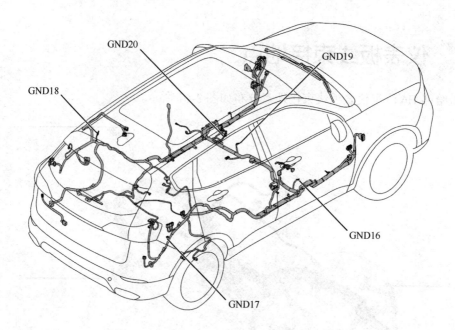

图 2-62　车身线束接地点分布图

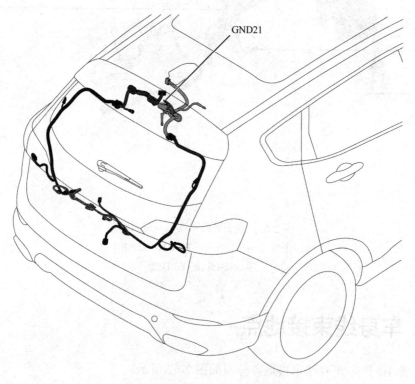

图 2-63　后背门线束接地点分布图

第三章
2017~2019 长城 WEY VV7 电路图与元件位置

第一节　系统电路图

一、电源系统

长城 WEY（魏派）VV7 汽车的 DC/DC 稳压器电路如图 3-1 所示。

启动发动机时，消耗的电流过大，蓄电池电压下降，此时 DC/DC 转换器工作。DC/DC 采用升压技术，可以将车内灯光、车载娱乐系统、部分 ECU 的电源电压稳定在额定值，使车辆在智能启停过程中电源电压浮动小，而不会造成车内灯光闪烁，车载娱乐系统有停顿感，部分 ECU 欠压复位、保护现象等。DC/DC 稳压器的后端负载包括车载娱乐系统、仪表盘、中控台灯光、氛围灯、部分车身 ECU 控制器等。

长城 WEY VV7 的备用电源、点烟器与充电器插座电路如图 3-2 所示。

二、照明与信号系统

长城 WEY VV7 的照明与信号系统主要由 BCM 控制。BCM 检测灯光总开关、灯光组合开关的位置，通过继电器或直接控制车内、外灯的开启与关闭。

① 自动灯光：点火开关打开，将灯光总开关置于"AUTO"位置，灯光自动控制系统启动，根据外界环境亮度的变化，自动控制近光灯和小灯的开启、关闭。

② 危险警告灯：如果车辆出现故障或交通事故等状况，为提醒其他车辆，按下危险警告灯开关（中央控制开关），转向灯闪烁，同时组合仪表上的转向指示灯也闪烁。

此外，系统还有跟随回家、照亮寻车、变道灯、前雾灯辅助照明、紧急制动灯等功能。

1. 灯光开关

长城 WEY VV7 汽车的灯光开关电路如图 3-3、图 3-4 所示。

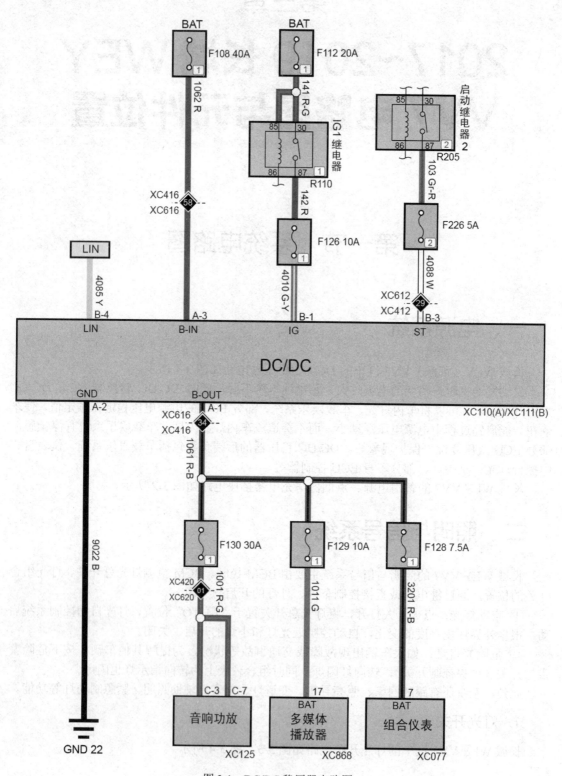

图 3-1　DC/DC 稳压器电路图

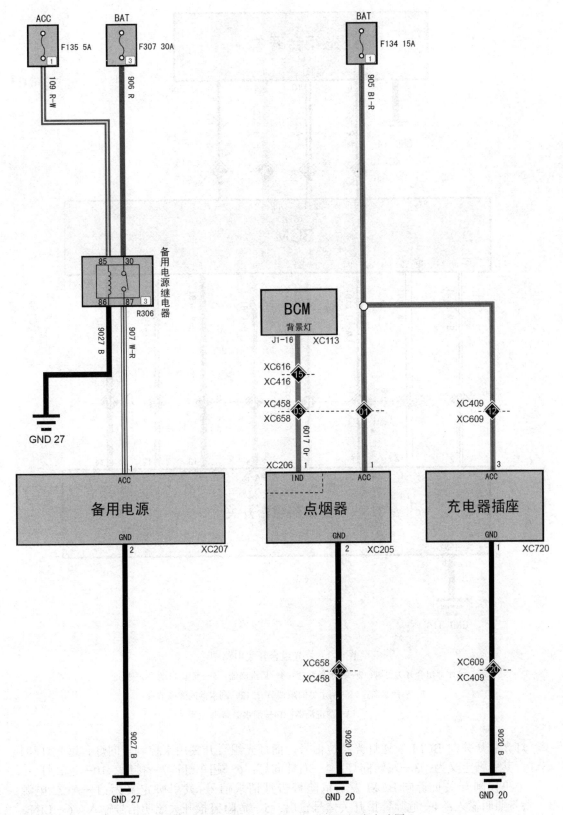

图 3-2 备用电源、点烟器与充电器插座电路图

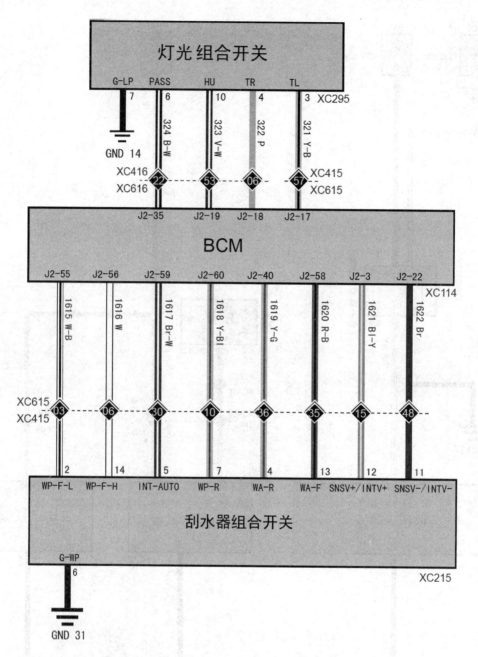

图3-3 灯光组合开关电路图

刮水器组合开关引脚：2—刮水器低速；4—后洗涤器；5—间隙/自动；6—接地；
7—后刮水器；11—刮水器间隙调节-；12—刮水器间隙调节+；
13—前洗涤器；14—刮水器高速

灯光总开关向 BCM 发送灯光挡位信号，而灯光组合开关用来控制转向灯、远光灯和超车灯，其引脚定义为：3—左转向灯；4—右转向灯；6—超车灯；7—接地；10—远光灯。

中央控制开关负责向 BCM 发送危险警告灯请求信号，其引脚定义为：1—ACC 电源；3—背景照明输入；4—危险警报开关信号输出；5—危险警报开关照明信号输入；6—LIN。

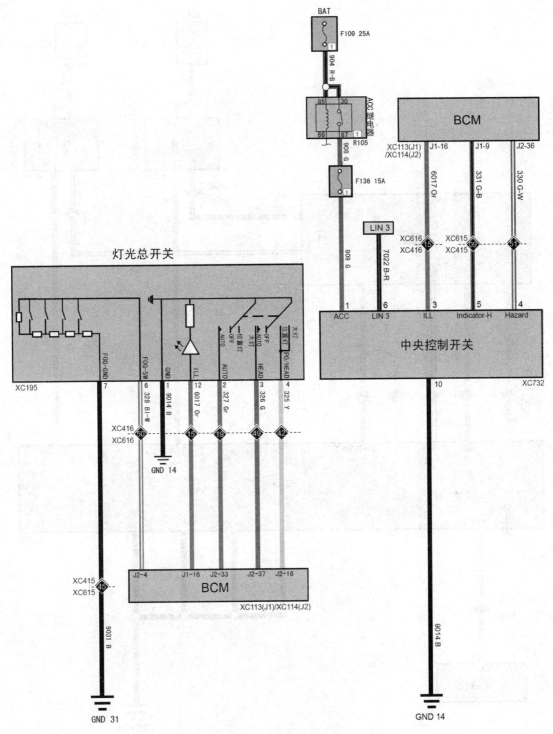

图 3-4 灯光总开关与中央控制开关电路图

2. 左前组合灯

长城 WEY VV7 汽车的左前组合灯电路如图 3-5 所示。

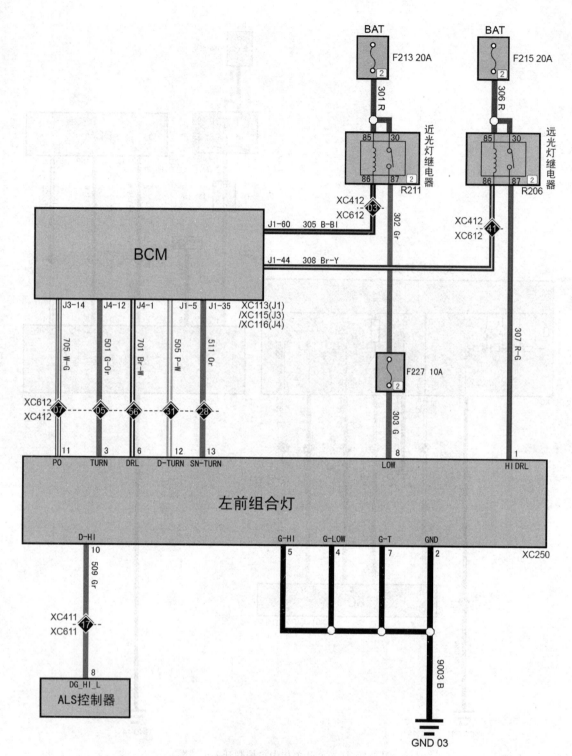

图 3-5 左前组合灯电路图

左前组合灯引脚：1—远光灯电源；2—昼间行车灯/位置灯接地；3—前转向灯电源；4—近光灯接地；
5—远光灯接地；6—昼间行车灯电源；7—前转向灯接地；8—近光灯电源；10—远光灯诊断；
11—位置灯电源；12—转向灯诊断；13—转向灯使能

3. 右前组合灯

长城 WEY VV7 汽车的右前组合灯电路如图 3-6 所示。

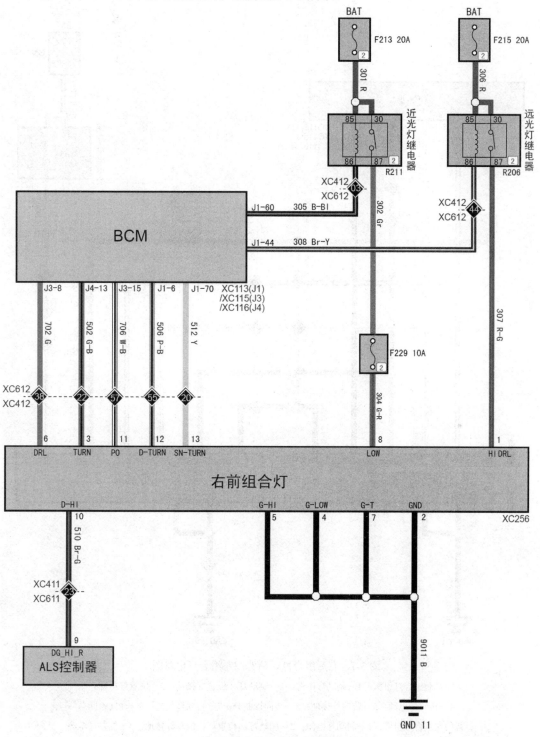

图 3-6　右前组合灯电路图

4. 后组合灯

长城 WEY VV7 汽车的后组合灯、后背门组合灯电路如图 3-7、图 3-8 所示。

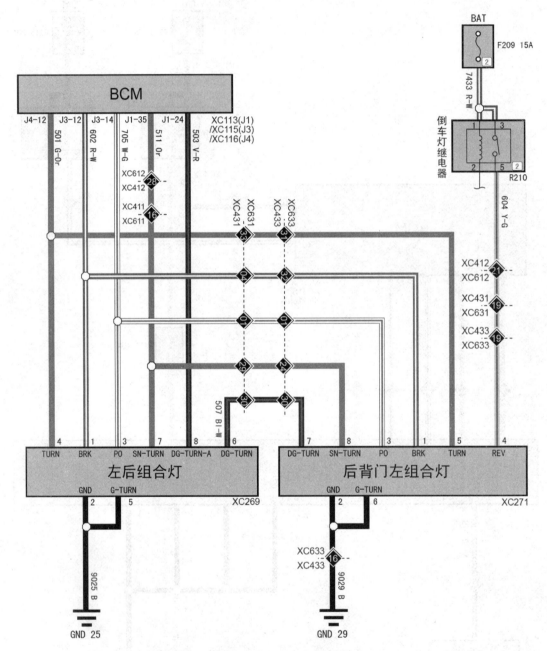

图 3-7 左后组合灯、后背门左组合灯电路图

左后组合灯引脚：1—制动灯电源；2—制动灯、位置灯接地；3—位置灯电源；
4—转向灯电源；5—转向灯接地；6—转向灯诊断分；7—转向灯使能；8—转向诊断总

后背门左组合灯引脚：1—制动灯电源；2—制动灯、位置灯、倒车灯接地；3—位置灯电源；
4—倒车灯电源；5—转向灯电源；6—转向灯接地；7—转向灯诊断；8—转向灯使能

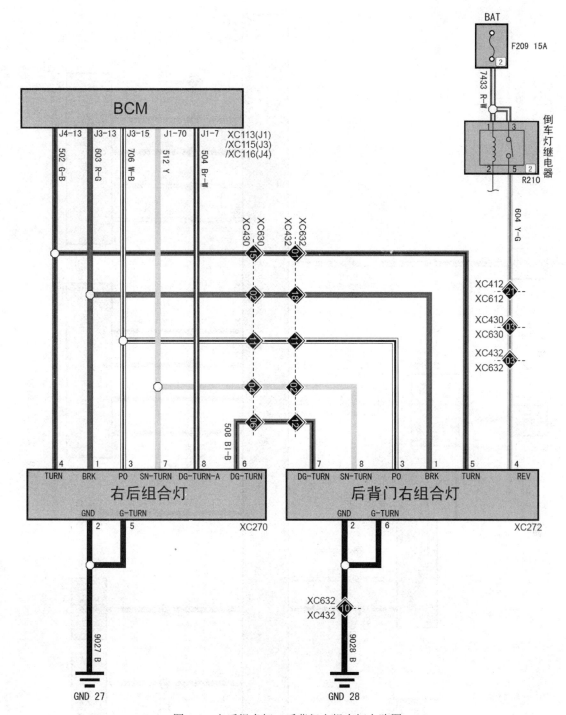

图 3-8 右后组合灯、后背门右组合灯电路图

5. 大灯高度调节

长城 WEY VV7 汽车的大灯高度调节电路如图 3-9 所示。ALS 控制器通过车身高度传感器检测车身姿态,然后通过前组合灯中的调节电机(步进电机)自动调节前大灯的照射高度。

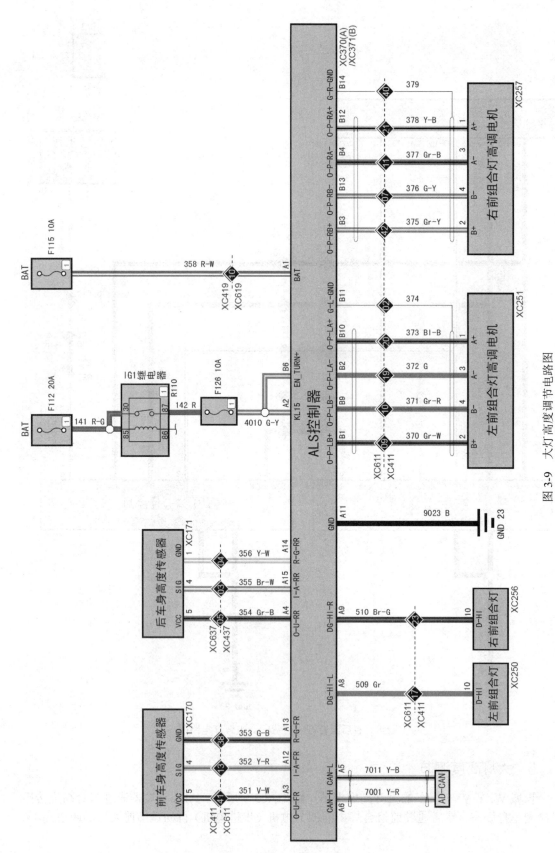

图 3-9 大灯高度调节电路图

6. 雾灯、门槛灯和脚窝灯

长城 WEY VV7 汽车的雾灯、门槛灯和脚窝灯电路如图 3-10 所示。

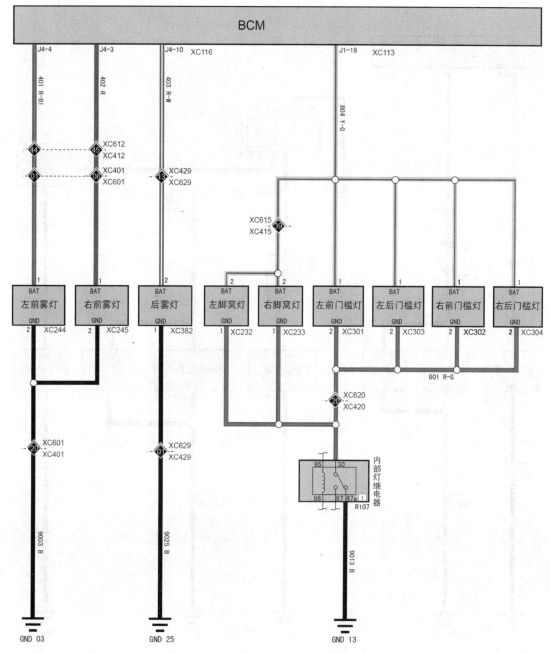

图 3-10 雾灯、门槛灯和脚窝灯电路图

7. 高位制动灯、牌照灯、杂物箱灯、遮阳板灯和后备厢灯

长城 WEY VV7 汽车的高位制动灯、牌照灯、杂物箱灯、遮阳板灯和后备厢灯电路如

图 3-11 所示。

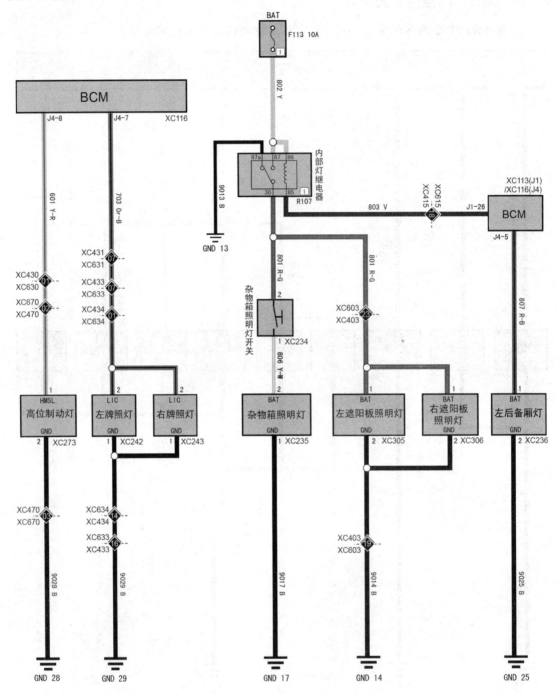

图 3-11　高位制动灯、牌照灯、杂物箱灯、遮阳板灯和后备厢灯电路图

8. 氛围灯

长城 WEY VV7 汽车的氛围灯系统电路如图 3-12、图 3-13 所示。

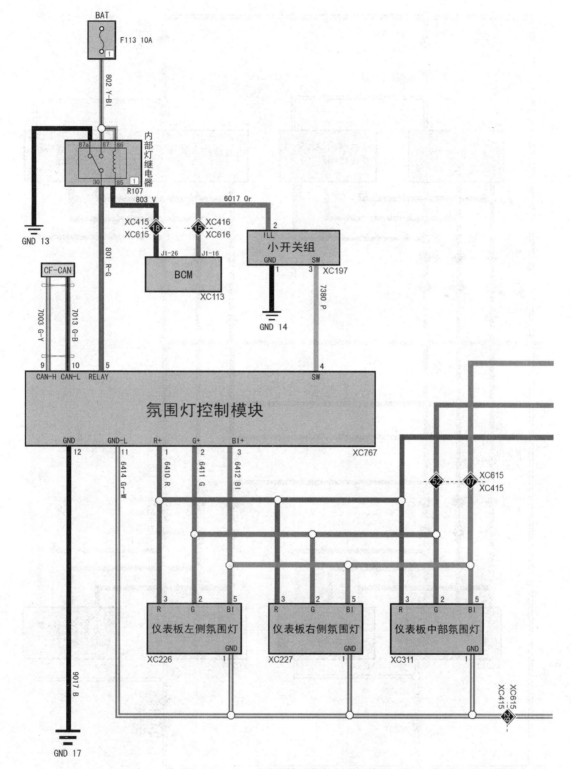

图 3-12 氛围灯系统电路图 1

氛围灯控制模块引脚：1—氛围灯 R（红光）正极；2—氛围灯 G（绿光）正极；3—氛围灯 Bl（蓝光）正极；4—氛围灯开闭、颜色变化开关；5—电源（BCM 节电继电器）；9—CAN 高；10—CAN 低；11—氛围灯接地回路；12—接地

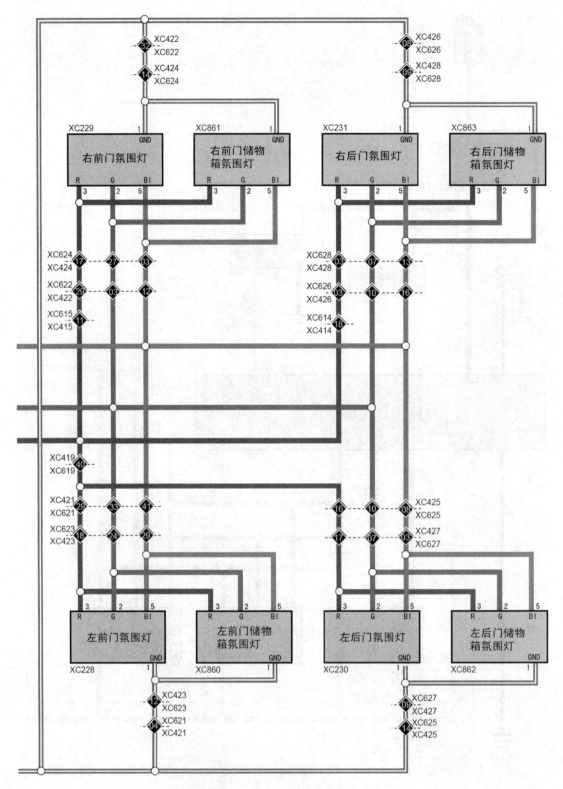

图 3-13 氛围灯系统电路图 2

9. 电喇叭与雨量光线传感器

长城 WEY VV7 汽车的电喇叭与雨量光线传感器电路如图 3-14 所示。

电喇叭由转向盘上的喇叭开关或 BCM 控制,它们通过接通喇叭继电器向高低音喇叭供电,从而使喇叭鸣叫。如在设防状态下,触发车身防盗系统警报,BCM 将会周期性地控制喇叭鸣叫,且使双侧转向灯闪烁。

雨量光线传感器通过 LIN 总线向 BCM 发送雨量和光线信号,具有自动刮水和自动灯光的功能。电源打开,灯光开关处于 AUTO 挡时,BCM 收到雨量光线传感器的光线信号后点亮相应的位置灯或者近光灯。

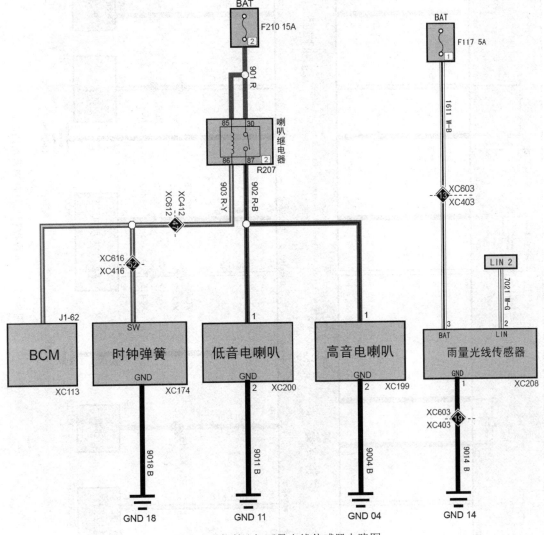

图 3-14 电喇叭与雨量光线传感器电路图

10. 转向盘控制与时钟弹簧

长城 WEY VV7 汽车的转向盘控制与时钟弹簧电路如图 3-15 所示。

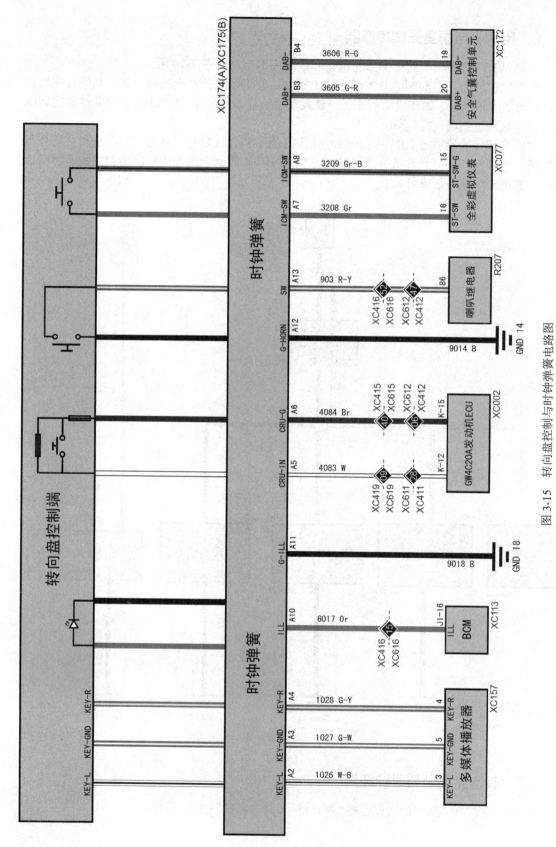

图 3-15 转向盘控制与时钟弹簧电路图

三、刮水器与洗涤器

长城 WEY VV7 汽车的刮水器与洗涤器电路如图 3-16、图 3-17 所示。刮水器组合开关电路参见图 3-3。

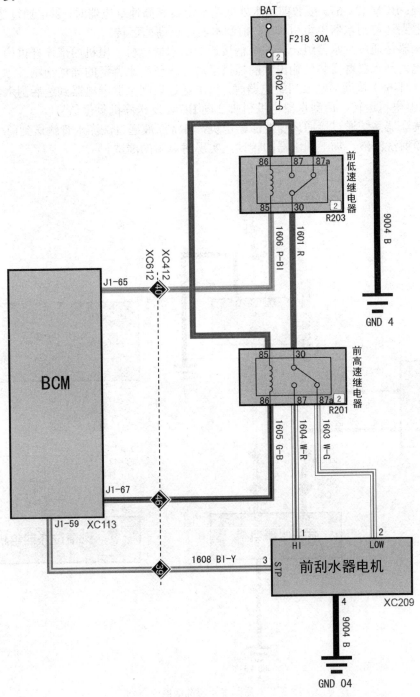

图 3-16　前刮水器电机电路图

前刮水器是通过刮水器组合开关，分别接通前刮水器各挡位，电机通电后通过连杆机构，将电机的旋转运动转化为刮水器臂的摇摆运动，实现刮水器的摇摆刮刷。

低速挡：BCM（J1-65）接通前刮水器低速继电器时，供电通过低速继电器、高速继电器到达前刮水器电机引脚 2，前刮水器电机低速运转。关闭前刮水器时，刮水器电机引脚 3 向 BCM 发送停机复位信号。

高速挡：BCM（J1-67）接通前刮水器低速继电器和高速继电器时，供电通过低速继电器、高速继电器到达前刮水器电机引脚 1，前刮水器电机高速运转。

后刮水器是通过刮水器组合开关手柄接通后刮水器电机，电机内部连杆机构将电机的旋转运动转化为刮水器臂安装处输出轴的摇摆运动，实现刮水器臂的摇摆刮刷。

BCM（J1-68）接通后刮水器继电器时，供电通过后刮水器继电器到达后刮水器电机引脚 1，后刮水器电机运转。后刮水器电机引脚 2 向 BCM 发送停机复位信号。

风窗洗涤器系统通过接通风窗洗涤器电机，将洗涤液通过洗涤水管输送到前/后喷嘴，从喷嘴位置喷射洗涤液，加上刮水器的转动，实现对风窗的清洗。

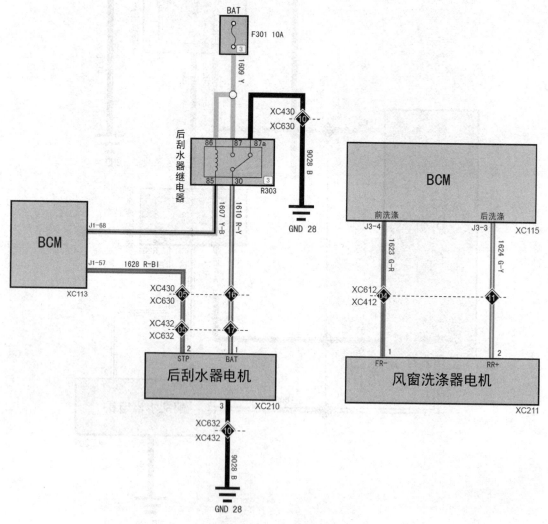

图 3-17　后刮水器与洗涤器电路图

四、中控门锁系统

长城 WEY VV7 汽车的中控门锁系统电路如图 3-18、图 3-19 所示。

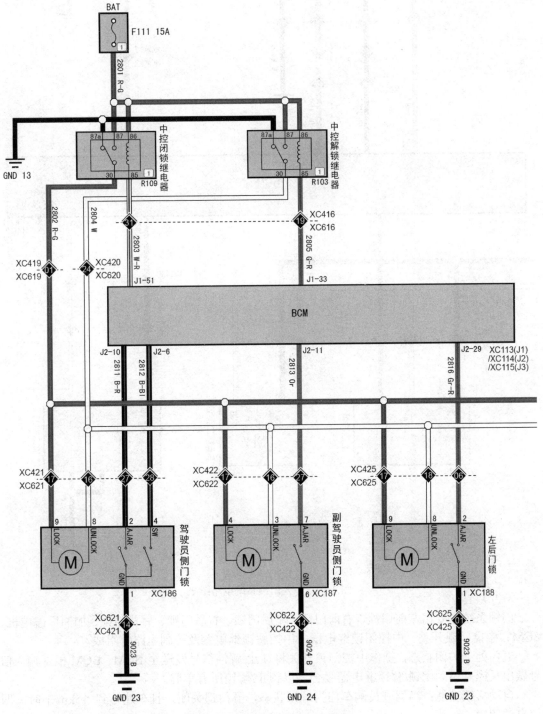

图 3-18 中控门锁系统电路图 1

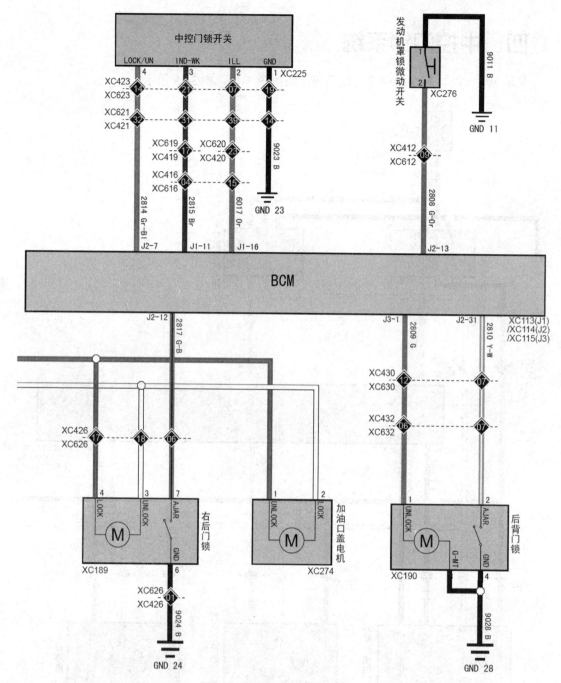

图 3-19 中控门锁系统电路图 2

门锁系统主要由左前门锁、右前门锁、左后门锁、右后门锁、后背门锁、加油口盖电机、BCM、中控门锁开关、中控闭锁继电器、中控解锁继电器及控制电路等组成。

五门处于关闭状态,操作中控门锁开关将锁止/解锁信号发送至 BCM。BCM 根据输入信号做出反应,驱动闭锁/解锁继电器吸合,以锁止/解锁所有车门。

自动落锁功能:当驾驶员侧车门为解锁状态,五门都关闭,且车速达到 15km/h 时,四门自动闭锁。

五、无钥匙进入与启动系统（PEPS）

长城 WEY VV7 的无钥匙进入与启动系统电路如图 3-20～图 3-22 所示。

PEPS 系统采用无线射频识别技术，通过 PEPS 控制器驱动低频天线查找智能钥匙，并进行认证，认证通过后，可以开闭门锁及启动发动机。

PEPS 系统能实现驾驶员侧、副驾驶员侧和后备厢三个区域的无钥匙进入和离开功能，驾驶员侧及副驾驶员侧采用双电容触摸传感器触发，后背门采用微动开关触发。在所有车门（包括后备厢）关闭的情况下能正确检测智能钥匙的位置。当智能钥匙被遗忘在车内或后备厢内且用户企图锁车时，该系统将发出警告，并禁止车辆上锁。

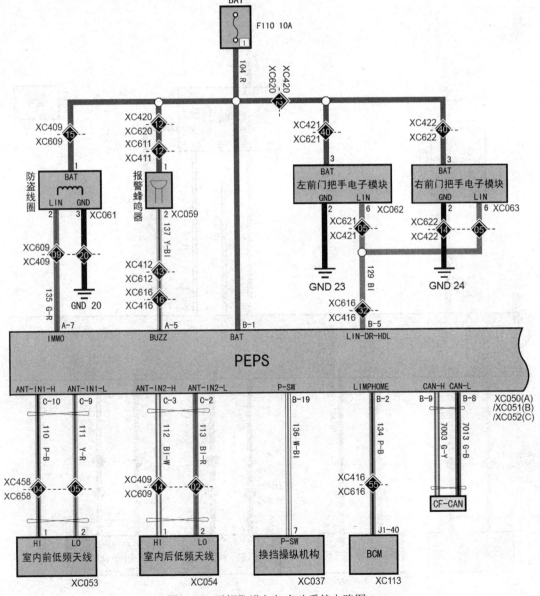

图 3-20　无钥匙进入与启动系统电路图 1

正常启动：该系统发动机采用一键式启动，在制动/离合踏板被踩下、挡位处于 P/N 挡时，只要按下启动开关按钮，在有合法智能钥匙在车内的情况下，发动机即可启动。

紧急启动：在紧急模式时（智能钥匙电池耗尽或有同频干扰时），将智能钥匙放入杯托内信标位置上，并按正常启动方式按下启动开关，PEPS ECU 将通过防盗线圈（IMMO）对智能钥匙进行合法认证，如果认证通过，发动机可以启动。

电子转向管柱锁（ESCL）：采用 LIN 线通信的 ESCL 模块自行判断各项条件从而控制转向盘解闭锁。车辆在闭锁状态时，ESCL 将上锁，锁止转向盘。

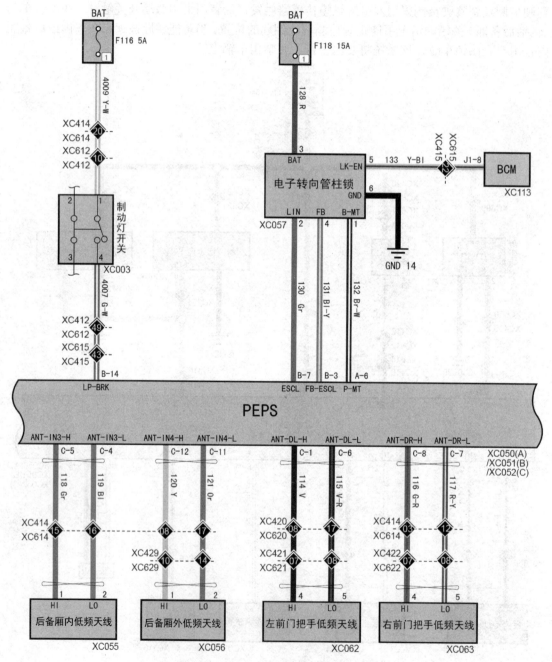

图 3-21　无钥匙进入与启动系统电路图 2

PEPS 模块负责整车电源的分配，它控制 ACC、IGN1 和 IGN2 继电器。启动时，PEPS 模块接通 IGN1 继电器并要求 EMS 接通 START 继电器，断开 ACC、IGN2 继电器。

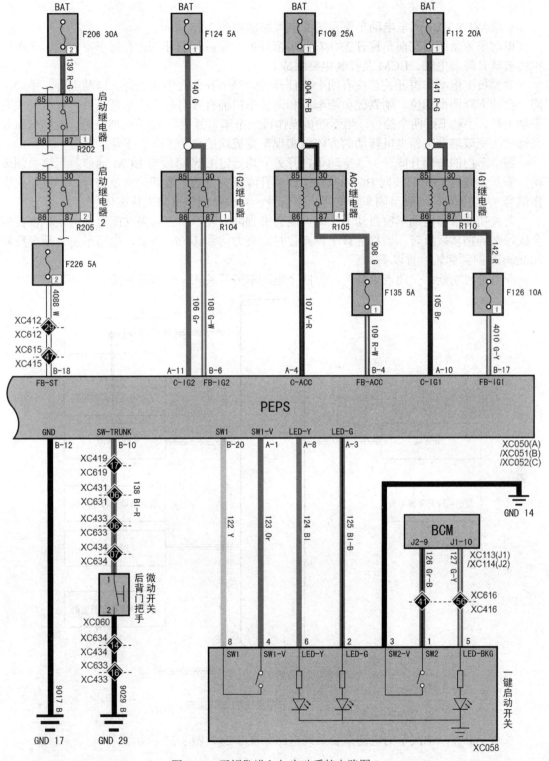

图 3-22 无钥匙进入与启动系统电路图 3

六、电动车窗系统

长城 WEY VV7 汽车电动车窗系统的电气原理如图 3-23 所示。

电动车窗系统由左前车窗开关、右前车窗开关、左后车窗开关、右后车窗开关、各车门中的玻璃升降器电机、BCM 及控制电路组成。

驾驶员侧电动车窗开关总成有四个摇杆开关，每个开关有手动上升、自动上升、手动下降、自动下降四个挡位。副驾驶员侧车门和两后车门拥有各自独立的车窗开关，每个开关有手动上升、手动下降两个挡位。当驾驶员操作每一个车窗开关自动/手动挡位时，电动车窗开关通过改变玻璃升降器电机转动的方向来实现车窗玻璃的自动上升、下降。

四个车门的玻璃升降开关（电动车窗开关）均通过 LIN 总线与 BCM 通信。驾驶员侧玻璃升降开关通过 LIN 总线向 BCM 或其他玻璃升降开关发送车窗开关命令信号、车窗禁止操作信号（儿童锁）、驾驶员侧车窗位置状态信号、驾驶员侧车窗防夹状态信号。

防夹功能：当电动车窗自动上升时可能会夹到障碍物，车窗防夹功能允许电动车窗在安全区域夹到物体后反转。当物体被车窗夹住时，夹力达到 100N 之前，电动车窗会至少反转 200mm 或回到起始位置以下。

断电延时功能：关闭点火开关时，四个电动车窗开关 42s 内仍可继续上升/下降。

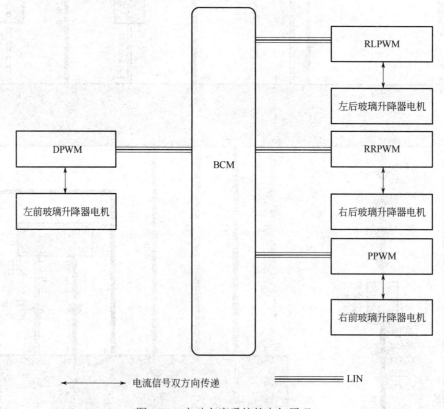

图 3-23 电动车窗系统的电气原理

长城 WEY VV7 汽车的电动车窗系统电路如图 3-24、图 3-25 所示。

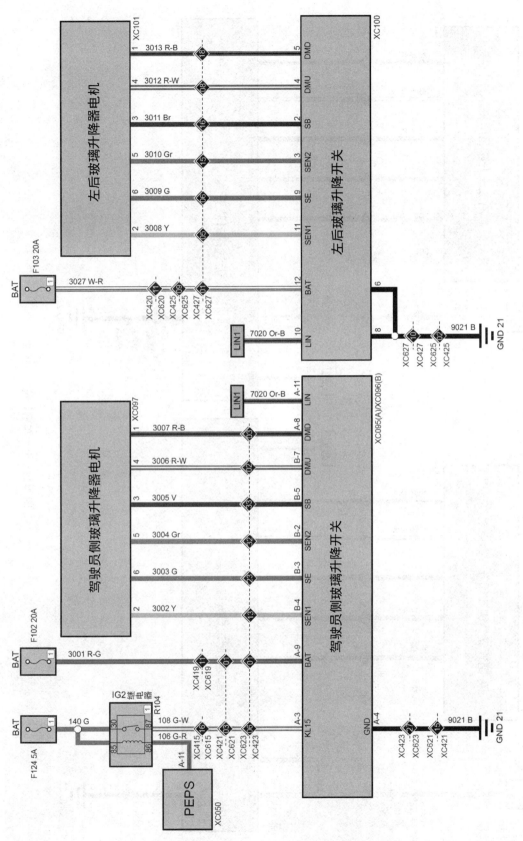

图 3-24 电动车窗系统电路图 1

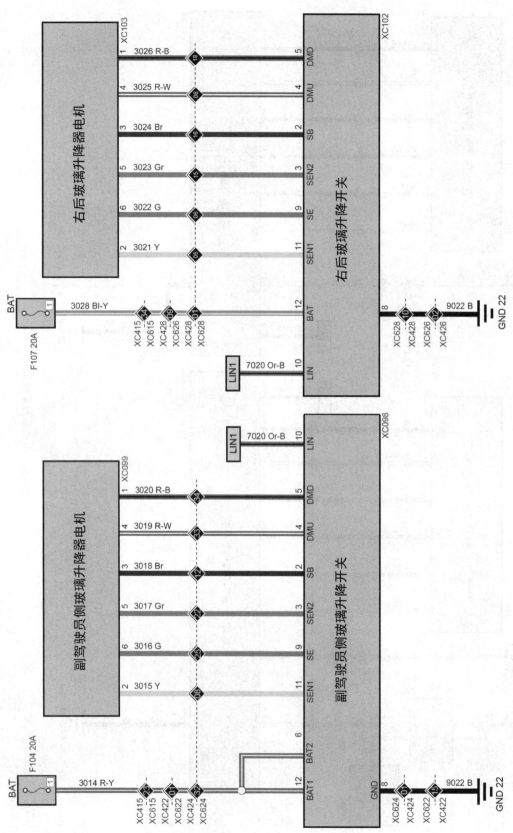

图 3-25 电动车窗系统电路图 2

七、电动天窗、阅读灯

长城 WEY VV7 汽车的电动天窗、阅读灯电路如图 3-26 所示。

在点火开关打开时,通过操作前阅读灯上的翘板式天窗控制开关,可运行电动天窗。电动天窗系统有两个电机控制模块:一个控制天窗玻璃的打开(向后开启)、通风(起翘)和关闭;另一个控制电动遮阳帘,按键开关可使遮阳帘停留在任意位置。

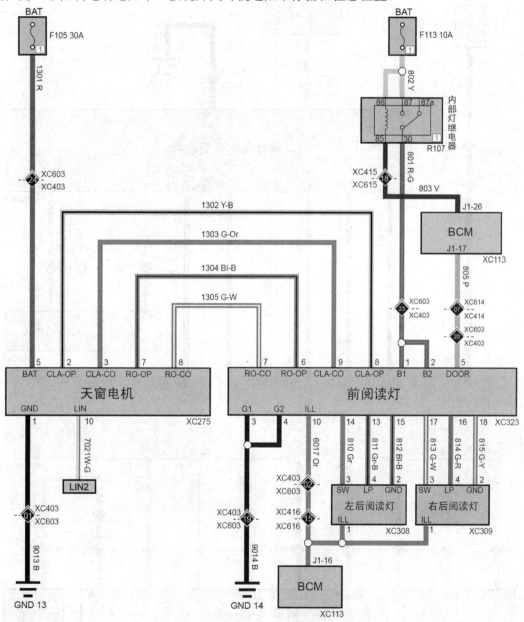

图 3-26 电动天窗、阅读灯电路图

阅读灯引脚:1,2—电源输入;3,4—接地;5—门控信号;6—遮阳帘打开;7—遮阳帘关闭;8—天窗打开开关;9—天窗关闭开关;10—按键背光;13—左后阅读灯;14—左后阅读灯开关信号;15—左后灯接地;16—右后阅读灯;17—右后阅读灯开关信号;18—右后灯接地

八、电动后视镜系统

长城 WEY VV7 的电动后视镜系统电路如图 3-27~图 3-30 所示。

BCM 通过 J1-16 引脚向电动外后视镜开关提供背景照明电源,外后视镜的镜面调节及折叠/展开则由电动外后视镜开关通过驾驶员侧车门模块和副驾驶员侧车门模块控制。

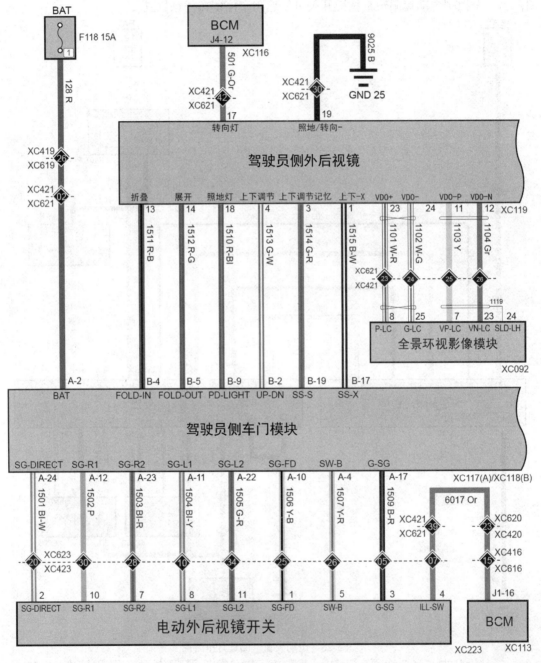

图 3-27 电动后视镜系统电路图 1

驾驶员侧车门模块引脚定义:A-1—电源接地; A-2—电源; A-4—后视镜电源端; A-7—CAN

低；A-8—CAN 高；A-10—后视镜折叠信号；A-11—后视镜调节信号（左侧1）；A-12—后视镜调节信号（右侧1）；A-17—电动外后视镜开关总成接地；A-22—后视镜调节信号（左侧2）；A-23—后视镜调节信号（右侧2）；A-24—后视镜调节信号（方向）；B-1—后视镜调节输出公共端；B-2—后视镜镜面上/下调节输出；B-3—后视镜镜面左/右调节输出；B-4—后视镜折叠输出；B-5—后视镜展开输出；B-7—门灯；B-8—驾驶员侧盲点监测报警灯输出；B-9—后视镜照地灯输出；B-10—门把手照明灯；B-15—后视镜位置传感器接地；B-17—后视镜位置传感器X方向信号；B-18—后视镜位置传感器Y方向信号；B-19—后视镜位置传感器电源；B-20—后视镜加热。

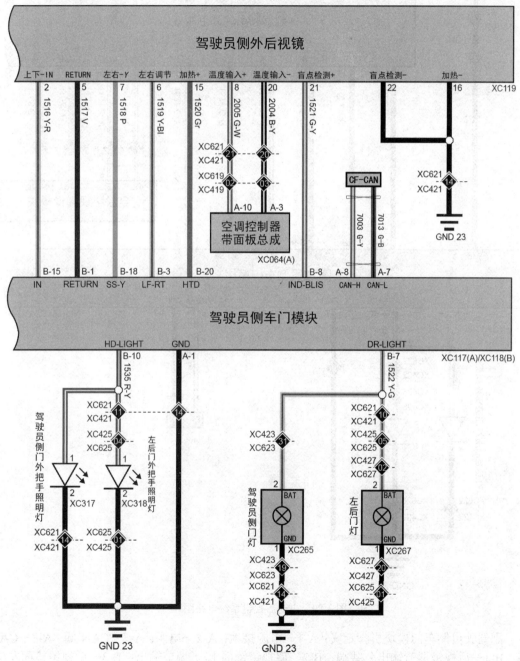

图 3-28　电动后视镜系统电路图 2

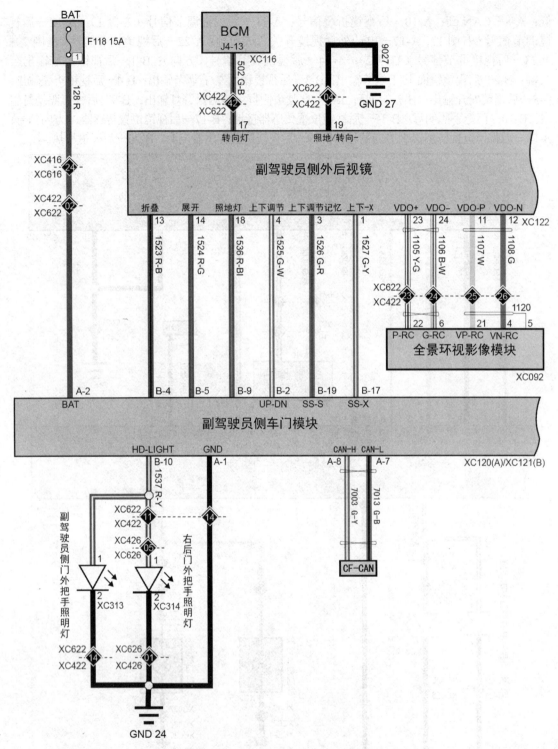

图 3-29 电动后视镜系统电路图 3

副驾驶员侧车门模块引脚定义：A-1—电源接地；A-2—电源；A-7—CAN 低；A-8—CAN 高；B-1—后视镜调节输出公共端；B-2—后视镜镜面上/下调节输出；B-3—后视镜镜面左/右

调节输出；B-4—后视镜折叠输出；B-5—后视镜展开输出；B-7—门灯；B-8—驾驶员侧盲点监测报警灯输出；B-9—后视镜照地灯输出；B-10—门把手照明灯；B-15—后视镜位置传感器接地；B-17—后视镜位置传感器 X 方向信号；B-18—后视镜位置传感器 Y 方向信号；B-19—后视镜位置传感器电源；B-20—后视镜加热。

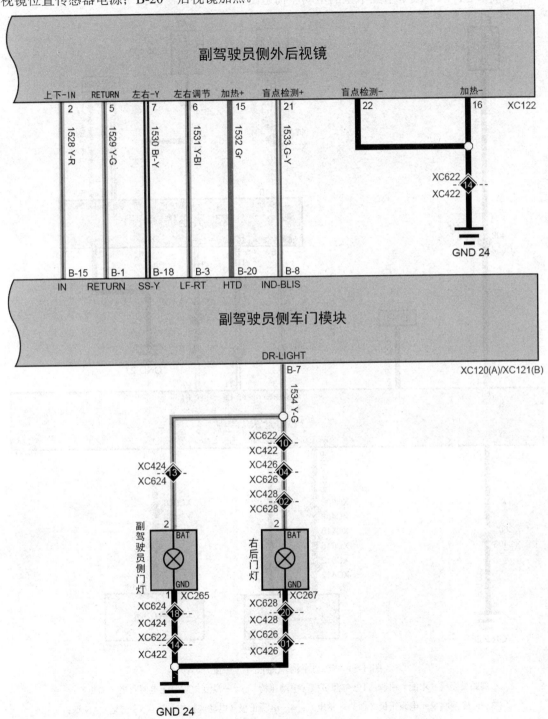

图 3-30　电动后视镜系统电路图 4

九、电动座椅

长城 WEY VV7 汽车中配车型的电动座椅电路如图 3-31、图 3-32 所示。

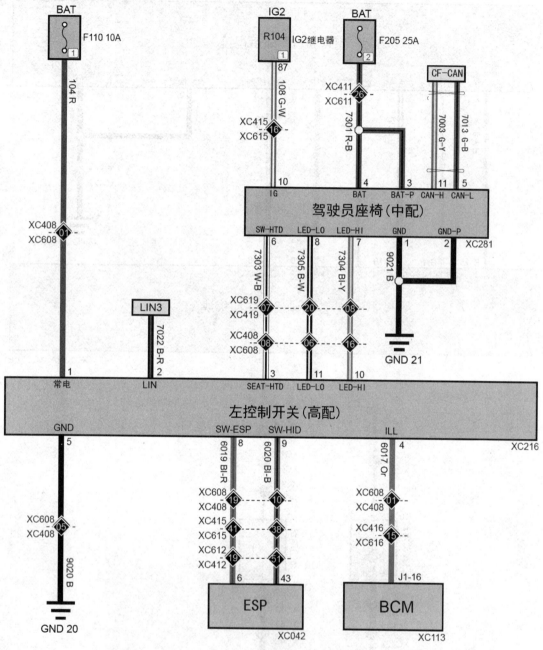

图 3-31　电动座椅电路图 1（中配车型）

驾驶员座椅（中配）引脚：1—电源负极（电动座椅）；2—温度控制单元电源负极（加热）；
3—温度控制单元电源正极（加热、常电）；4—电源正极（电动座椅电源）；5—舒适 CAN 低；
6—加热开关挡位信号；7—高挡加热指示（输出）；8—低挡加热指示（输出）；10—IG2 电源；11—舒适 CAN 高

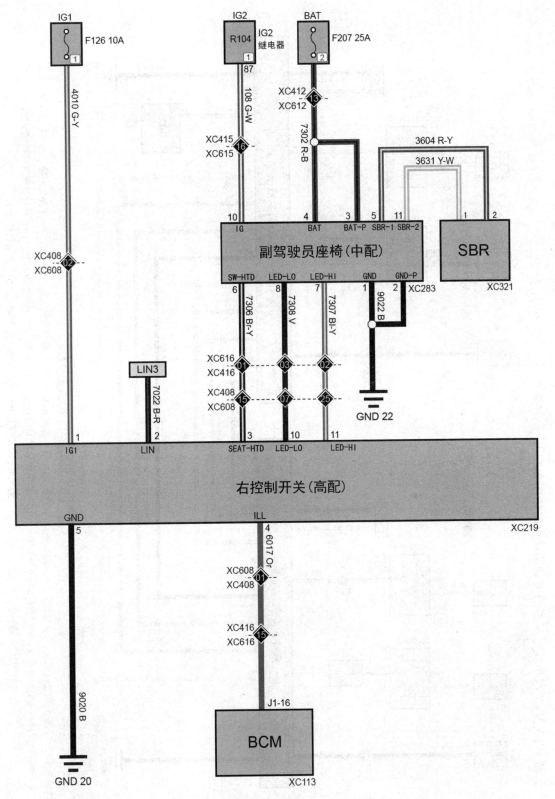

图 3-32 电动座椅电路图 2（中配车型）

长城WEY VV7汽车高配车型的电动座椅电路如图3-33所示。

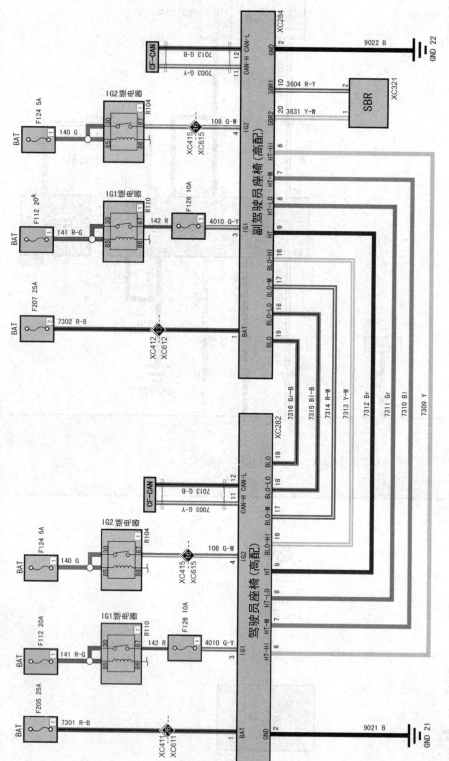

图3-33 电动座椅电路图3（高配车型）

副驾驶员座椅（高配）XC284引脚：1—常电；2—电源负极；3—点火IG1；4—点火IG2；6—驾驶员座椅加热高挡位反馈；7—驾驶员座椅加热中挡位反馈；8—驾驶员座椅加热低挡位反馈；9—驾驶员通风指令反馈；10—乘员指令输入；11—舒适CAN高；12—舒适CAN低；16—驾驶员通风高挡位反馈；17—驾驶员通风中挡位反馈；18—驾驶员通风低挡位反馈；19—驾驶员通风指令输入；20—乘员传感器2

十、电动后背门

长城 WEY VV7 汽车的电动后背门电路如图 3-34、图 3-35 所示。

在车辆处于 P 挡（P 挡开关信号），车速小于等于 5km/h，且车辆处于非拖车模式时可操作电动后背门。电动后背门可用遥控钥匙、中控后背门控制开关、后背门微动开关开启或关闭，也可以使用后背门关闭开关进行关闭。按下后背门关闭开关，后背门缓慢关闭，关闭过程中，后背门锁蜂鸣器以响 500ms、停 500ms 的频率蜂鸣，直至关门动作完成。

感应式电动后背门：通过后背门智能开启 ECU、后背门智能开启天线与电动后背门组件配合，感应脚部的扫动，可以自动开启和关闭后背门。

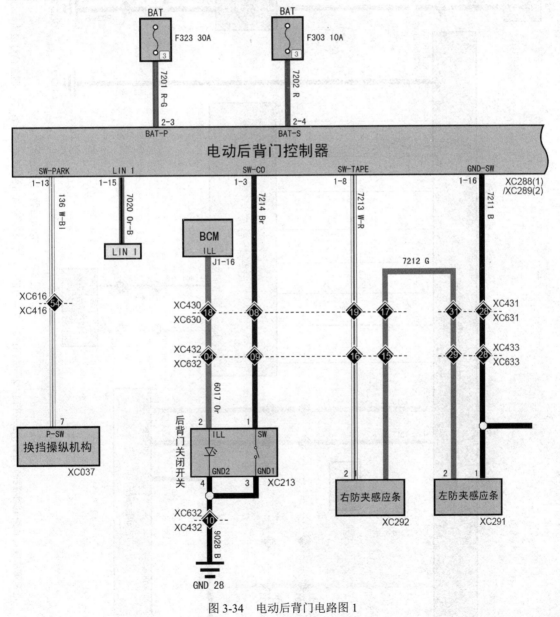

图 3-34 电动后背门电路图 1

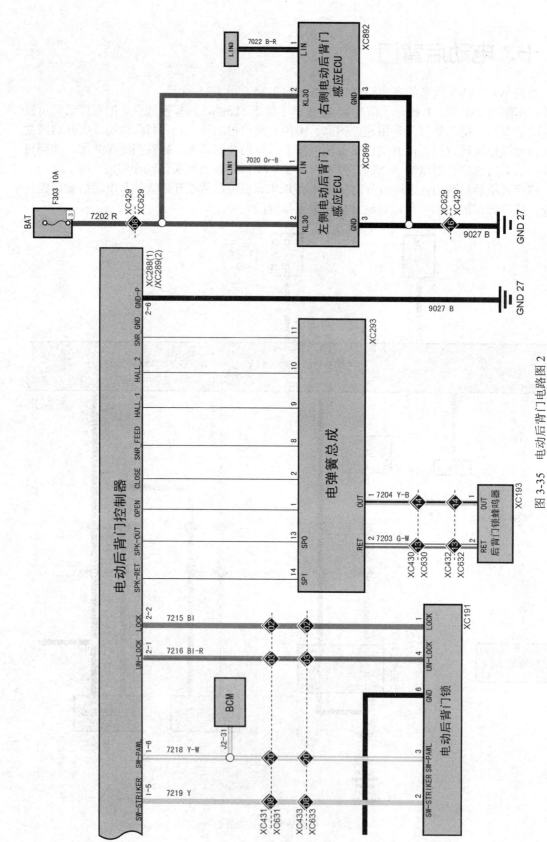

图 3-35 电动后背门电路图 2

十一、自动空调系统

长城 WEY VV7 汽车的自动空调系统电路如图 3-36～图 3-38 所示。

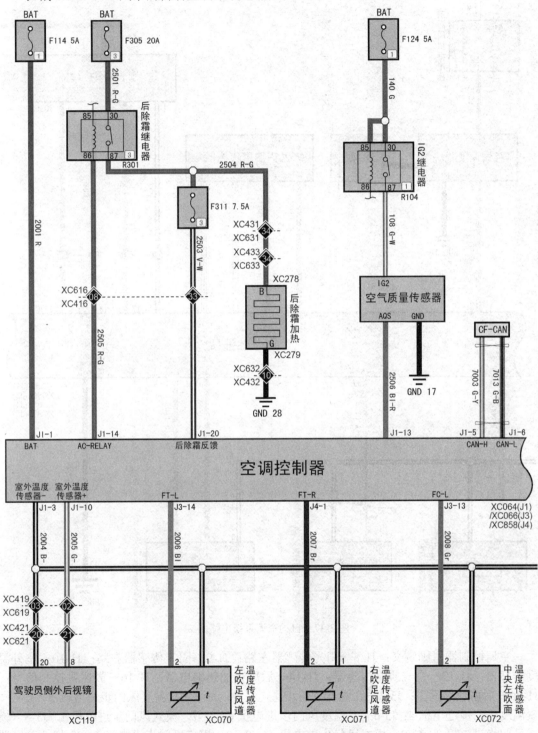

图 3-36　自动空调系统电路图 1

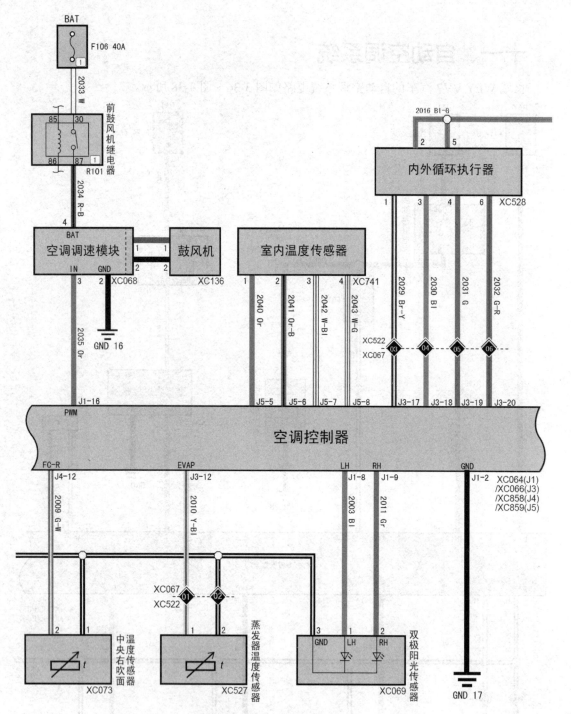

图3-37 自动空调系统电路图2

空调控制器引脚定义：J1-8—阳光传感器左路；J1-9—阳光传感器右路；J1-10—室外温度传感器；J1-13—空气质量传感器；J1-14—后风窗加热继电器；J1-16—鼓风机控制信号；J1-20—后窗加热反馈；J3-3—左温度风门步进电机1；J3-4—左温度风门步进电机3；J3-5—左温度风门步进电机4；J3-6—左温度风门步进电机6；J3-7—模式风门步进电机1；J3-8—模式风门步进电机3；J3-9—模式风门步进电机4；J3-10—模式风门步进电机6；J3-12—蒸发器

温度传感器；J3-13—前排左侧脸部出风口温度传感器；J3-14—前排左侧脚部出风口温度传感器；J3-15—步进电机12V电源2；J3-16—步进电机12V电源1；J3-17—内外循环风门步进电机1；J3-18—内外循环风门步进电机3；J3-19—内外循环风门步进电机4；J3-20—内外循环风门步进电机6；J4-1—前排右侧脚部出风口温度传感器；J4-7—右温度风门步进电机1；J4-8—右温度风门步进电机3；J4-9—右温度风门步进电机4；J4-10—右温度风门步进电机6；J4-12—前排右侧脸部出风口温度传感器；J4-17—前除雾风门步进电机1；J4-18—前除雾风门步进电机3；J4-19—前除雾风门步进电机4；J4-20—前除雾风门步进电机6；J5-5—ITOS温度传感器；J5-6—ITOS传感器接地；J5-7—ITOS阳光传感器；J5-8—ITOS温度传感器参考。

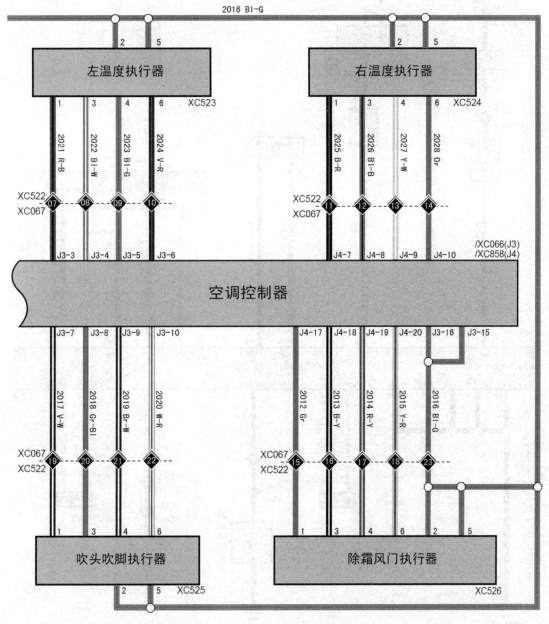

图3-38 自动空调系统电路图3

十二、组合仪表

长城 WEY VV7 汽车的组合仪表电路如图 3-39 所示。

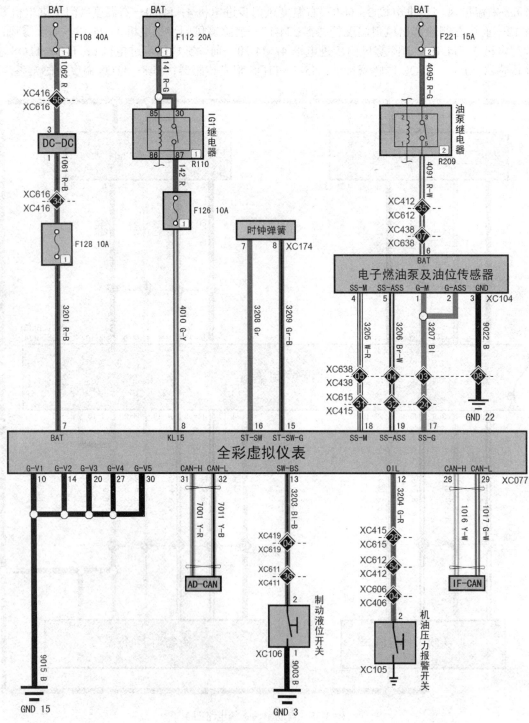

图 3-39 组合仪表电路图

十三、网关与诊断接口

长城 WEY VV7 汽车的网关与诊断接口电路如图 3-40 所示。网关安装于副仪表板下的储物箱内左侧,采用 CAN 和 LIN 网络总线拓扑设计。网关控制器是汽车各智能控制单元如 ESP、仪表、BCM 等的信息交换枢纽,它的主要功能如下:

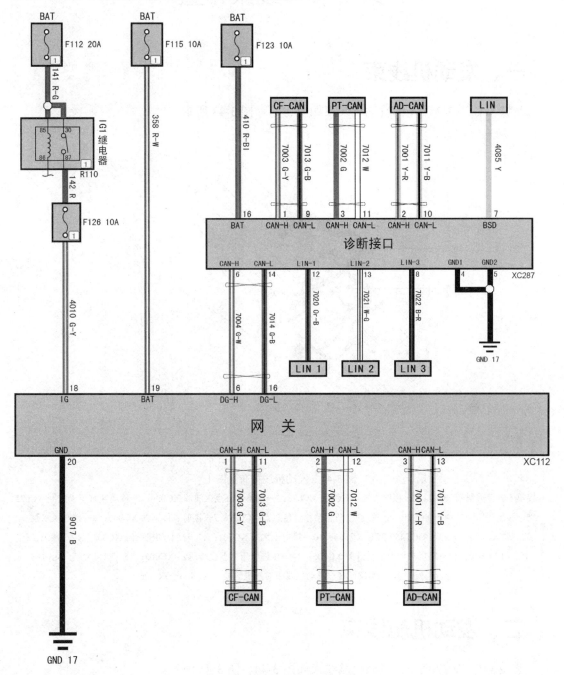

图 3-40　网关与诊断接口电路图

① 实时接收和转发各 ECU（电子控制单元）的通信信号及报文。
② 管理和协调整车总线网络的唤醒、正常工作及休眠状态。
③ 监控整车总线网络故障及各 ECU 的通信状态并记录和存储相关故障码。

第二节　线束布置

一、发动机线束

长城 WEY VV7 汽车的发动机线束如图 3-41～图 3-43 所示。

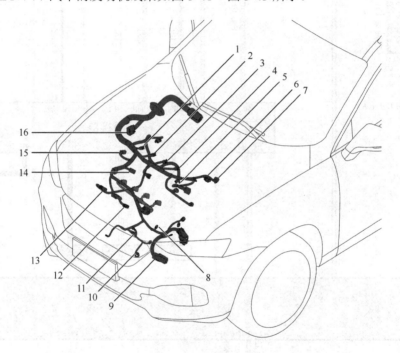

图 3-41　发动机线束布置图 1

1—接第 1 缸点火线圈 XC022；2—接第 2 缸点火线圈 XC023；3—接第 3 缸点火线圈 XC024；4—接第 4 缸点火线圈 XC025；5—接增压压力控制阀 XC020；6—接排气凸轮轴相位传感器 XC027；7—接前氧传感器 XC006；8—接暖风水泵控制器 XC033；9—接 7DCT450 ECU XC366；10—接电子水泵 XC701；11—接起动机励磁 XC331；12—接电子节气门 XC030；13—接机油压力报警开关 XC105；14—接进气压力温度传感器 XC005；15—接可变气门正时阀（进气）XC018；16—发动机线束对接机舱线束 XC406—XC606

二、发动机舱线束

长城 WEY VV7 汽车的发动机舱线束如图 3-44、图 3-45 所示。

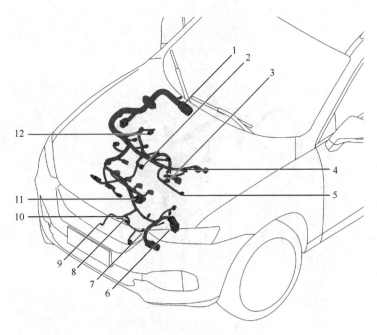

图 3-42 发动机线束布置图 2

1—接发动机 ECU GW4C20A XC001；2—接炭罐电磁阀 XC017；3—接高压油泵 XC021；4—接进气凸轮轴相位传感器 XC026；5—接进气旁通阀 XC008；6—接 7DCT450 本体 XC367；7—接曲轴位置传感器 XC015；8—接爆震传感器 XC014；9—接制冷压缩机 XC075；10—接起动机 XC345；11—发动机线束对接喷油嘴线束 XC407—XC607；12—接可变气门正时阀（排气）XC019

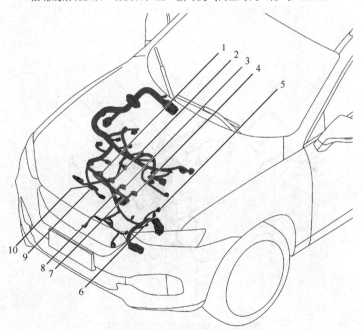

图 3-43 发动机线束布置图 3

1—接第 1 缸喷油器 XC010；2—接第 2 缸喷油器 XC011；3—接第 3 缸喷油器 XC012；4—接第 4 缸喷油器 XC013；5—发动机线束对接起动机线束 XC466—XC666；6—接离合器转速传感器 XC369；7—接油轨传感器 XC029；8—接水温传感器 XC016；9—接智能启停发电机励磁 XC329；10—接发电机励磁 XC330

第三章　2017~2019 长城 WEY VV7 电路图与元件位置

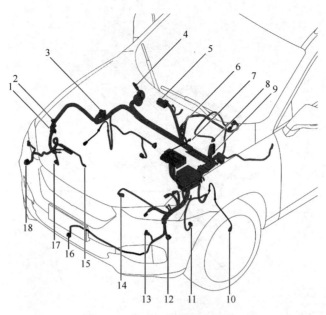

图 3-44 发动机舱线束布置图 1

1—接右前组合灯 XC256；2—接前组合灯高调电机 XC257；3—机舱线束对接发动机线束 XC606-XC406；4—发动机舱线束对接车身线束 3 XC413-XC613；5—接 ECU GW4C20A XC002；6—接制动液位开关 XC106；7—接蓄电池传感器 XC185；8—接加速踏板模块 XC009；9—接 ESP 液压电控单元 XC042；10—接左前轮速传感器 XC038；11—接前车身高度传感器总成 XC170；12—发动机舱线束对接前保险杠线束 XC401-XC601；13—接高音电喇叭 XC199；14—接增压压力温度传感器 XC028；15—接发动机罩锁微动开关 XC276；16—接雷达模块 XC087；17—接右前碰撞传感器 XC177；18—接低音电喇叭 XC200

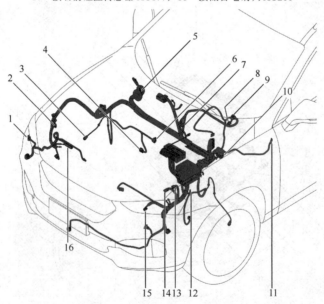

图 3-45 发动机舱线束布置图 2

1—接风窗洗涤电机 XC211；2—接空调管路压力传感器 XC074；3—接右前轮速传感器 XC039；4—接 EPS XC049；5—发动机舱线束对接车身线束 2 XC412-XC612；6—接后氧传感器 XC007；7—接真空度传感器 XC108；8—接制动灯开关 XC003；9—接前刮水器电机 XC209；10—发动机舱线束对接车身线束 XC411-XC611；11—仪表板保险盒电源；12—接 PEPS 报警蜂鸣器 XC059；13—接左前组合灯高调电机 XC251；14—接左前组合灯 XC250；15—接左前碰撞传感器 XC176；16—接风扇控制器 XC032

三、仪表板线束

长城 WEY VV7 汽车的仪表板线束如图 3-46～图 3-49 所示。

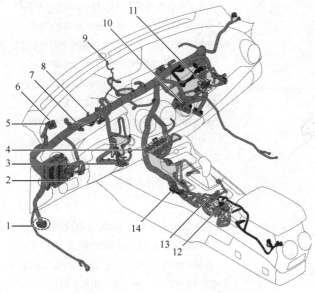

图 3-46　仪表板线束布置图 1
1—仪表板线束对接车身线束 6/7 XC419-XC619/XC420-XC620；2—接诊断接口 XC287；3—接转角传感器 XC163；4—接空调面板 A/B/C/D/E XC064/XC065/XC066/XC858/XC859；5—接中央左吹面风道温度传感器 XC072；6—仪表板线束对接顶篷线束 1 XC603-XC403；7—仪表板线束对接空调线束 XC067-XC522；8—接 PWM 调速模块 XC068；9—接双极阳光传感器 XC069；10—接脚窝灯（右）XC233；11—接 T-BOX GPS 接口/3G 接口/USB 接口 XC501/XC502/XC503；12—线束间连接 XC408-XC608/XC409-XC609/XC582-XC682；13—接换挡操纵机构 XC037；14—接安全气囊电控单元（32 孔）XC173

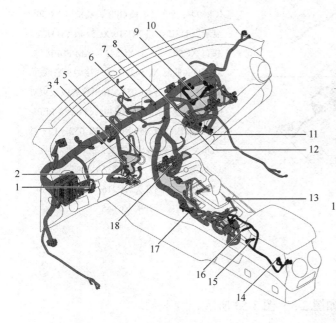

图 3-47　仪表板线束布置图 2
1—接仪表 USB 接口 XC520；2—接时钟弹簧 A/B XC174/XC175；3—接电子转向管柱锁 XC057；4—接全彩虚拟仪表 XC077；5—接一键启动开关 XC058；6—接仪表板中置扬声器（台郡）XC134/（哈曼）XC144；7—接显示屏 USB 接口 XC511；8—仪表板线束对接车身线束 3 XC416-XC616；9—接 T-BOX XC162；10—接副驾驶员侧安全气囊 XC166；11—仪表板线束对接车身线束 1 XC414-XC614；12—仪表板线束对接车身线束 2 XC415-XC615；13—接右控制开关 XC219；14—接空气净化器 XC798；15—接 AUX XC361；16—接防盗线圈 XC061；17—接安全气囊电控单元（24 孔）XC172；18—接氛围灯控制模块 XC767

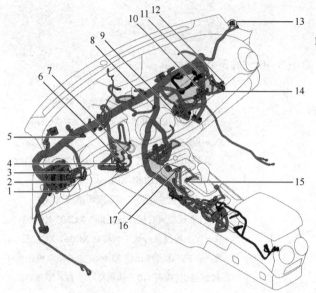

图 3-48　仪表板线束布置图 3

1—接小开关组 XC197；2—接灯光总开关 XC195；3—接脚窝灯（左）XC232；4—接灯光组合开关 XC295；5—接仪表 USB 接口 XC521；6—接室内温度传感器 XC741；7—接刮水器组合开关 XC215；8—接显示屏总成 XC161；9—接网关 XC112；10—接杂物箱照明灯 XC235；11—仪表板线束对接 PAB 开关过渡线束 1 XC435-XC635；12—接仪表板右侧氛围灯 XC227；13—仪表板天线对接顶篷天线 1/2/3 XC580/XC581/XC452；14—接杂物箱照明灯开关 XC234；15—接室内前低频天线 XC053；16—接点烟器照明 XC206；17—接点烟器电源 XC205

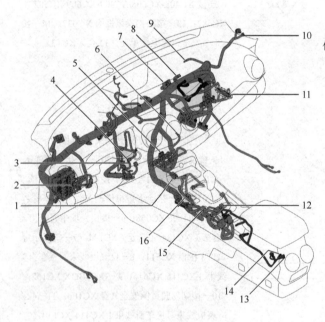

图 3-49　仪表板线束布置图 4

1—线束间连接 XC458-XC658；2—接仪表板左侧氛围灯 XC226；3—接左吹足风道温度传感器 XC070；4—接仪表板中部氛围灯 XC311；5—接中央控制开关 XC732；6—接右吹足风道温度传感器 XC071；7—接多媒体播放器 A/B/C/D/E XC158/XC157/XC398/XC156/XC155（低配 A/B/C/D/E XC865/XC866/XC867/XC868/XC869）；8—接主机 GPS 天线接口 XC506/显示屏 USB 接口 XC510/XC544/USB HUB 接口 XC507（低配 XC543）/AM/FM 接口 XC504（低配 XC542）；9—接中央右吹面风道温度传感器 XC073；10—仪表板线束对接顶篷线束 2 XC604-XC404；11—接 PEPS 控制器 A/B/C XC050/XC051/XC052；12—接人机交互控制面板 XC222；13—接室内后低频天线 XC054；14—接充电插座 XC720；15—接左控制开关 XC216；16—接 EPB 开关 XC045

四、车身线束

长城 WEY VV7 汽车的车身线束如图 3-50~图 3-53 所示。

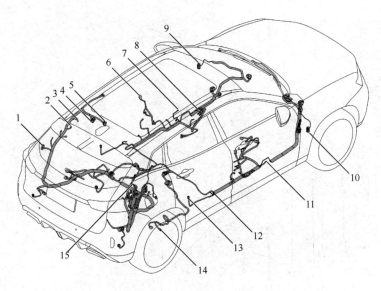

图 3-50 车身线束布置图 1

1—接左组合后灯 XC269；2—接左环绕扬声器 XC378；3—接左后门安全带预紧器 XC380；4—车身线束对接后背门线束 2 XC431-XC631；5—车身线束对接后背门线束 1 XC430-XC630；6—车身线束对接左后门线束 XC425-XC625；7—接左前门槛灯 XC301；8—接驾驶员座椅（高配 XC282/中配 XC281/低配 XC856）；9—车身线束对接左前门线束 XC421-XC621；10—车身线束对接右前门线束 XC422-XC622；11—接右前门槛灯 XC302；12—接右后门槛灯 XC304；13—接右后侧碰撞传感器 XC181；14—接右后轮速传感器 XC041；15—接备用电源 XC207

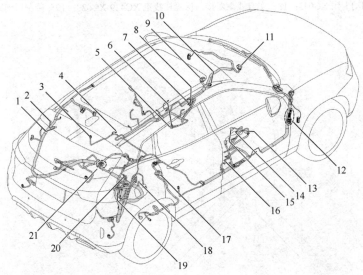

图 3-51 车身线束布置图 2

1—接左后备厢灯 XC236；2—接重低音扬声器（台郁）XC135/（哈曼）XC145；3—接左侧碰撞传感器 XC178；4—接左后门槛灯 XC303；5—接 ALS-A XC370；6—接 ALS-B XC371；7—接左侧气囊 XC285；8—接驾驶员插锁 XC280；9—车身对接仪表板线束 XC619-XC419；10—车身对接仪表板线束 7 XC620-XC420；11—车身对接发动机舱线束 1 XC611-XC411；12—车身线束对接仪表板线束 1/2/3 XC614/XC615/XC616；13—接副驾驶员座椅（高配 XC284/中配 XC283）；14—接 SBR XC321；15—接副驾驶员座椅（低配 XC857）；16—接右侧碰撞传感器 XC179；17—接电子燃油泵总成 XC104；18—接全景环视影像控制模块 XC092；19—接胎压控制器 XC377；20—接后备厢内低频天线 XC055；21—接泊车控制器 A/B/C XC341/XC342/XC343

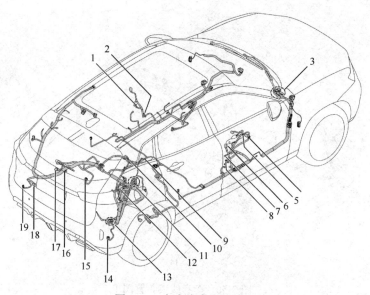

图 3-52　车身线束布置图 3

1—接左侧碰撞传感器 XC178；2—接驾驶员侧安全带预紧器 XC299；3—接 BCM J1/J2/J3/J4 XC113/XC114/XC115/XC116；4—接右侧气囊 XC286；5—接副驾驶员前排插锁 XC312；6—车身线束对接右后门线束 XC426-XC626；7—接 DC-DC 电源 XC110；8—接 DC-DC 信号 XC111；9—接右后安全带预紧器 XC381；10—接右环绕扬声器 XC379；11—接功率放大器 A/B/C XC123/XC124/XC125；12—接右组合后灯 XC270；13—接电动后背门控制器 A/B XC288/XC289；14—接右后辅助雷达 XC089；15—接车身高度传感器总成 XC171；16—接左后轮速传感器 XC040；17—接左后制动卡钳 XC043；18—车身线束对接后保险杠线束 XC429-XC629；19—接左后辅助雷达 XC088

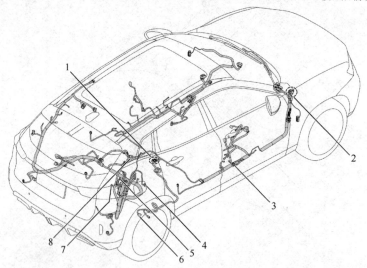

图 3-53　车身线束布置图 4

1—线束间连接 XC438-XC638/XC439-XC639；2—车身线束对接发动机舱线束 2/3 XC612-XC412/XC613-XC413；3—接副驾驶员侧安全带预紧器 XC300；4—接加油口盖电机 XC274；5—接 220V 逆变电源 XC224；6—接右后制动卡钳 XC044；7—接电弹簧总成 XC293；8—线束间连接 XC437-XC637

五、车门线束

长城 WEY VV7 汽车的车门线束如图 3-54、图 3-55 所示。

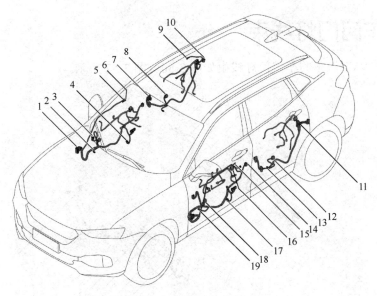

图 3-54　车门线束布置图 1

1—右前门线束对接车身线束 XC622-XC422；2—接右前低音扬声器（台郁）XC131/（哈曼）XC151；3—接副驾驶员侧外后视镜 XC122；4，17—预留；5—接副驾驶员侧门把手电子模块 XC063；6—接副驾驶员侧外把手照明灯 XC313；7—右后门线束对接车身线束 XC626-XC426；8—接右后门玻璃升降电机 XC103；9—接右后外把手照明灯 XC314；10—接右后门锁 XC189；11—接左后外把手照明灯 XC318；12—接左后门玻璃升降电机 XC101；13—接左后低音扬声器（台郁）XC132/（哈曼）XC152；14—接驾驶员侧门锁 XC186；15—接驾驶员侧门把手电子模块 XC062；16—线束间连接 XC623-XC423；18—接驾驶员侧玻璃升降电机 XC097；19—接左前低音扬声器（台郁）XC130/（哈曼）XC150

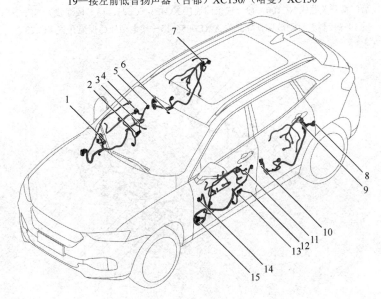

图 3-55　车门线束布置图 2

1—接副驾驶员侧玻璃升降电机 XC099；2—接副驾驶员侧车门模块 A XC120；3—接副驾驶员侧车门模块 B XC121；4—线束间连接 XC424-XC624；5—接副驾驶员侧门锁 XC187；6—接右后低音扬声器（台郁）XC133/（哈曼）XC153；7—线束间连接 XC428-XC628；8—接左后门锁 XC188；9—线束间连接 XC427-XC627；10—左后门线束对接车身线束 XC625-XC425；11—接驾驶员侧外把手照明灯 XC317；12—接驾驶员侧车门模块 B XC118；13—接驾驶员侧车门模块 A XC117；14—接驾驶员侧外后视镜 XC119；15—左前门线束对接车身线束 XC621-XC421

第三章　2017~2019 长城 WEY VV7 电路图与元件位置

六、车门门灯线束

长城 WEY VV7 汽车的车门门灯线束如图 3-56、图 3-57 所示。

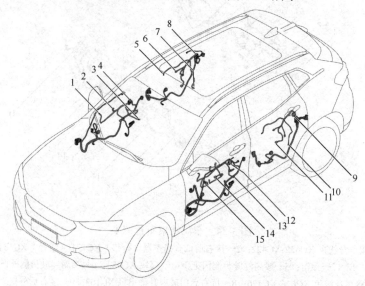

图 3-56　车门门灯线束布置图 1

1—接右前高音扬声器（台郁）XC127/（哈曼）XC147；2—接右前门氛围灯 XC229；3—接副驾驶员侧门灯 XC266；4—线束间连接 XC624-XC424；5—接右后高音扬声器（台郁）XC129/（哈曼）XC149；6—接右后门氛围灯 XC231；7—接右后门灯 XC268；8—线束间连接 XC628-XC428；9—线束间连接 XC627-XC427；10—接左后门灯 XC267；11—接左后门窗开关总成 XC100；12—线束间连接 XC423-XC623；13—接驾驶员侧门灯 XC265；14—接驾驶员侧玻璃升降开关 A XC095；15—接电动外后视镜开关 XC223

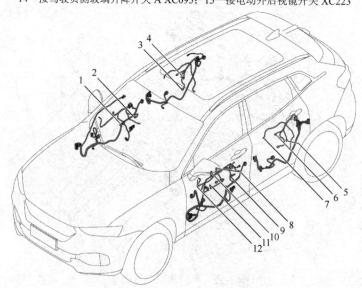

图 3-57　车门门灯线束布置图 2

1—接副驾驶员侧玻璃升降开关 XC098；2—接右前门储物箱氛围灯 XC861；3—接右后门窗开关总成 XC102；4—接右后门储物箱氛围灯 XC863；5—接左后门储物箱氛围灯 XC862；6—接左后门氛围灯 XC230；7—接左后高音扬声器（台郁）XC128/（哈曼）XC148；8—接左前门氛围灯 XC228；9—接左前门储物箱氛围灯 XC860；10—接中控锁开关 XC225；11—接驾驶员侧玻璃升降开关 B XC096；12—接左前高音扬声器（台郁）XC126/（哈曼）XC146

七、座椅线束

长城 WEY VV7 汽车的座椅线束如图 3-58、图 3-59 所示。

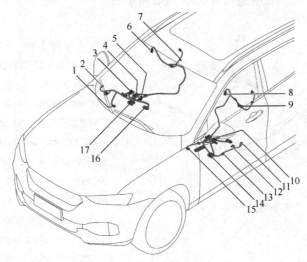

图 3-58　座椅线束布置图 1

1—接副驾驶员座椅坐垫滑轨电机 XC1129；2—接副驾驶员座椅腰托按摩开关 XC1132；3—接副驾驶员座椅 3 挡坐垫加热 XC1102；4—线束间连接 XC1138-1139；5—接 SBR XC1133；6—接副驾驶员座椅靠背调角电机 XC1105；7—接副驾驶员座椅气泵 XC1106；8—接驾驶员座椅靠背调角电机 XC1114；9—接驾驶员座椅 3 挡靠背加热 XC1118；10—接驾驶员座椅 3 挡坐垫加热 XC1117；11—接驾驶员座椅记忆开关 XC1134；12—接驾驶员座椅调节开关 XC1124；13—接驾驶员座椅腰托按摩开关 XC1121；14—接驾驶员座椅电源及信号传输 XC1123；15—接驾驶员座椅坐垫滑轨电机 XC1126；16—接通风加热信号转换器 XC1127；17—接副驾驶员座椅电源及信号传输 XC1128

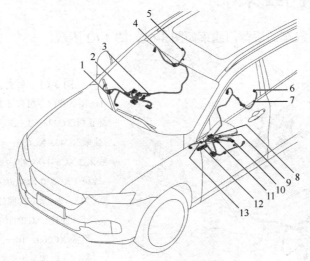

图 3-59　座椅线束布置图 2

1—接副驾驶员座椅调节开关 XC1131；2—接副驾驶员座椅通风加热控制模块 XC1130；3—接副驾驶员座椅通风电机 XC1104；4—接副驾驶员座椅 3 挡靠背加热 XC1103；5—接副驾驶员座椅按摩模块 XC1107；6—接驾驶员座椅按摩模块 XC1116；7—接驾驶员座椅气泵 XC1115；8—线束间连接 XC1140-XC1141；9—接驾驶员座椅通风电机 XC1119；10—接驾驶员座椅通风加热控制模块 XC1120；11—接驾驶员座椅坐垫高度电机 XC1125；12—接驾驶员座椅记忆模块 A/B/C XC1135/XC1136/XC1137；13—接驾驶员座椅坐垫角度电机 XC1122

八、顶篷线束

长城 WEY VV7 汽车的顶篷线束如图 3-60 所示。

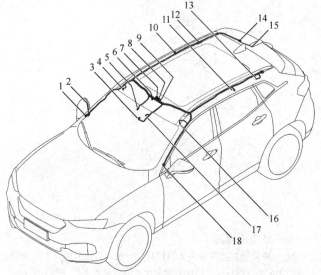

图 3-60　顶篷线束布置图

1—顶篷天线对接仪表板天线 1/2/3 XC590/XC591/XC652；2—顶篷线束对接仪表板线束 2 XC404-XC604；3—接内后视镜 XC109；4—接右遮阳板照明灯 XC306；5—接智能前视控制模块 XC164；6—接前顶灯 XC323；7—接天窗电机 XC275；8—接右麦克 XC363；9—接左麦克 XC362；10—接右侧安全气帘 XC168；11—接左侧安全气帘 XC167；12—接右后阅读灯 XC309；13—接左后阅读灯 XC308；14—接 GPS 天线 XC530；15—接 T-BOX 天线 XC531；16—接左遮阳板照明灯 XC305；17—接雨量光线传感器 XC208；18—顶篷线束对接仪表板线束 1 XC403-XC603

九、后背门线束

长城 WEY VV7 汽车的后背门线束如图 3-61、图 3-62 所示。

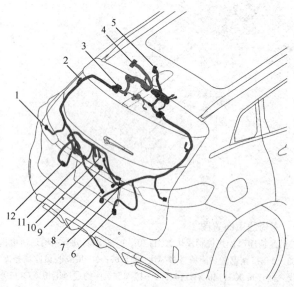

图 3-61　后背门线束布置图 1

1—接后背门左组合灯 XC271；2—接后除霜加热正极 XC278；3—左后背门过渡对接左后背门线束 XC433-XC633；4—后背门过渡对接车身线束 2 XC631-XC431；5—后背门过渡对接车身线束 1 XC630-XC430；6—接后背门关闭开关 XC213；7—接右牌照灯总成 XC243；8—接电动后背门锁 XC191；9—接后背门把手微动开关 XC060；10—接后视摄像头 XC086（带倒车影像系统车型）；11—接左牌照灯总成 XC242；12—牌照灯线束对接左后背门线束 XC634-XC434

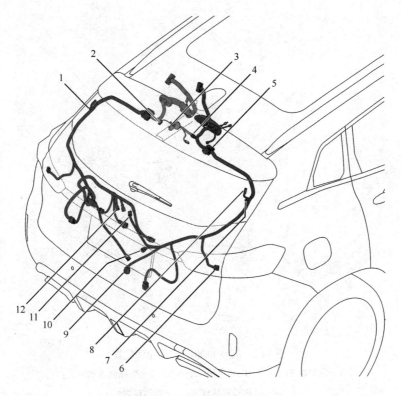

图 3-62　后背门线束布置图 2

1—接左防夹感应条 XC291；2—接智能内后视镜摄像头 XC924；3—接高位制动灯 XC273；4—右后背门过渡线束对接后尾翼线束 XC670-XC470；5—右后背门过渡线束对接右后背门线束 XC432-XC632；6—接后背门右组合灯 XC272；7—接右防夹感应条 XC292；8—接后除霜加热负极 XC279；9—接后背门锁 XC190；10—接后背门锁蜂鸣器 XC193；11—接后刮水器电机 XC210；12—接后环视摄像头 XC094

第三节　电气元件位置

一、发动机舱

长城 WEY VV7 汽车发动机舱的电气元件位置如图 3-63 所示。

二、驾驶室

长城 WEY VV7 汽车驾驶室的电气元件位置如图 3-64 所示。
提示：副驾驶员侧车门模块位置与驾驶员侧车门模块位置对称。

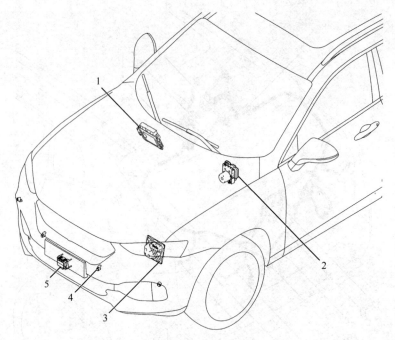

图 3-63 发动机舱的电气元件位置

1—发动机 ECU；2—ESP 电子控制单元；3—变速器控制单元；
4—前防撞雷达探头；5—雷达模块

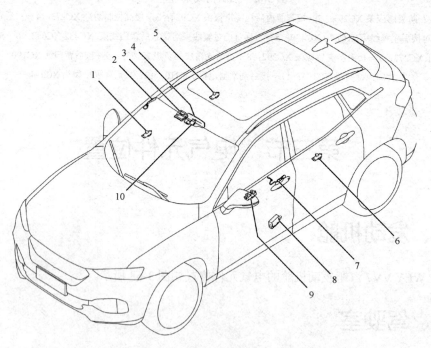

图 3-64 驾驶室的电气元件位置

1—副驾驶员侧电动窗开关；2—右侧门把手模块；3—智能前视模块；4—内后视镜；5—右后电动窗开关；
6—左后电动窗开关；7—左侧门把手模块；8—驾驶员侧车门模块；9—驾驶员侧电动窗开关；
10—雨量光线传感器

三、仪表板

长城 WEY VV7 汽车仪表板的电气元件位置如图 3-65 所示。

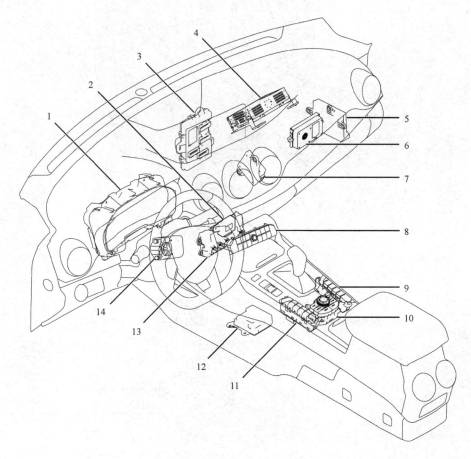

图 3-65　仪表板的电气元件位置

1—组合仪表；2—氛围灯控制模块；3—BCM；4—多媒体播放器总成；5—PEPS 控制器；6—T-BOX；
7—网关；8—中央控制开关；9—右控制开关；10—人机交互面板；11—左控制开关；
12—安全气囊电控模块；13—空调控制器；14—电子转向管柱锁

四、前排座椅

长城 WEY VV7 汽车前排座椅的电气元件位置如图 3-66 所示。

五、车身后部

长城 WEY VV7 汽车车身后部的电气元件位置如图 3-67 所示。

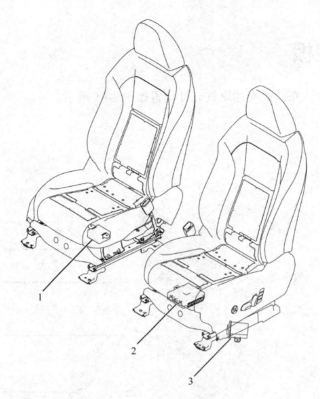

图 3-66 前排座椅的电气元件位置
1—座椅通风加热按摩信号转换器；2—座椅记忆模块；3—ALS 控制器

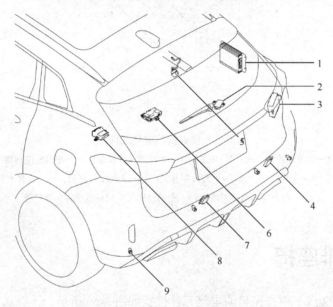

图 3-67 车身后部的电气元件位置
1—音响功放总成；2—胎压监测接收器；3—电动后背门控制器；4—后背门智能开启 ECU-B；
5—后视摄像头总成；6—全景环视影像控制模块；7—后背门智能开启 ECU-A；
8—倒车雷达控制器；9—后防撞雷达探头

第四节　接地点分布

一、发动机舱线束接地点

长城 WEY VV7 汽车发动机舱线束接地点分布如图 3-68 所示。

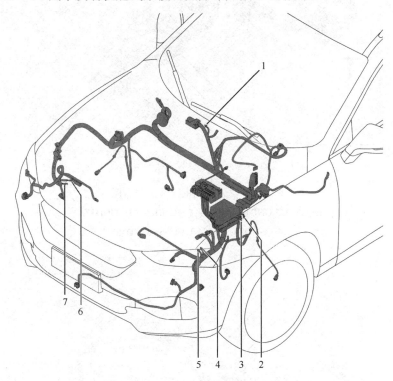

图 3-68　发动机舱线束接地点分布图
1—GND10；2—GND5；3—GND6；4—GND4；
5—GND3；6—GND11；7—GND12

二、仪表板线束接地点

长城 WEY VV7 汽车仪表板线束接地点分布如图 3-69 所示。

三、车身线束接地点

长城 WEY VV7 汽车车身线束接地点分布如图 3-70 所示。

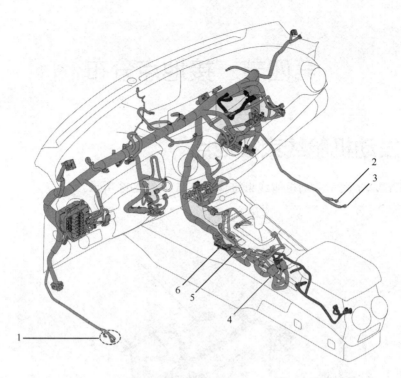

图 3-69 仪表板线束接地点分布图

1—GND13/GND14/GND15；2—GND16；3—GND17；
4—GND20；5—GND19；6—GND18

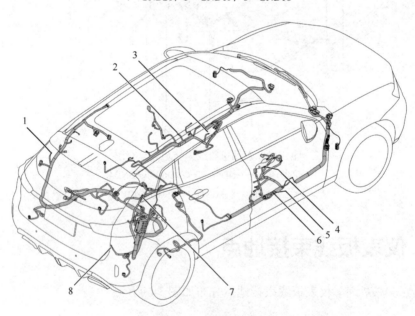

图 3-70 车身线束接地点分布图

1—GND25；2—GND23；3—GND21；4—GND22；5—GND24；
6—GND31；7—GND26；8—GND27

四、后背门线束接地点

长城 WEY VV7 汽车后背门线束接地点分布如图 3-71 所示。

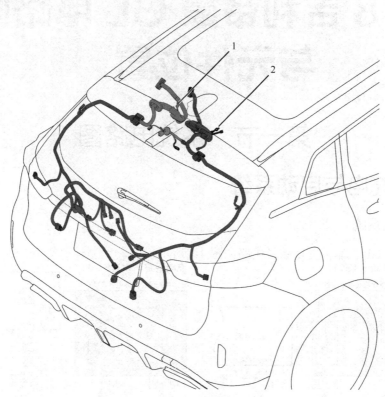

图 3-71　后背门线束接地点分布图
1—GND29；2—GND28

第四章
2018 吉利帝豪 GL 电路图与元件位置

第一节 系统电路图

一、充电与启动系统

1. 充电系统

吉利帝豪 GL 汽车的充电系统电路如图 4-1 所示。

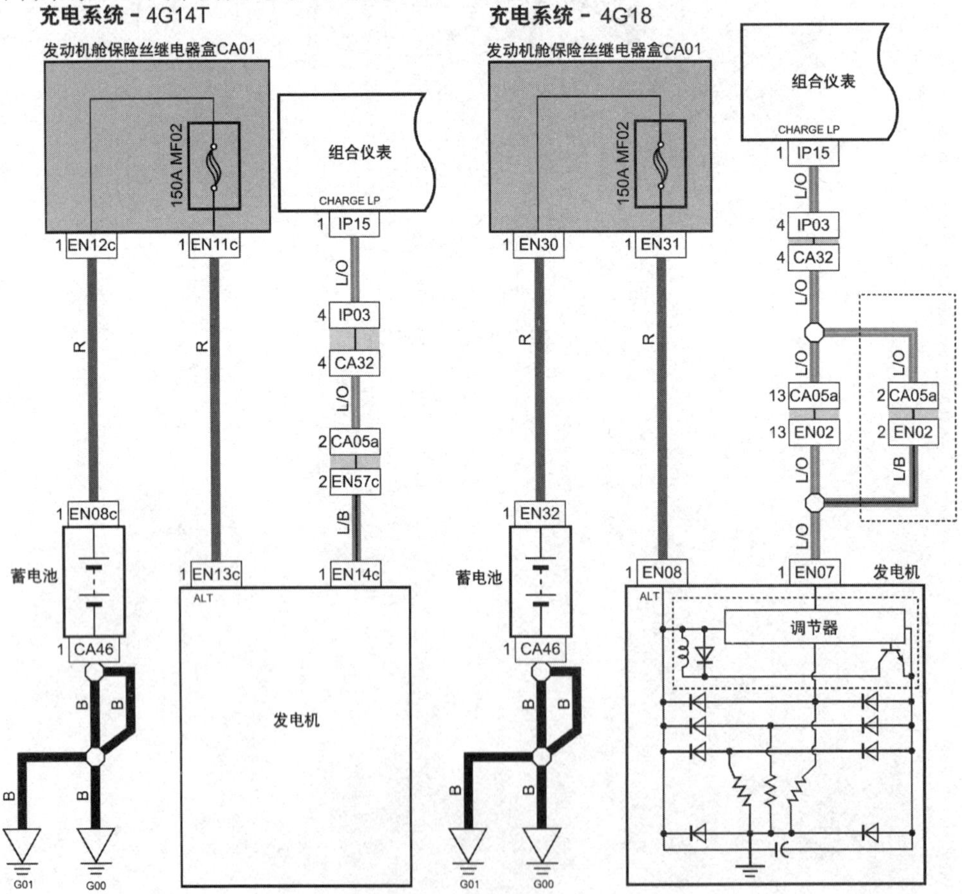

图 4-1 充电系统电路图

2. 启动系统

吉利帝豪 GL 汽车的启动系统电路如图 4-2~图 4-6 所示。当操作启动按钮使电源模式转至"ST"状态时，启动继电器吸合，给启动电机的电磁开关供电，启动电机运转。

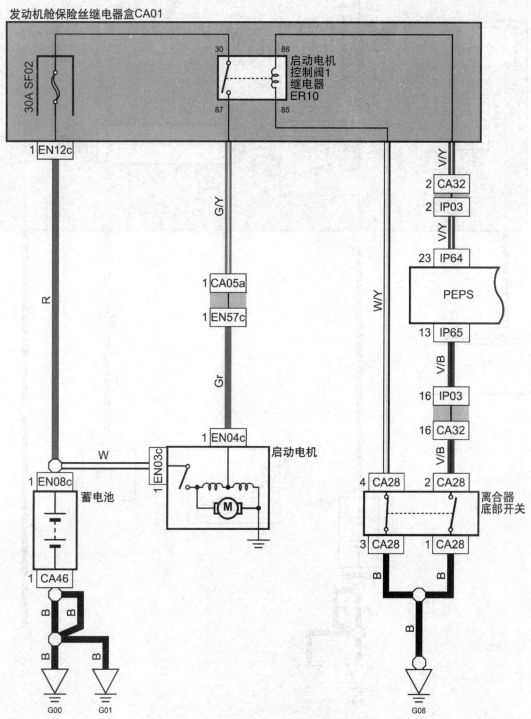

图 4-2　启动系统电路图（4G14T 6MT）

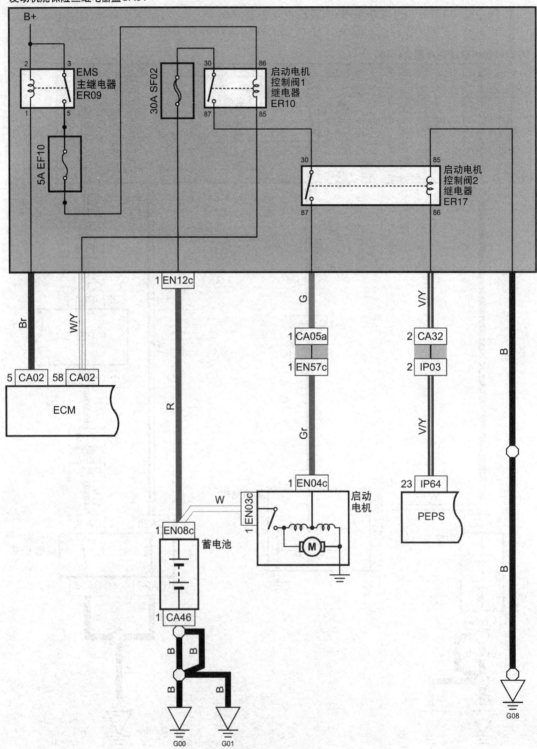

图 4-3 启动系统电路图（4G14T 6DCT 不带启停系统）

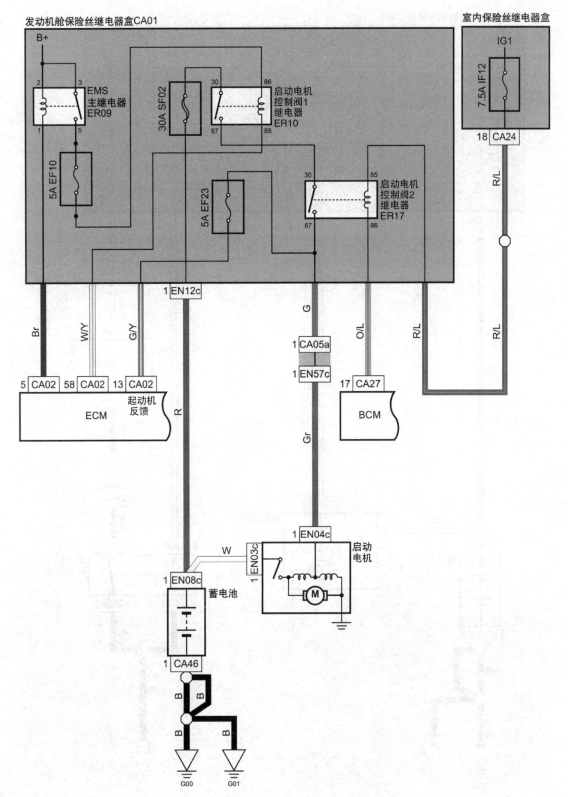

图 4-4　启动系统电路图（4G14T 6DCT 带启停系统）

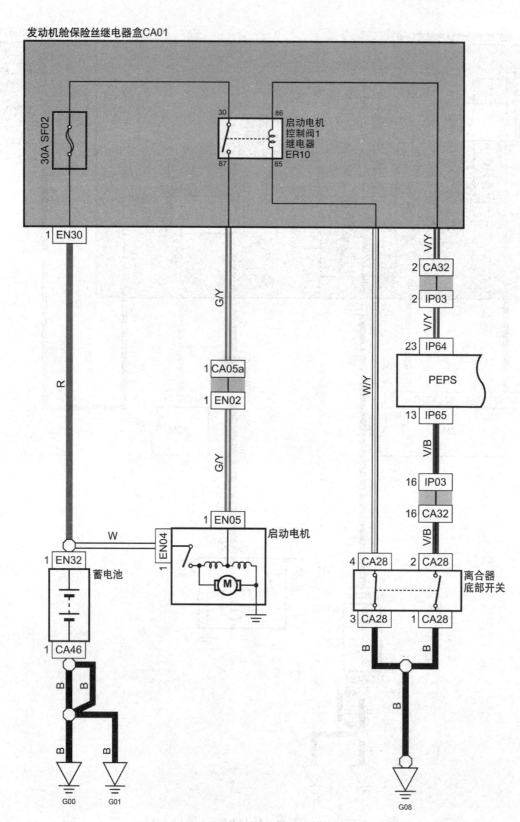

图 4-5 启动系统电路图（4G18 6MT）

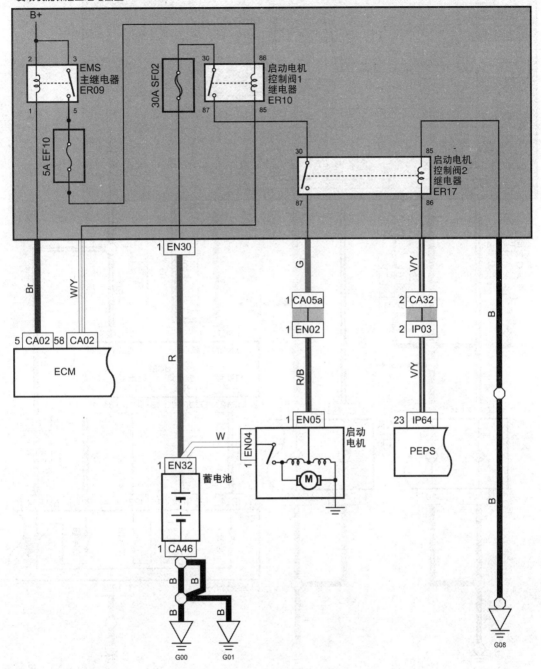

图 4-6　启动系统电路图（4G18 6DCT）

二、照明与信号系统

1. 前照灯

吉利帝豪 GL 汽车的前照灯电路如图 4-7、图 4-8 所示。

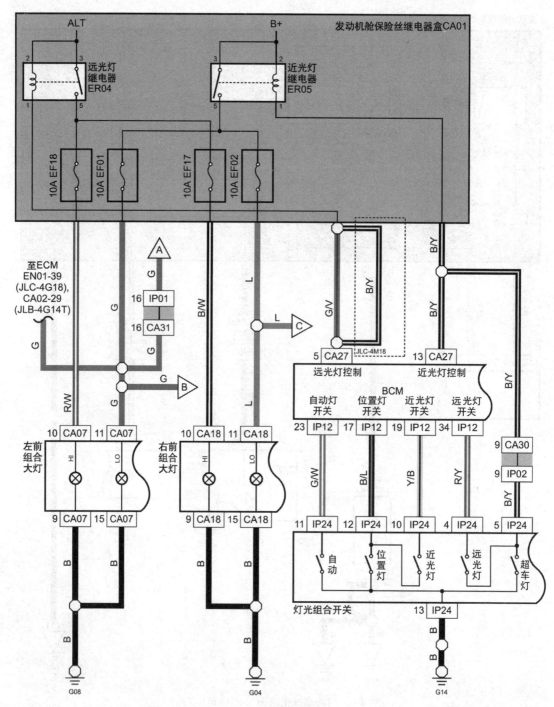

图 4-7 前照灯电路图 1

BCM 检测灯光组合开关接通的挡位,然后通过远/近光继电器接通前组合大灯中远/近光灯。当灯光开关处于 AUTO 位置时,如 BCM 接收到的阳光传感器信息为接通状态(光线较暗),则 BCM 接通位置灯和大灯继电器,点亮位置灯或大灯。此外,吉利帝豪 GL 汽车还具有大灯高度电动调节功能。

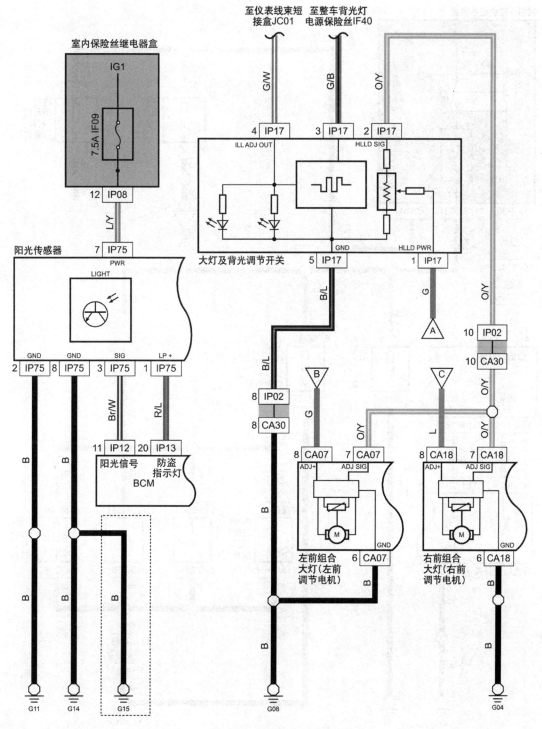

图 4-8　前照灯电路图 2

2. 位置灯

吉利帝豪 GL 汽车的位置灯电路如图 4-9 所示。

第四章　2018 吉利帝豪 GL 电路图与元件位置

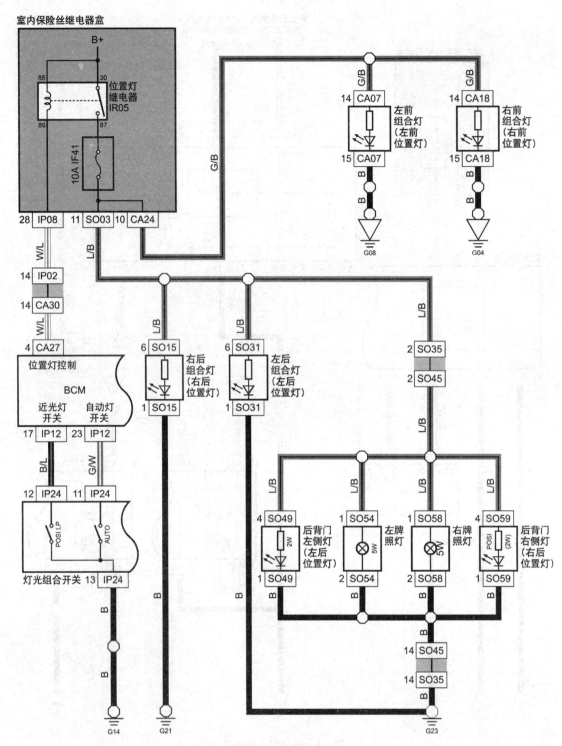

图4-9 位置灯电路图

3. 雾灯

吉利帝豪GL汽车的雾灯电路如图4-10所示。

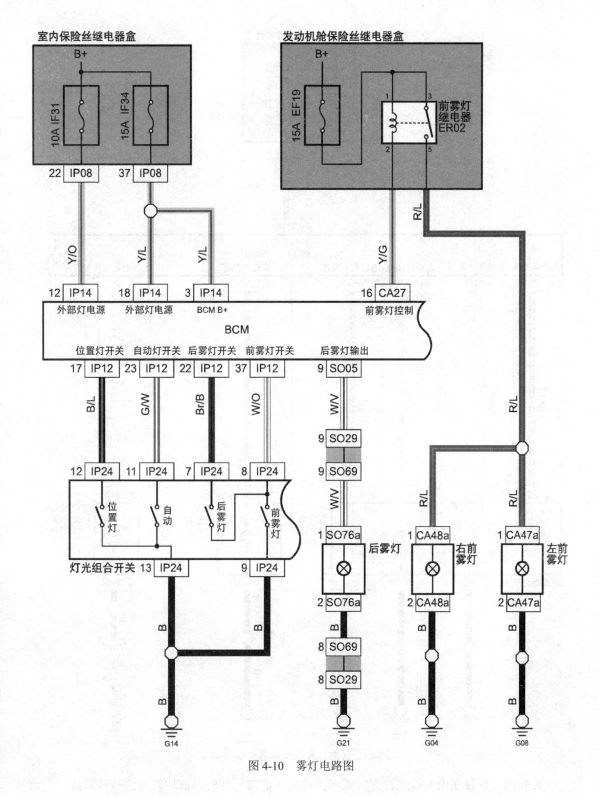

图 4-10 雾灯电路图

4. 转向灯和危险警告灯

吉利帝豪 GL 汽车的转向灯和危险警告灯电路如图 4-11、图 4-12 所示。

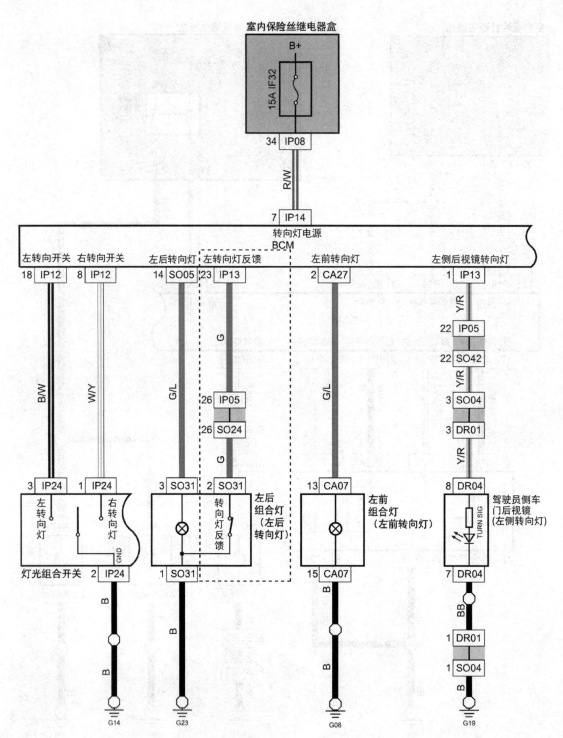

图 4-11 转向灯和危险警告灯电路图 1

转向信号灯仅在电源模式打开时工作。启用转向信号灯时，前后转向信号灯和侧转向信号灯闪烁，发出转向信号。转向信号灯由转向柱左侧的转向灯开关（灯光组合开关）控制，往上或往下拨动操纵杆（超过止动点）将点亮前后和侧转向信号灯。在转弯结束后，操纵杆返回水平位置，转向信号灯停止闪烁。当遥控防盗系统工作时，BCM 可以控制转向指示灯闪烁，表明遥控防盗系统目前的工作状态。

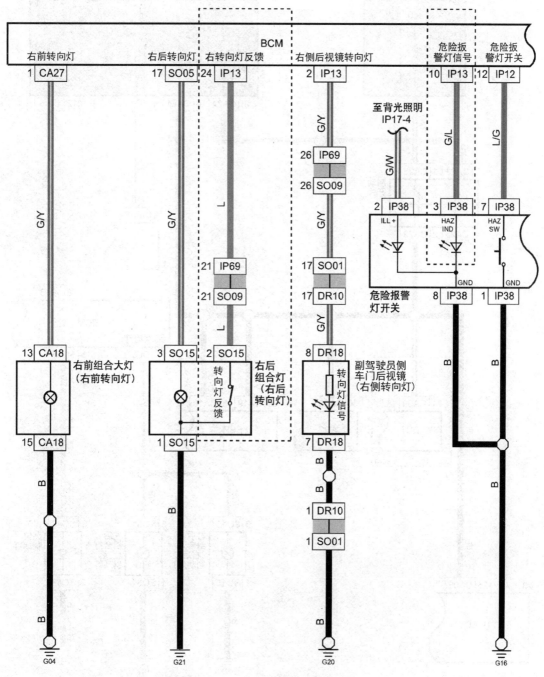

图 4-12　转向灯和危险警告灯电路图 2

5. 制动灯

吉利帝豪 GL 汽车的制动灯电路如图 4-13 所示。踩下制动踏板时，制动开关向 BCM、

ECM 及其他控制单元发送制动信号，BCM 点亮后组合灯中的制动灯和高位制动灯。

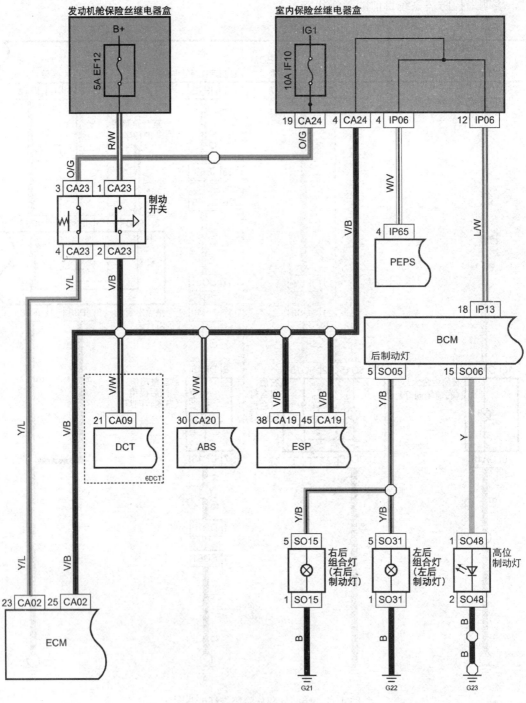

图 4-13 制动灯电路图

6. 倒车灯

吉利帝豪 GL 汽车的倒车灯电路如图 4-14 所示。倒车灯设置为两个，位于后组合灯内，当变速器处于倒挡时点亮。倒车灯由与变速器连接的倒挡开关操纵。

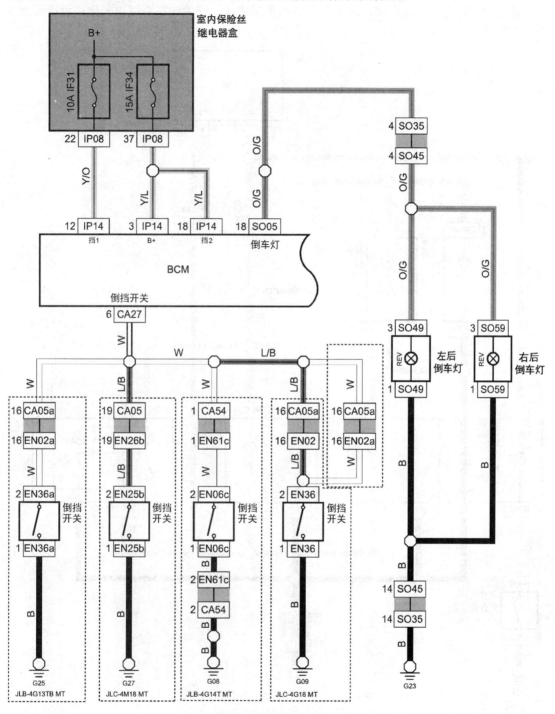

图 4-14 倒车灯电路图

7. 室内照明灯

吉利帝豪 GL 汽车的室内照明灯电路如图 4-15 所示。门控灯开关位于阅读灯上,当按下开关（DOOR），且打开车门时，门控灯点亮；关闭车门，则门控灯延时数秒熄灭。

前阅读灯在前排车顶中部，分为左、右两个阅读灯，开关与左右灯罩一体。后排阅读灯在后侧车顶中部，按下阅读灯开关，灯泡点亮；再次按下，灯泡熄灭。

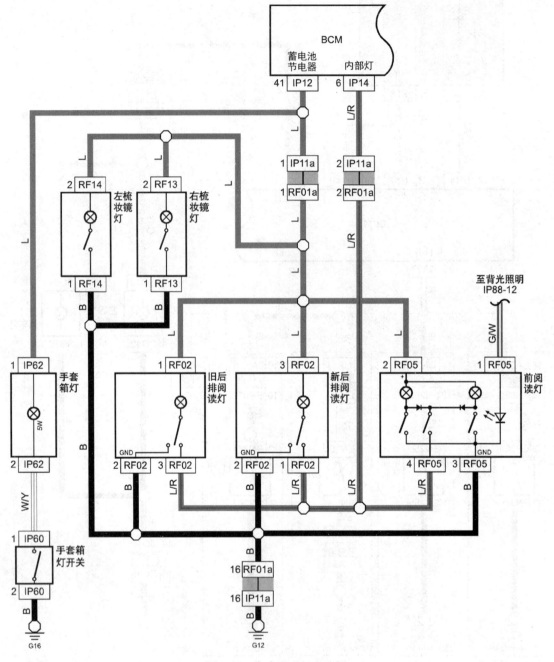

图 4-15　室内照明灯电路图

8. 背光照明灯

吉利帝豪 GL 汽车的背光照明灯电路如图 4-16～图 4-18 所示。

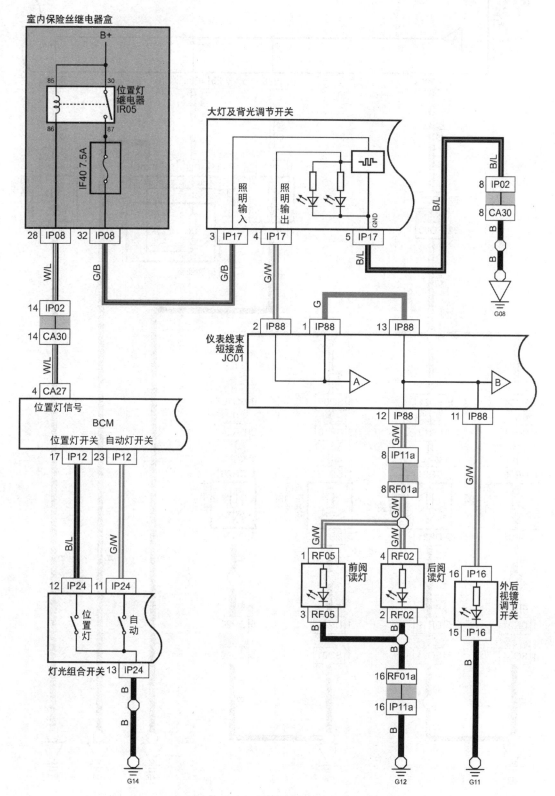

图 4-16 背光照明灯电路图 1

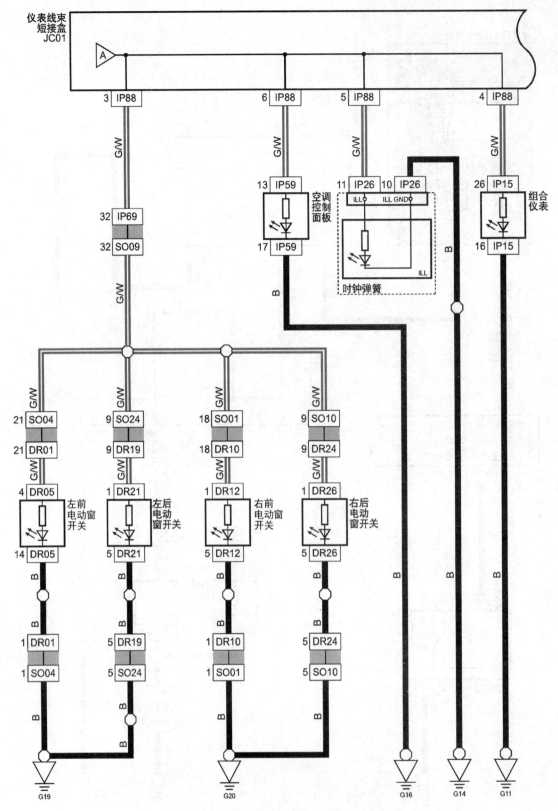

图 4-17 背光照明灯电路图 2

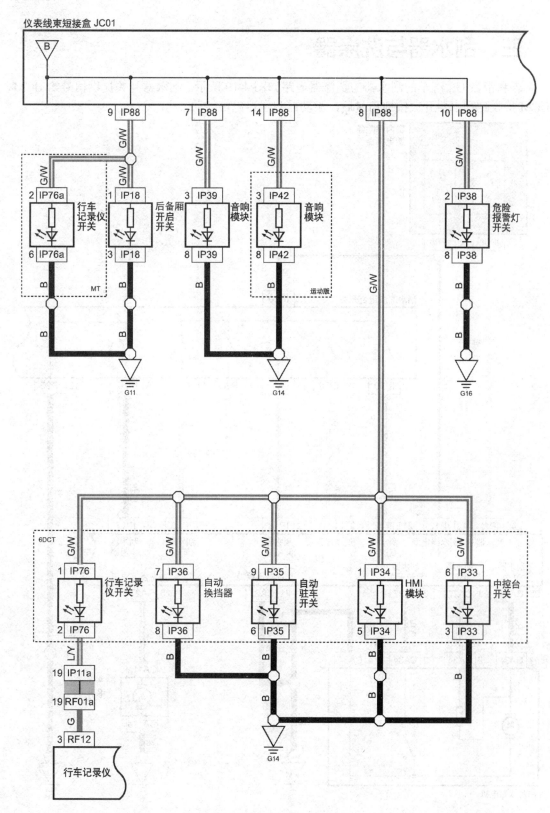

图 4-18 背光照明灯电路图 3

三、刮水器与洗涤器

吉利帝豪 GL 汽车的刮水器与洗涤器电路如图 4-19 所示。刮水器开关提供信号给 BCM，BCM 接收到刮水器开关接地信号后，驱动前刮水器电机转动。

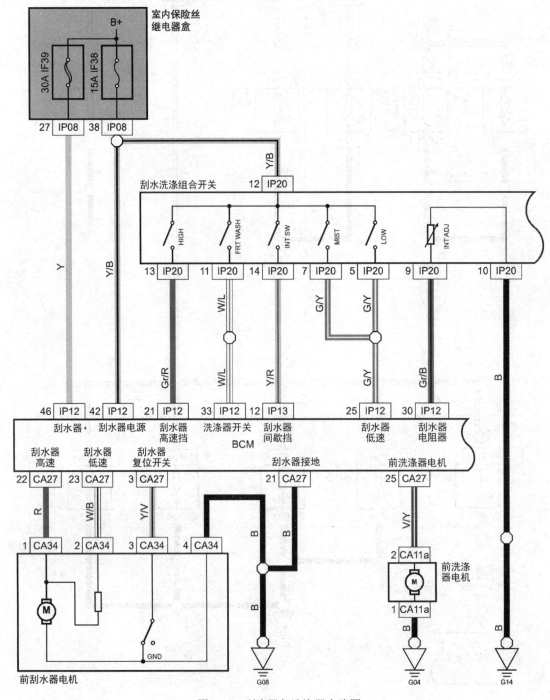

图 4-19　刮水器与洗涤器电路图

四、中控门锁和防盗系统

1. 中控门锁

吉利帝豪 GL 汽车的中控门锁电路如图 4-20～图 4-22 所示。门锁只能由左前车门电动窗主开关上的中控开关或驾驶员侧车门上的锁芯开关来操纵。当用遥控钥匙或左前门锁芯锁止/解锁驾驶员侧车门时，所有车门应该上锁或解锁。

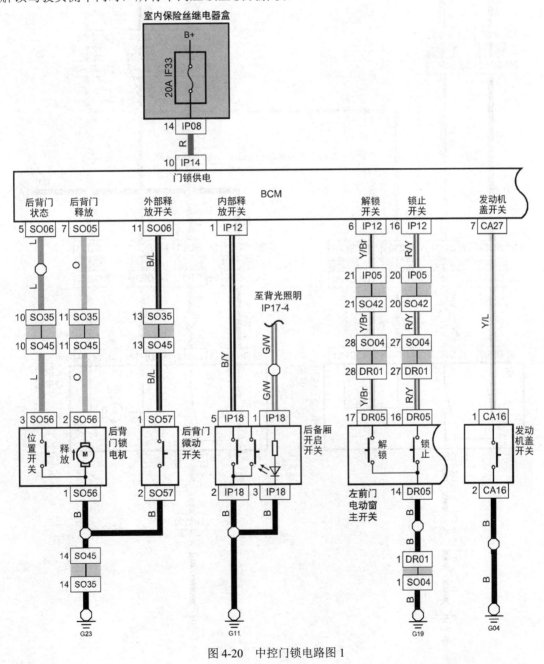

图 4-20　中控门锁电路图 1

中控门锁系统利用每个门锁总成内的门锁电机来锁止/解锁车门。按下中控开关闭锁键，则 BCM 驱动四门解锁。当车速大于 15km/h 时，中控解锁命令被禁止。内部中控开关解锁只能在防盗解除状态执行，其他防盗状态下没有响应。

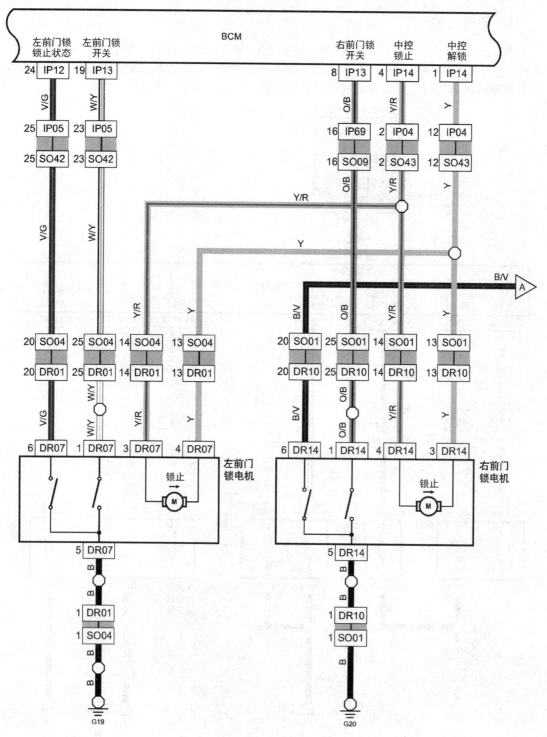

图 4-21 中控门锁电路图 2

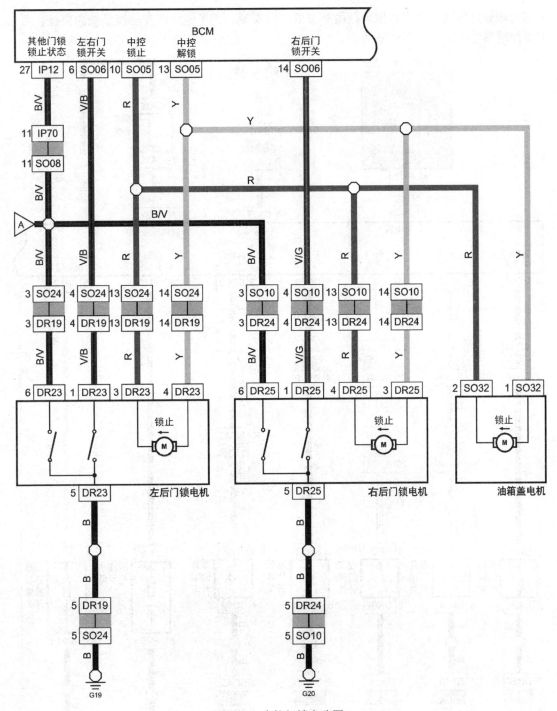

图 4-22 中控门锁电路图 3

2. 车身防盗系统

吉利帝豪 GL 汽车的车身防盗系统电路如图 4-23 所示。车身防盗系统在处于设防状态时，如果检测到了非法侵入（如打开四门两盖、使用非法开关点火），则提供声光报警。光报警由车辆的转向灯实现，而声音报警则由外部的喇叭实现。为了停止车身防盗系统的监控，可以用遥控解锁之类的方式来解除防盗。

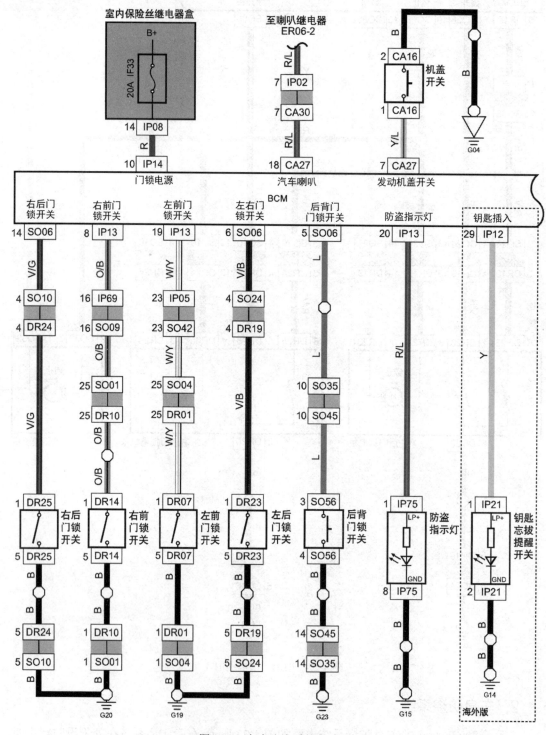

图4-23　车身防盗系统电路图

五、无钥匙进入与启动系统（PEPS）

吉利帝豪 GL 汽车无钥匙进入与启动系统的工作原理如图 4-24 所示。

无钥匙进入和启动功能可以使驾驶员拉门把手即可进入车辆，并使用一键式点火开关启动车辆。拉动门把手时，PEPS 检测周围智能钥匙的有效性，智能钥匙发出信号回应车辆，并使车身控制模块（BCM）解锁所有车门。

① 对于自动变速器车辆，当挡位开关在 P/N 挡位置，且踩下制动踏板时，按下一键式点火开关即可启动发动机。

② 对于手动变速器车辆，踩下离合器踏板，按下一键式点火开关即可启动发动机。

③ 后备厢解锁功能：当后备厢盖开关被触发，且 PEPS 通过保险杠天线检测到合法钥匙时，PEPS 向 BCM 发送解锁后备厢指令。

④ 后备厢锁止功能：当后备厢没有检测到钥匙时，后备厢关闭后自动锁止。

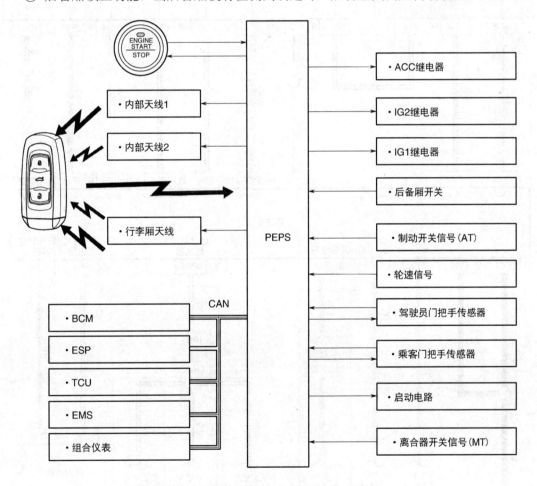

图 4-24　无钥匙进入与启动系统的工作原理

吉利帝豪 GL 汽车的无钥匙进入与启动系统电路如图 4-25～图 4-27 所示。

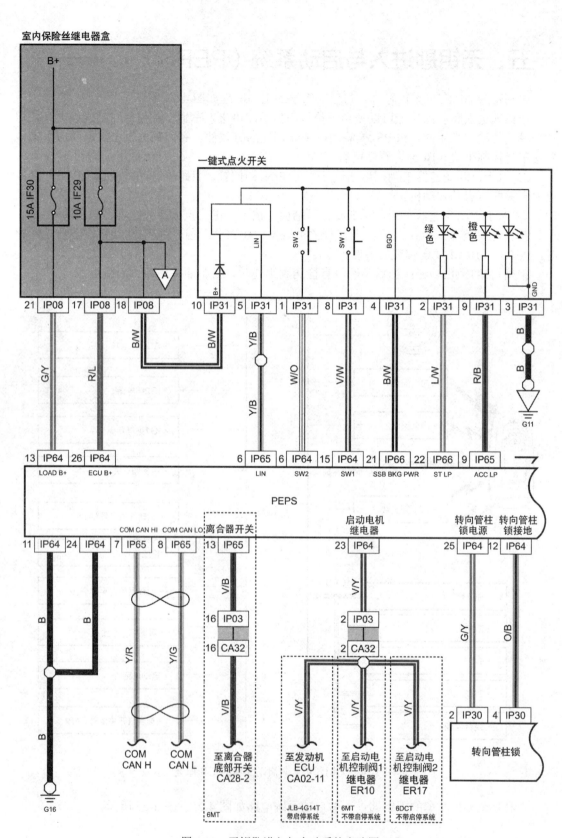

图 4-25　无钥匙进入与启动系统电路图 1

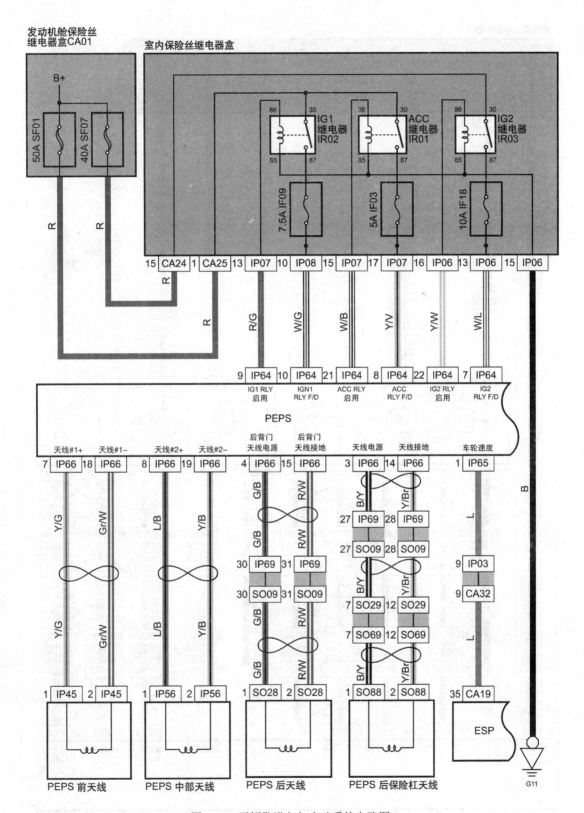

图 4-26 无钥匙进入与启动系统电路图 2

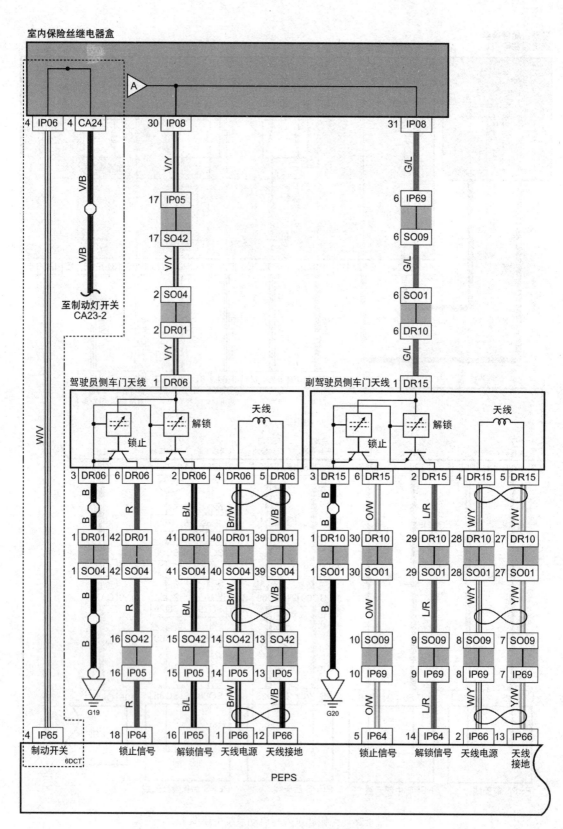

图 4-27　无钥匙进入与启动系统电路图 3

六、电动车窗系统

吉利帝豪 GL 汽车的电动车窗系统电路如图 4-28~图 4-31 所示。该车的电动车窗具有防夹功能，每个车窗升降电机都通过 LIN 总线和 BCM 通信，接受 BCM 控制。左前门电动窗主开关的端子 15 输出车窗锁止开关信号，可禁止其他车窗开关的操作。

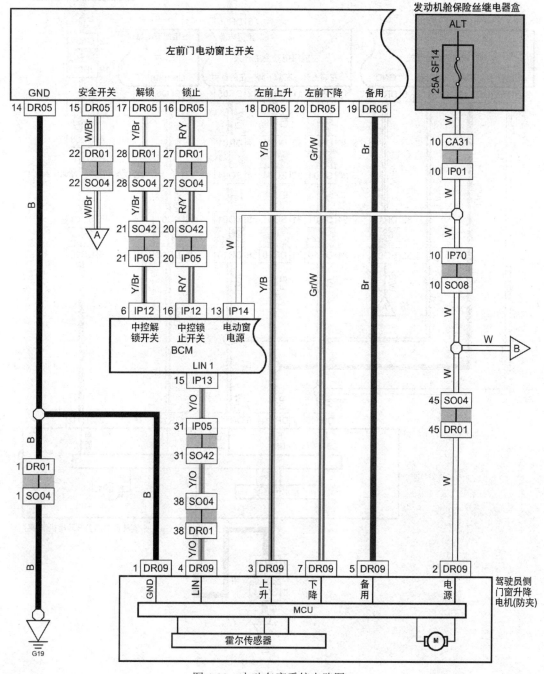

图 4-28　电动车窗系统电路图 1

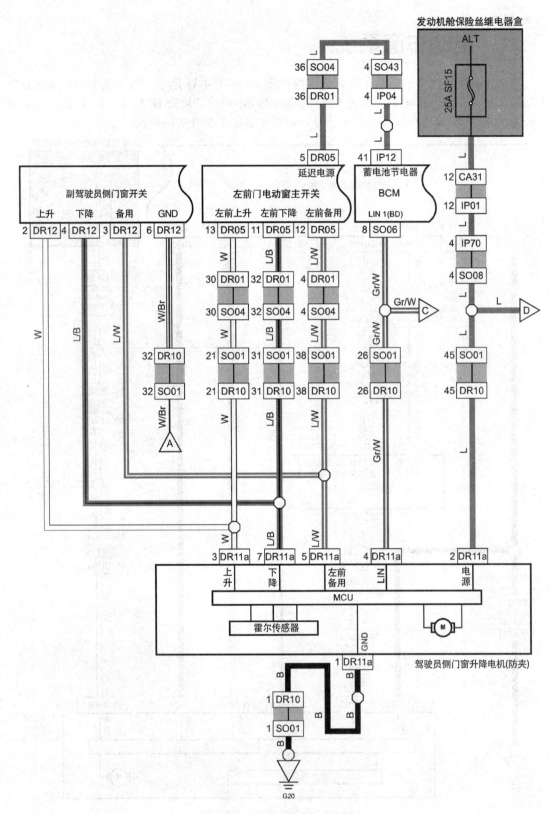

图 4-29 电动车窗系统电路图 2

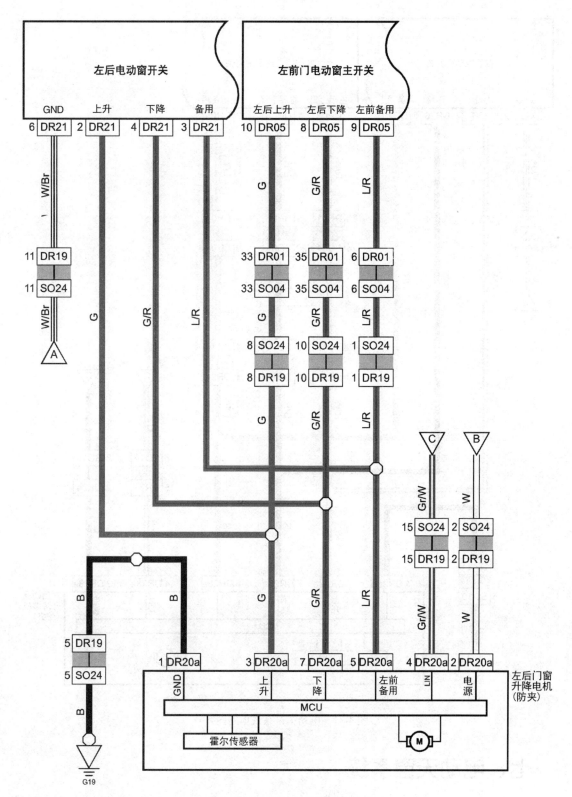

图 4-30 电动车窗系统电路图 3

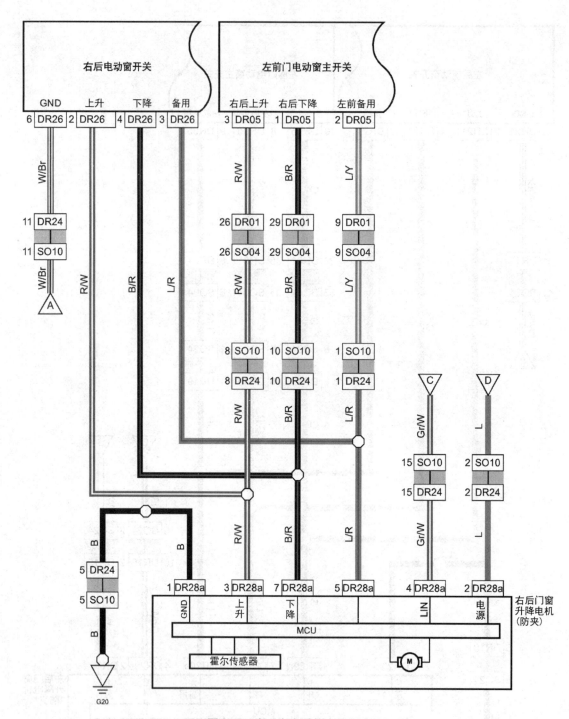

图 4-31 电动车窗系统电路图 4

七、电动天窗系统

吉利帝豪 GL 汽车的电动天窗系统电路如图 4-32 所示。

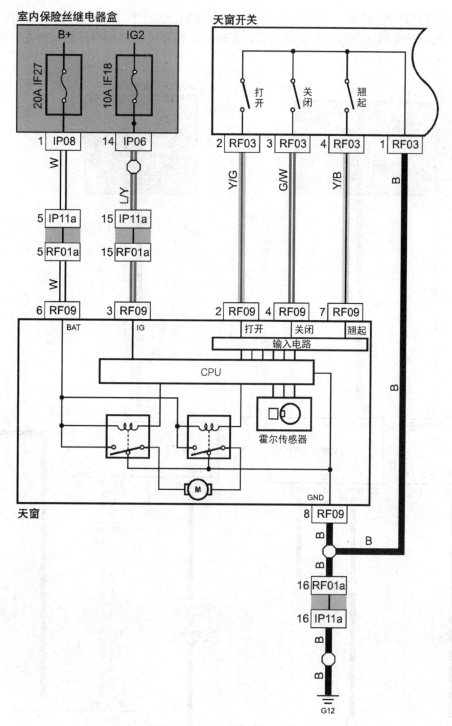

图 4-32 电动天窗系统电路图

八、电动后视镜系统

吉利帝豪 GL 汽车的电动后视镜系统电路如图 4-33、图 4-34 所示。

车外后视镜由仪表板左侧的电动后视镜开关控制。左右选择开关选择所需操作的后视镜，方向按钮开关用于调整后视镜的位置。车外后视镜还能通过折叠开关和折叠电机在不需要时折叠起来。

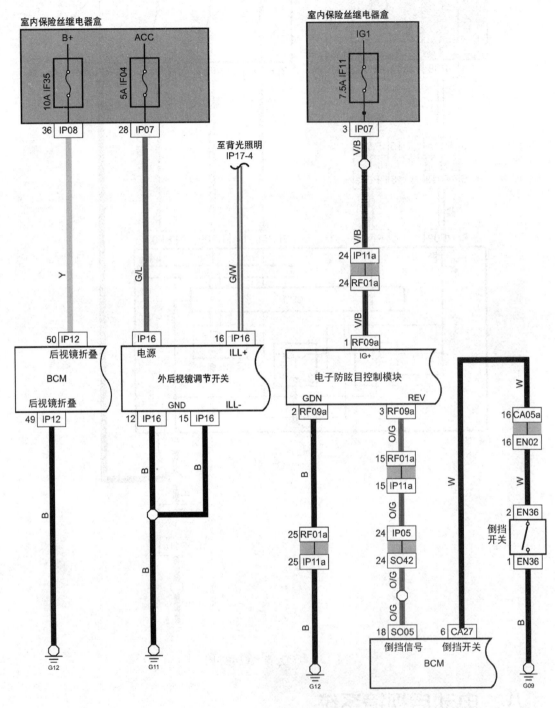

图 4-33　电动后视镜系统电路图 1

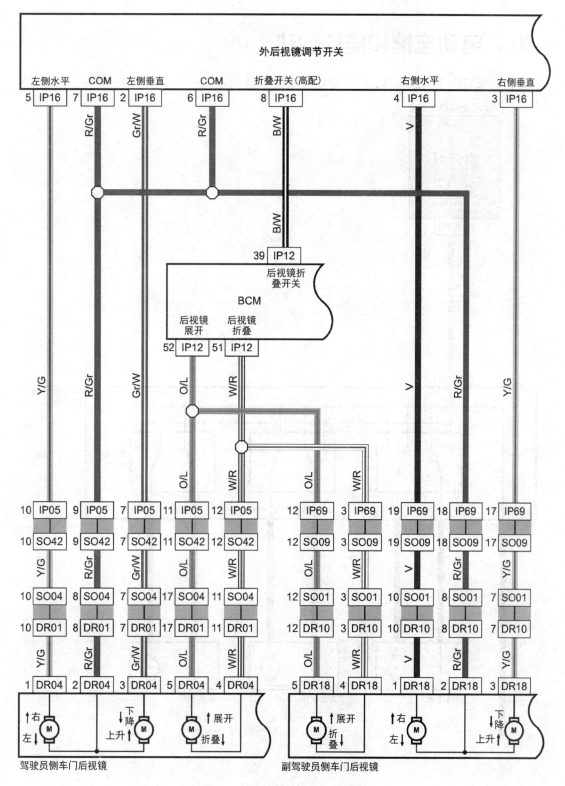

图 4-34 电动后视镜系统电路图 2

九、电动座椅和座椅加热

吉利帝豪 GL 汽车的电动座椅控制电路如图 4-35 所示。

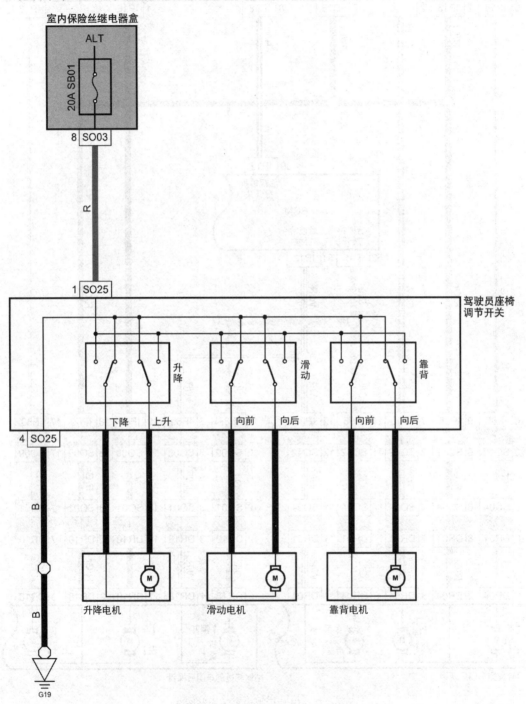

图 4-35　电动座椅控制电路图

吉利帝豪 GL 汽车的座椅加热控制电路如图 4-36 所示。

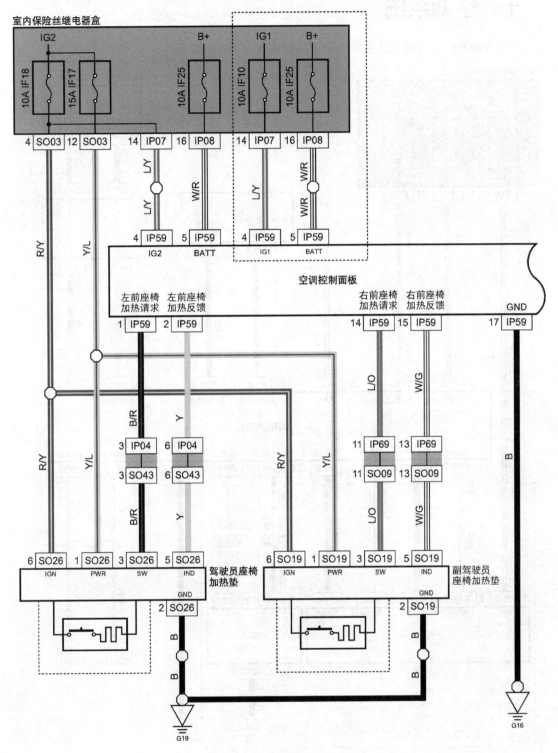

图 4-36　座椅加热控制电路图

十、空调系统

吉利帝豪 GL 汽车的空调系统控制电路如图 4-37~图 4-42 所示。

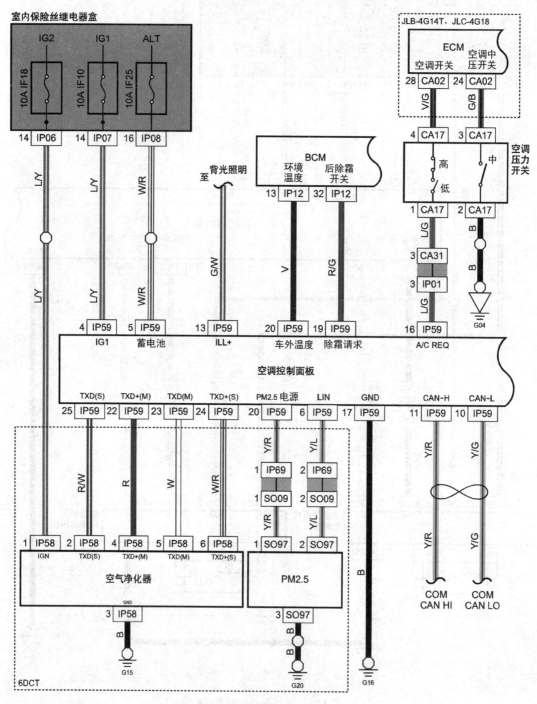

图 4-37 空调系统控制电路图 1

空调压缩机是由发动机曲轴通过传动带带动压缩机带轮进行驱动的。当离合器线圈通电后,离合器片和毂被推向带轮,磁力将离合器片和带轮锁为一体以驱动压缩机。空调压力开关为三态压力开关,用来传送空调压力信号,当空调压力正常时才能启动压缩机。

通风控制系统可使模式阀门通过风道混合或引入冷风、热风和外部空气,气流由风道系统和出风口输送到乘客室。在"AUTO"模式中会自动选择相应的模式状态,使用"MODE"按钮可更改车辆的送风模式。而鼓风机转速的变化,取决于由空调控制单元控制的鼓风机调整模块。

按下后除霜按键时,后除霜指示灯点亮,开启后风窗除霜和车外后视镜除雾功能。再次按下后除霜按键,后除霜功能关闭。

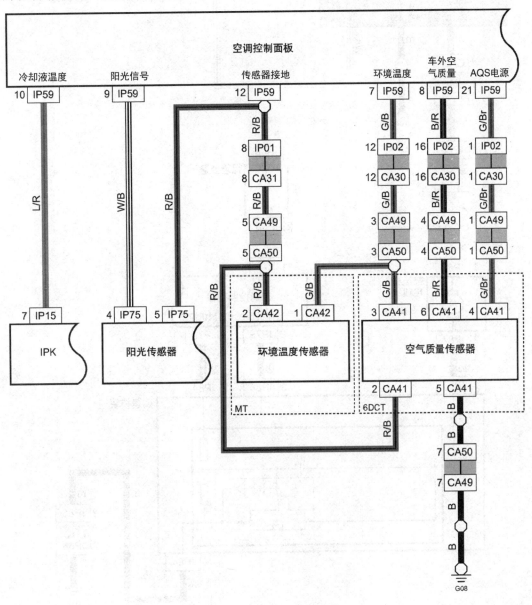

图 4-38　空调系统控制电路图 2

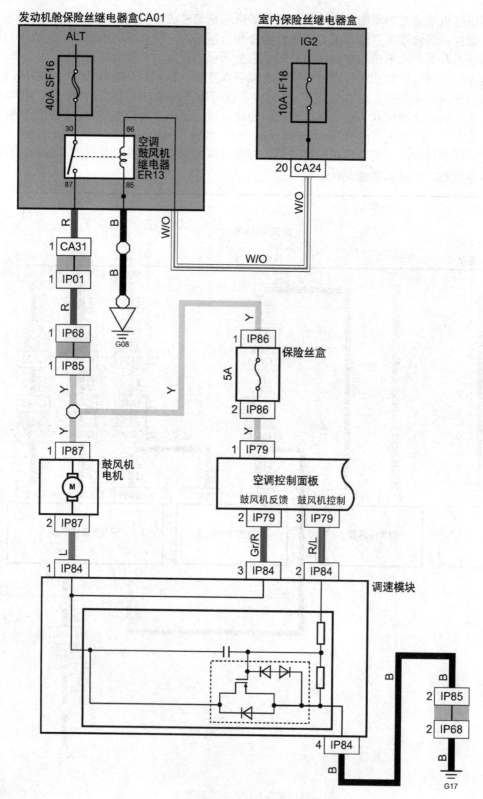

图 4-39 空调系统控制电路图 3

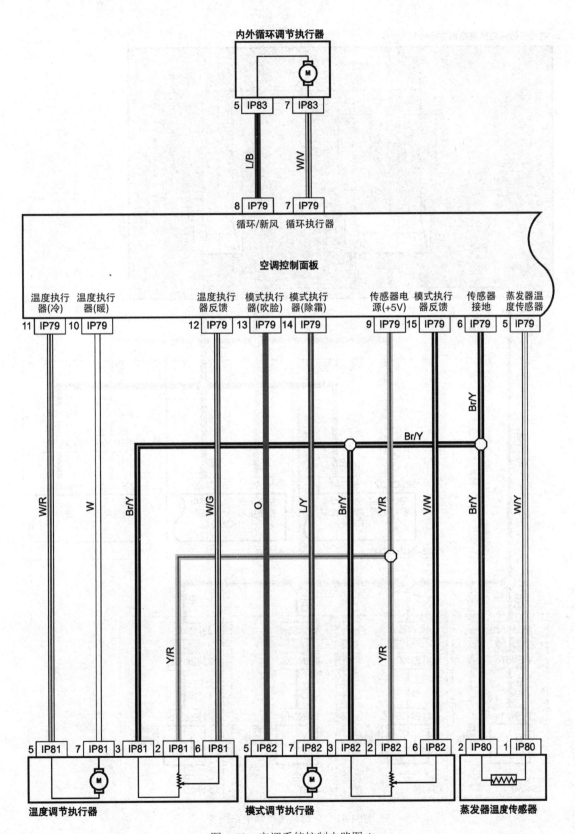

图 4-40 空调系统控制电路图 4

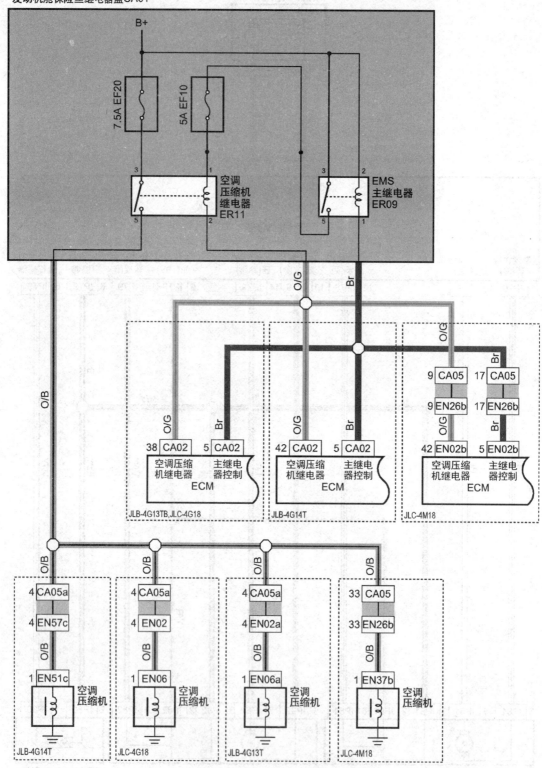

图 4-41 空调系统控制电路图 5

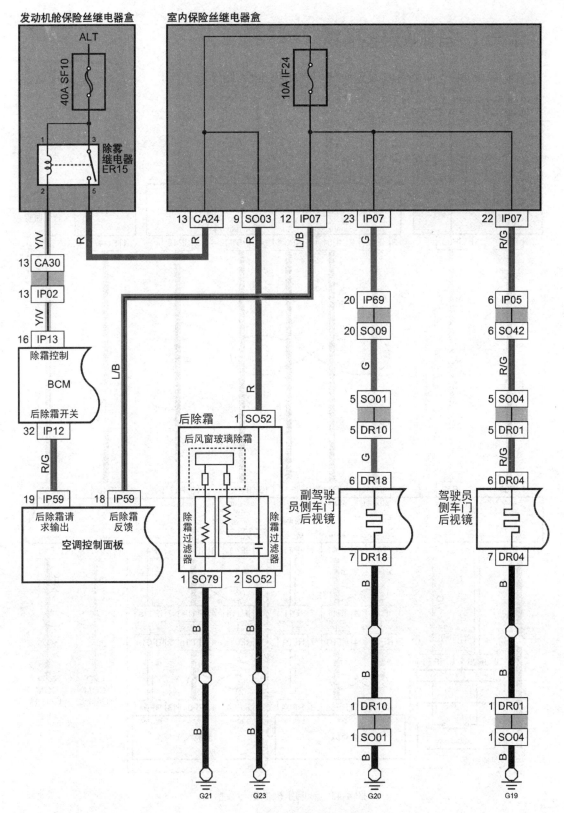

图 4-42 空调系统控制电路图 6

十一、音响娱乐系统

吉利帝豪 GL 汽车的音响娱乐系统电路如图 4-43~图 4-48 所示。

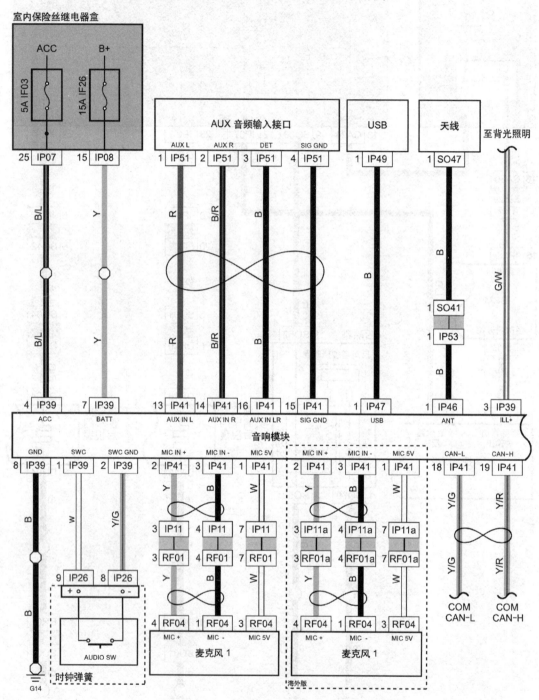

图 4-43　音响主机供电与数据线

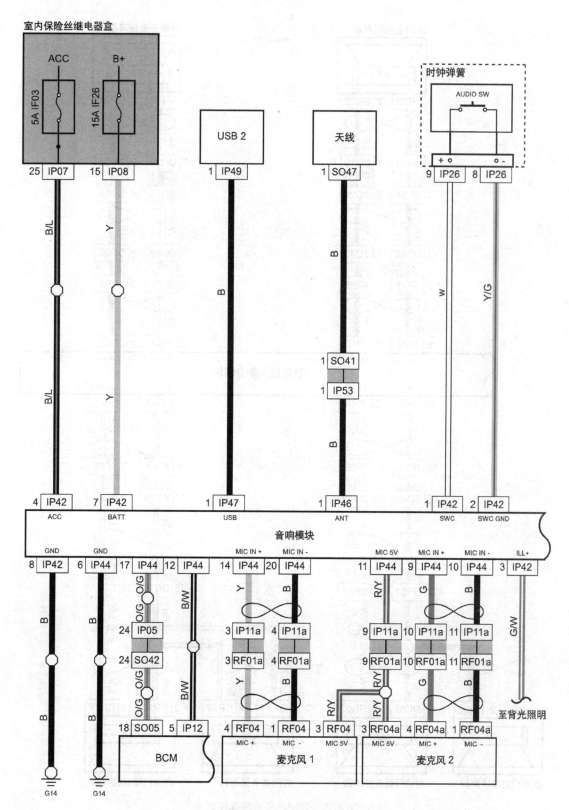

图 4-44 音响主机供电与数据线（运动型）

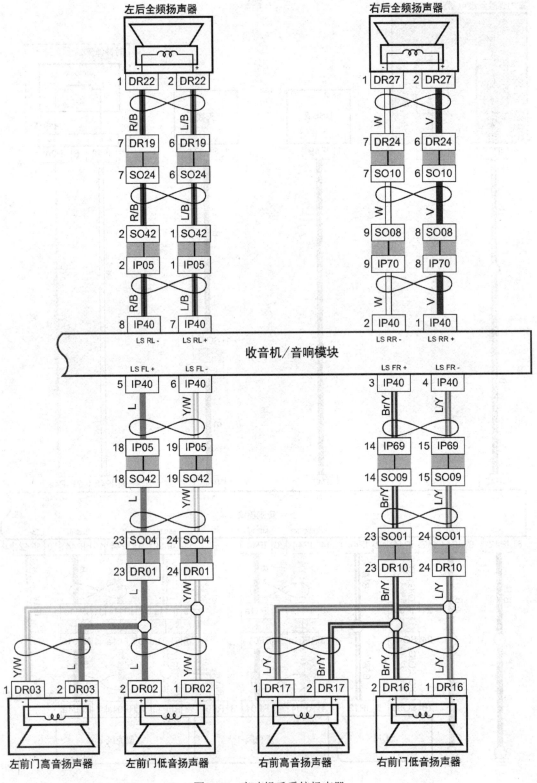

图 4-45 音响娱乐系统扬声器

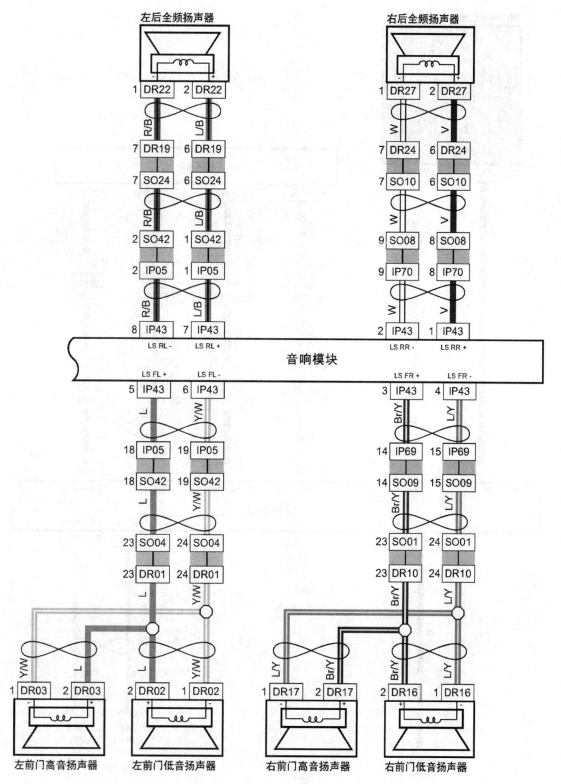

图 4-46 音响娱乐系统扬声器（运动型）

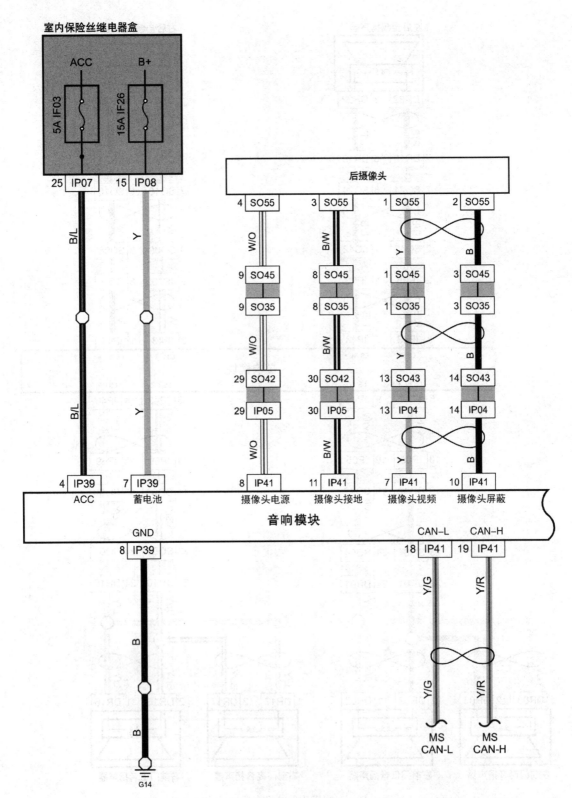

图 4-47 摄像头与数据

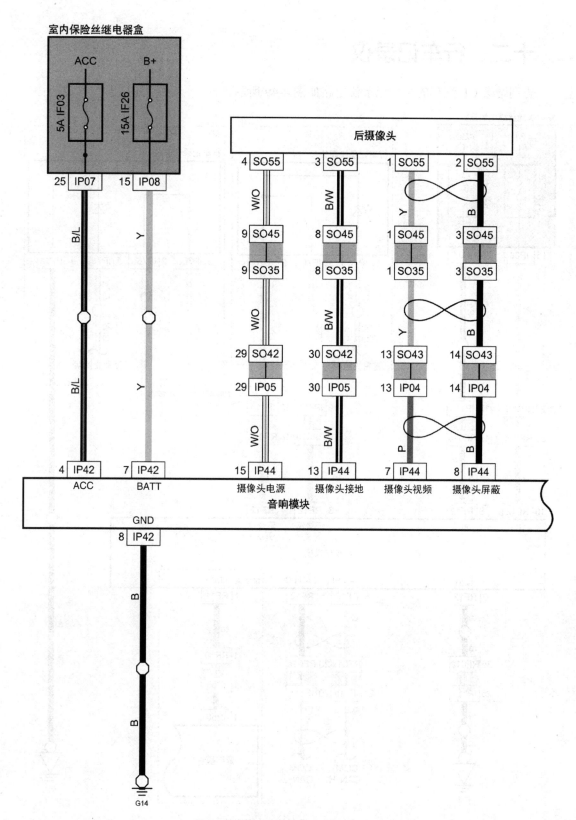

图 4-48 摄像头与数据（运动型）

十二、行车记录仪

吉利帝豪 GL 汽车的行车记录仪电路如图 4-49 所示。

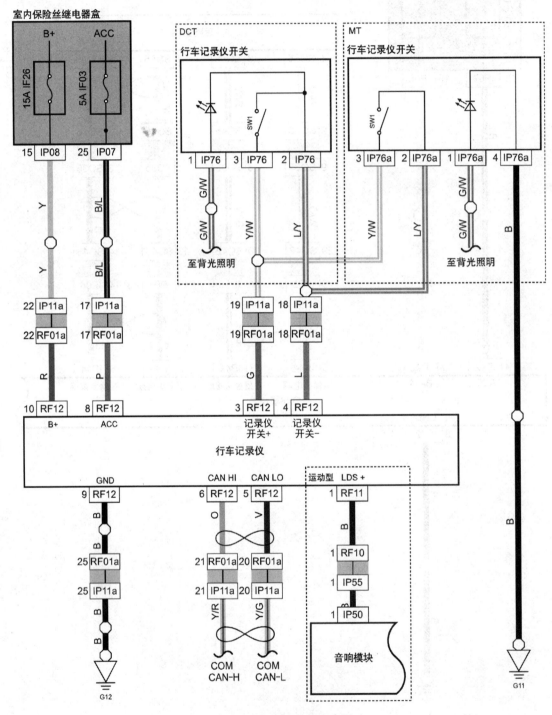

图 4-49 行车记录仪电路图

十三、组合仪表

吉利帝豪 GL 汽车的组合仪表电路如图 4-50、图 4-51 所示。

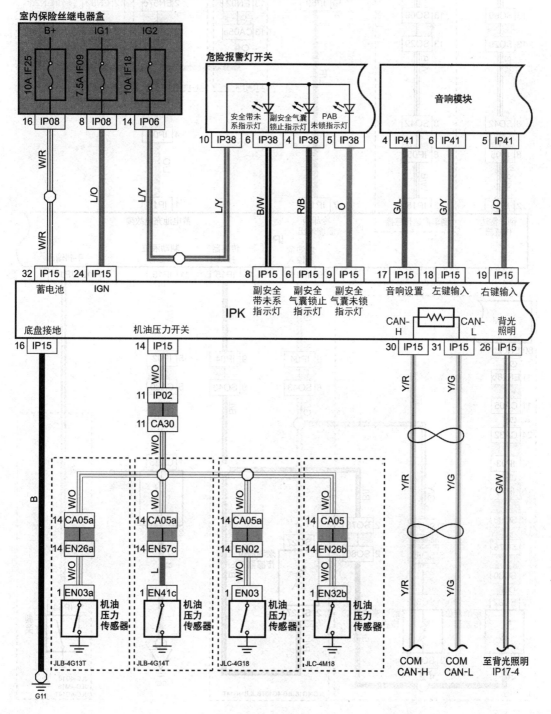

图 4-50　组合仪表电路图 1

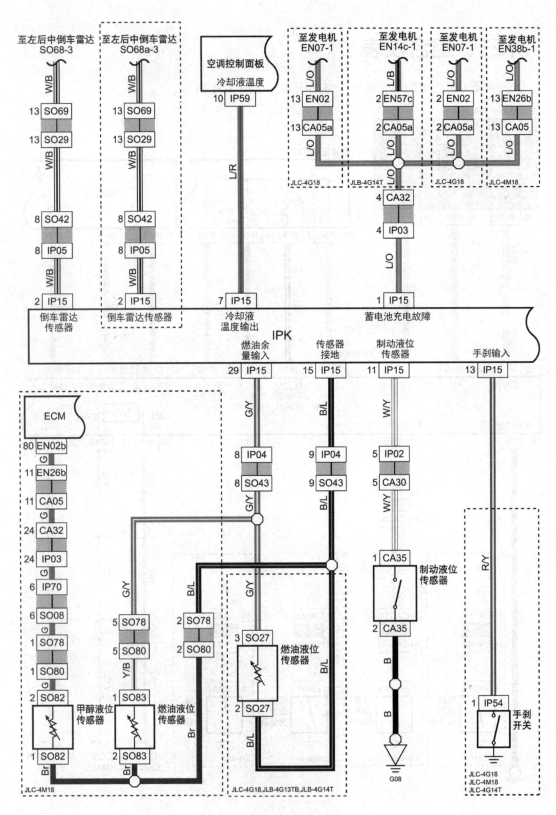

图 4-51　组合仪表电路图 2

第二节　线束布置

一、发动机舱线束

吉利帝豪 GL 汽车的发动机舱线束如图 4-52、图 4-53 所示。

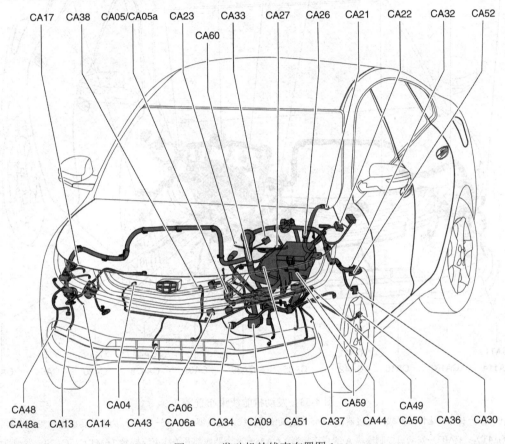

图 4-52　发动机舱线束布置图 1

CA17—空调压力开关线束连接器；CA38—左前喇叭线束连接器；CA05/CA05a—发动机舱线束接发动机线束 2 连接器；CA23—制动开关线束连接器；CA60—发动机舱线束短接盒 JC06 线束连接器；CA33—真空度传感器线束连接器；CA27—车身控制模块 6 线束连接器；CA26—离合器顶部开关线束连接器（6MT）；CA21—电子加速踏板线束连接器；CA22—发动机舱 EPS 模块电源线束接仪表 EPS 模块电源线束连接器；CA32—发动机舱线束接仪表线束 3 连接器；CA52—EMS 诊断口线束连接器；CA48/CA48a—右前雾灯线束连接器；CA13—右日间行车灯线束连接器；CA14—右前碰撞传感器线束连接器；CA04—右前喇叭线束连接器；CA43—雷达线束传感器；CA06/CA06a—冷却风扇线束连接器；CA34—前刮水器电机线束连接器；CA09—DCT 控制器线束连接器（6DCT）；CA51—蓄电池传感器线束连接器；CA37—电子真空泵线束连接器；CA59—发动机舱线束短接盒 JC05 线束连接器；CA44—EPS 接发动机舱保险丝盒线束连接器；CA49/CA50—前轮线束接发动机舱线束连接器；CA36—左前轮速传感器线束连接器；CA30—发动机舱线束接仪表线束 2 连接器

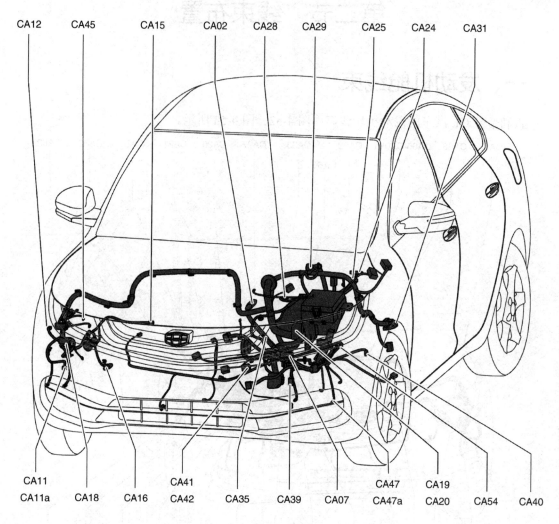

图 4-53 发动机舱线束布置图 2

CA12—右前轮速传感器线束连接器；CA45—后氧传感器线束连接器；CA15—增压压力温度传感器线束连接器（4G14T）；CA02—发动机控制模块 A 线束连接器；CA28—离合器底部开关线束连接器（6MT）；CA29—发动机舱线束接车身线束连接器；CA25—发动机舱线束接仪表保险盒 1 线束连接器；CA24—发动机舱线束接仪表保险盒 2 线束连接器；CA31—发动机舱线束接仪表线束 1 连接器；CA11/CA11a—前洗涤器电机线束连接器；CA18—右前组合大灯线束连接器；CA16—机盖开关线束连接器；CA41—空气质量传感器线束连接器（6DCT）；CA42—环境温度传感器线束连接器；CA35—制动液位传感器线束连接器；CA39—左前碰撞传感器线束连接器；CA07—左前组合大灯线束连接器；CA47/CA47a—左前雾灯线束连接器；CA19/CA20—ABS ECU 线束连接器；CA54—发动机舱线束接蓄电池正极线束连接器；CA40—左日间行车灯线束连接器

二、仪表线束

吉利帝豪 GL 汽车的仪表线束如图 4-54、图 4-55 所示。

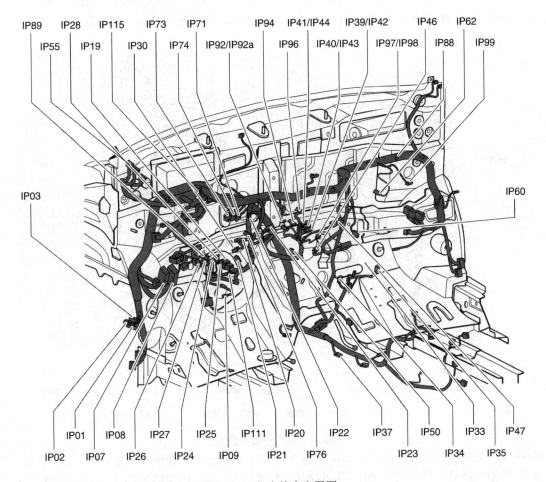

图 4-54 仪表线束布置图 1

IP89—汽油油箱盖开关线束连接器；IP55—行车记录仪信号线束连接器（仪表接室内灯线束）；IP28—时钟弹簧 2 线束连接器；IP19—机械式点火开关线束迹接器（4M18）；IP115—仪表线束短接盒 JC09 线束连接器；IP30—转向管柱锁线束连接器；IP73—EPS 电机接地线束连接器；IP74—EPS 电机电源线束连接器；IP71—仪表 EPS 模块电源线束接发动机舱 EPS 模块电源线束连接器；IP92/IP92a—紧急救援模块线束连接器；IP94—USB&AUX1 线束连接器；IP96—USB&AUX1 线束连接器；IP41—收放机 C/导航 C 线束连接器；IP44—运动版导航 C 线束连接器；IP40—收放机 B/导航 B 线束连接器；IP43—运动版导航 B 线束连接器；IP39—收放机 A/导航 A 线束连接器；IP42—运动版导航 A 线束连接器；IP97/IP98—USB 线束连接器；IP46—收音机天线 1 线束连接器；IP88—仪表线束短接盒 JC01 线束连接器；IP62—手套箱灯线束连接器；IP99—报警喇叭（海外版）；IP03—仪表线束接发动机舱线束 3 连接器；IP60—手套箱灯开关线束连接器；IP01—仪表线束接发动机舱线束 1 连接器；IP02—仪表线束接发动机舱线束 2 连接器；IP07—仪表线束接仪表保险盒 2 线束连接器；IP08—仪表线束接仪表保险盒 3 线束连接器；IP26—时钟弹簧线束连接器；IP27—转角传感器线束连接器；IP24—灯光组合开关线束连接器；IP25—防盗线圈线束连接器；IP09—左脚步灯线束连接器；IP111—仪表线束短接盒 JC02 线束连接器；IP21—钥匙忘拔提醒开关线束连接器；IP20—刮水洗涤组合开关线束连接器；IP76—行车记录仪开关（DCT）；IP22—防盗控制器 A 线束连接器；IP37—空挡开关线束连接器（6MT）；IP23—防盗控制器 B 线束连接器；IP50—行车记录仪连接收音机线束连接器；IP34—HMI 模块线束连接器；IP33—中控台开关线束连接器；IP35—自动驻车开关线束连接器（6DCT）；IP47—AUDIO USB 1 线束连接器

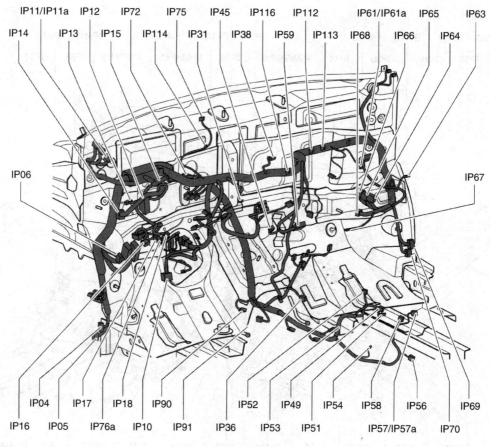

图 4-55 仪表线束布置图 2

IP14—车身控制模块 3 线束连接器;IP11/IP11a—仪表线束接室内灯线束连接器;IP13—车身控制模块 2 线束连接器;IP12—车身控制模块 1 线束连接器;IP15—组合仪表线束连接器;IP72—电动转向助力模块线束连接器;IP114—仪表线束短接盒 JC08 线束连接器;IP75—阳光传感器线束连接器;IP31—一键式点火开关线束连接器;IP45—PEPS 前天线线束连接器;IP38—危险报警灯开关线束连接器;IP116—仪表线束短接盒 JC10 线束连接器;IP59—空调控制面板 1 线束连接器;IP112—仪表线束短接盒 JC03 线束连接器;IP113—仪表线束短接盒 JC04 线束连接器;IP68—仪表线束接空调鼓风机线束连接器;IP61/IP61a—副驾驶员侧安全气囊线束连接器;IP66—PEPS 控制器 C 线束连接器;IP65—PEPS 控制器 B 线束连接器;IP64—PEPS 控制器 A 线束连接器;IP63—副驾驶员侧安全气囊关闭开关线束连接器;IP06—仪表线束接仪表保险盒 1 线束连接器;IP67—右脚步灯线束连接器;IP16—外后视镜调节开关线束连接器;IP04—左侧仪表线束接左侧车身线束 1 连接器;IP05—左侧仪表线束接左侧车身线束 2 连接器;IP17—大灯及背光调节开关线束连接器;IP76a—行车记录仪开关(MT);IP18—后备厢开启开关线束连接器;IP10—诊断接口线束连接器;IP90—仪表线束接车身线束中 1 连接器;IP91—仪表线束接车身线束中 2 连接器;IP36—自动换挡器线束连接器(6DCT);IP52—备用电源线束连接器;IP53—仪表台天线线束接车身收音机天线连接器;IP49—AUDIO USB 2 线束连接器;IP51—AUX 收音机音频输入接口线束连接器;IP54—手刹开关线束连接器;IP58—空气净化器线束连接器(6DCT);IP57/IP57a—后排双 USB 充电接口线束连接器;IP56—PEPS 中部天线线束连接器;IP70—右侧仪表线束接右侧车身线束 1 连接器;IP69—右侧仪表线束接右侧车身线束 2 连接器

三、空调线束

吉利帝豪 GL 汽车的空调线束如图 4-56 所示。

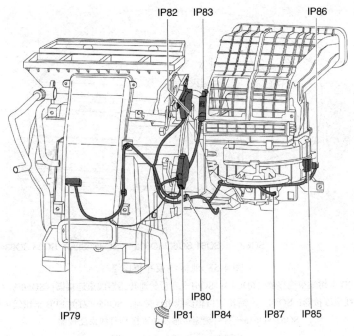

图 4-56 空调线束布置图

IP79—空调控制面板 2 线束连接器；IP80—蒸发器温度传感器线束连接器；IP81—温度调节执行器线束连接器；
IP82—模式调节执行器线束连接器；IP83—内外循环调节执行器线束连接器；IP84—调速模块线束连接器；
IP85—空调鼓风机接仪表线束连接器；IP86—保险丝盒；IP87—鼓风机电机线束连接器

四、地板线束

吉利帝豪 GL 汽车的地板线束如图 4-57～图 4-60 所示。

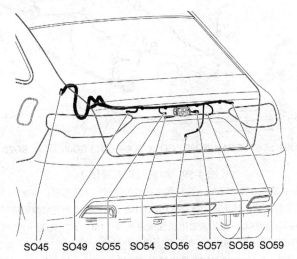

图 4-57 地板线束布置图 1

SO45—后背门线束接车身线束连接器；SO49—后背门左侧灯线束连接器；SO55—后摄像头线束连接器；
SO54—左牌照灯线束连接器；SO56—后背门门锁电机线束连接器；SO57—后背门微动开关线束连接器；
SO58—右牌照灯线束连接器；SO59—后背门右侧灯线束连接器

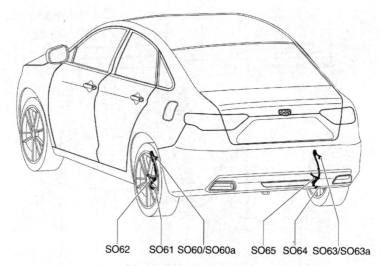

图 4-58 地板线束布置图 2

SO62—左侧 EPB 卡钳线束连接器（6DCT）；SO61—左后轮速传感器线束连接器；SO60/SO60a—左后轮速传感器线束接车身线束连接器；SO64—右后轮速传感器线束连接器；SO65—右侧 EPB 卡钳线束连接器（6DCT）；SO63/SO63a—右后轮速传感器线束接车身线束连接器

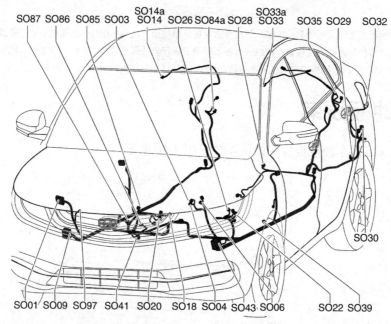

图 4-59 地板线束布置图 3

SO87—车身线束接仪表线束中 2 连接器；SO86—车身线束接仪表线束中 1 连接器；SO85—安全气囊模块 A 插件线束连接器；SO03—车身线束接仪表保险盒 1 线束连接器；SO14/SO14a—副驾驶员侧气帘线束连接器（6DCT）；SO26—驾驶员座椅加热垫线束连接器；SO84a—右油箱盖电机线束连接器（4M18）；SO28—PEPS 后天线线束连接器；SO33/SO33a—驾驶员侧气帘线束连接器；SO35—车身线束接后背门线束连接器；SO29—车身线束接后保线束连接器；SO32—油箱盖电机线束连接器；SO30—停车辅助模块线束连接器；SO01—车身线束接副驾驶员侧车门线束连接器；SO09—右侧车身线束接右侧仪表线束 2 连接器；SO97—PM2.5 线束连接器；SO41—车身收音机天线接仪表台天线连接器；SO20—副驾驶员侧气囊线束连接器；SO18—副驾驶员安全带开关线束连接器；SO04—车身线束接驾驶员侧车门线束连接器；SO43—左侧车身线束接左侧仪表线束 1 连接器；SO06—车身控制模块 4 线束连接器；SO22—驾驶员侧气囊线束连接器；SO39—驾驶员侧碰撞传感器线束连接器

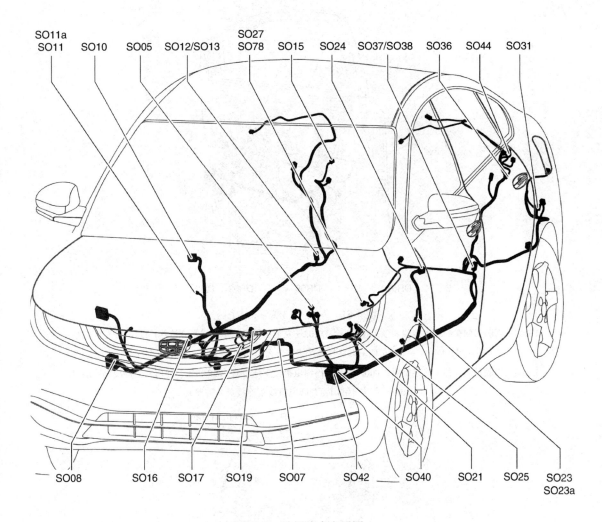

图 4-60 地板线束布置图 4

SO11/SO11a—副驾驶员安全带预紧器线束连接器；SO10—车身线束接右后门线束连接器；SO05—车身控制模块 5 线束连接器；SO12/SO13—车身线束接右后轮速传感器线束连接器；SO27/SO78—燃油泵及液位传感器线束连接器；SO15—右后组合灯线束连接器；SO24—车身线束接左后门线束连接器；SO37/SO38—车身线束接左后轮速传感器线束连接器；SO36—后备厢灯线束连接器；SO44—车身收音机天线接后背门收音机天线连接器；SO31—左后组合灯线束连接器；SO08—右侧车身线束接右侧仪表线束 1 连接器；SO16—副驾驶员侧碰撞传感器线束连接器；SO17—副驾驶员感知检测传感器线束连接器；SO19—副驾驶员座椅加热垫线束连接器；SO07—安全气囊模块 B 线束连接器；SO42—左侧车身线束接左侧仪表线束 2 连接器；SO40—车身线束接发动机舱线束连接器；SO21—驾驶员安全带开关线束连接器；SO25—驾驶员座椅调节开关线束连接器；SO23/SO23a—驾驶员安全带预紧器线束连接器

五、车门线束

吉利帝豪 GL 汽车的车门线束如图 4-61～图 4-64 所示。

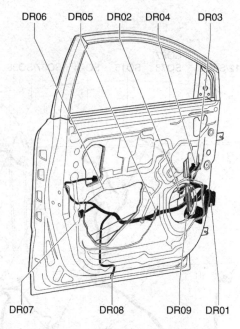

图 4-61　左前车门线束布置图

DR01—驾驶员侧车门线束接仪表线束连接器；DR02—左前门低音扬声器线束连接器；DR03—左前门高音扬声器线束连接器；DR04—驾驶员侧车门后视镜线束连接器；DR05—左前门电动窗主开关线束连接器；DR06—驾驶员侧车门天线连接器；DR07—左前门锁电机线束连接器；DR08—左前门迎宾灯线束连接器；DR09—驾驶员侧门窗升降电机线束连接器（防夹）

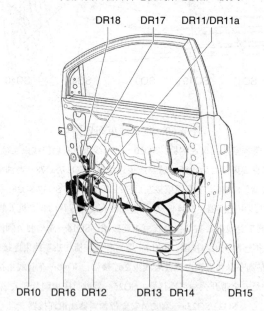

图 4-62　右前车门线束布置图

DR10—副驾驶员侧车门线束接仪表线束连接器；DR11/DR11a—副驾驶员侧门窗升降电机线束连接器（防夹）；DR12—副驾驶员侧门窗开关线束连接器；DR13—右前门迎宾灯线束连接器；DR14—右前门锁电机线束连接器；DR15—副驾驶员侧车门天线连接器；DR16—右前门低音扬声器线束连接器；DR17—右前门高音扬声器线束连接器；DR18—副驾驶员侧车门后视镜线束连接器

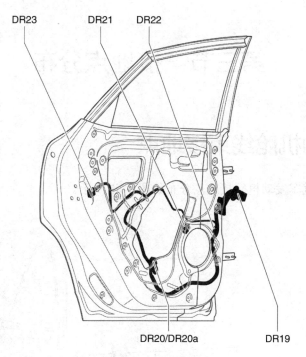

图 4-63 左后车门线束布置图

DR19—左后门线束接车身线束连接器；DR20/DR20a—左后门窗升降电机线束连接器（防夹）；
DR21—左后电动窗开关线束连接器；DR22—左后全频扬声器线束连接器；DR23—左后门锁电机线束连接器

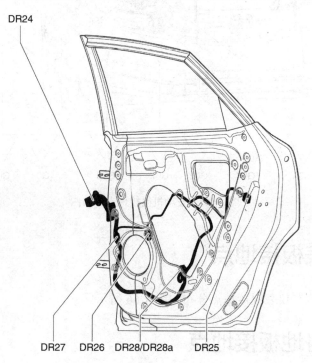

图 4-64 右后车门线束布置图

DR24—右后门线束接车身线束连接器；DR25—右后门锁电机线束连接器；DR26—右后电动窗开关线束连接器；
DR27—右后全频扬声器线束连接器；DR28/DR28a—右后门窗升降电机线束连接器（防夹）

第三节　接地点分布

一、发动机舱线束接地点

吉利帝豪 GL 汽车发动机舱接地点分布如图 4-65 所示。

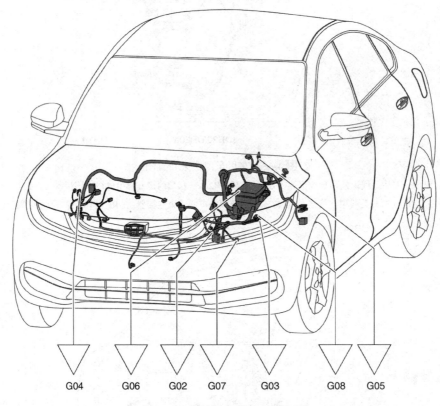

图 4-65　发动机舱接地点分布图

二、仪表板接地点

吉利帝豪 GL 汽车仪表板接地点分布如图 4-66 所示。

三、车身地板接地点

吉利帝豪 GL 汽车车身地板接地点分布如图 4-67 所示。

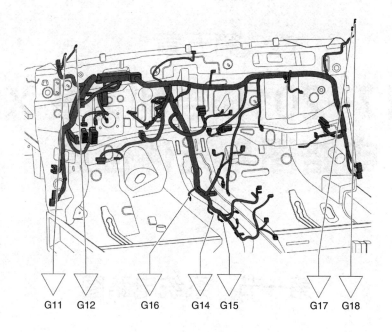

图 4-66　仪表板线束接地点分布图

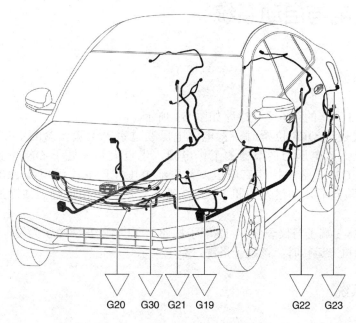

图 4-67　车身地板接地点分布图

第五章
2017~2018 吉利远景 X3 电路图与元件位置

第一节 系统电路图

一、充电与启动系统

1. 充电系统

吉利远景 X3 汽车的充电系统电路如图 5-1 所示。

当点火开关处于 OFF 位置时,蓄电池电压通过室内保险丝盒的 IF03 保险丝给发电机 EC28-1 供电,该电压为调节器的工作电源。当点火开关处于 ON 位置且发动机不转动时,发电机 EC28-1 端子持续有电压,蓄电池电压经过 IG1 继电器 IR02,并经室内保险丝盒 IF24 保险丝后,到达发电机 EC28-2 端子。该电压在使励磁线圈通电后在线圈周围产生磁场。

发电机 EC28-3 端子与仪表 IP14-13 端子相通,所以 EC28-3 端子为发电机充电指示灯的控制端。在发动机未运转时,该端子搭铁,充电指示灯点亮。

2. 启动系统

吉利远景 X3 汽车的启动系统电路如图 5-2 所示。当点火开关处于 ST 位置时,电源通过点火开关 IP18 的 1 号端子输出至启动继电器 1 号端子。

启动继电器 2 号端子与 BCM 线束连接器 SO03 的 17 号端子相连接,在发动机防盗系统及车身防盗警报系统未激活的情况下,BCM 控制启动继电器线圈通电工作,使继电器吸合,启动继电器吸合后通过 5 号端子输出电源至启动电机线束连接器 EC02。

启动电机的电磁开关通电后闭合,提供蓄电池与启动电机之间的闭合回路,启动电机通过发动机缸体接地。当满足电源和接地这两个条件后,启动电机运转并启动发动机。

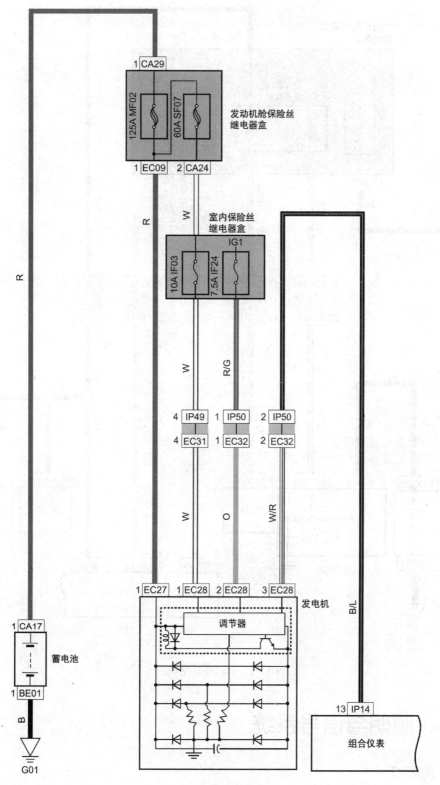

图 5-1 充电系统电路图

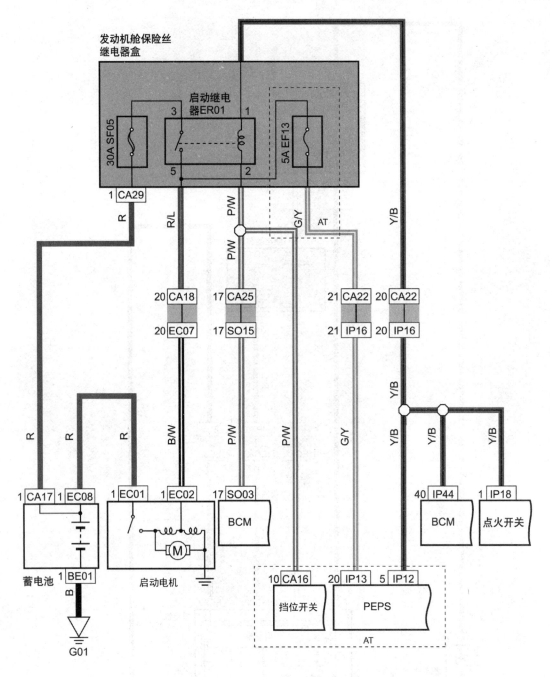

图 5-2 启动系统电路图

二、照明与信号系统

1. 前照灯

吉利远景 X3 汽车的前照灯电路如图 5-3 所示。

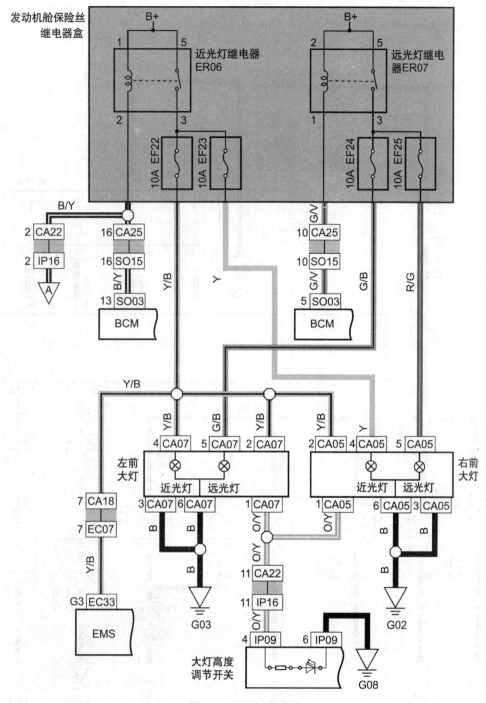

图 5-3 前照灯电路图

将灯光组合开关转至第一个位置（POS）时，将打开位置灯、牌照灯和仪表板照明灯。将灯光组合开关转至第二个位置时，除开启上述灯外，还点亮前照灯。BCM 检测灯光组合开关接通的挡位，然后通过远/近光继电器接通前组合大灯中远/近光灯。此外，吉利远景 X3 汽车还能通过大灯高度调节开关调节前照灯的照射高度。

2. 位置灯

吉利远景 X3 汽车的位置灯电路如图 5-4 所示。

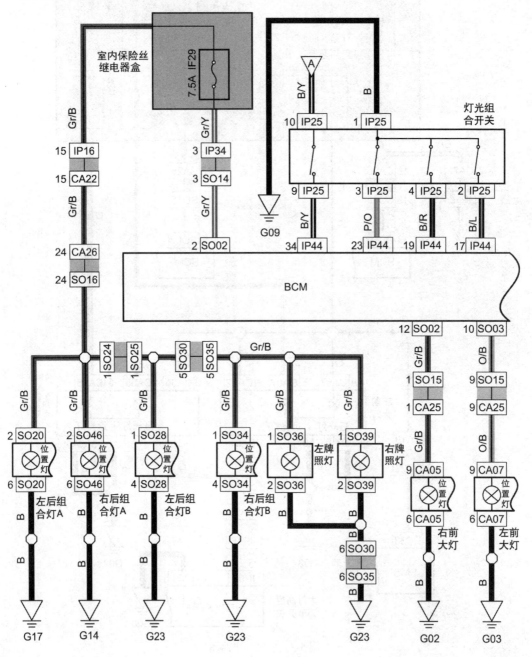

图 5-4 位置灯电路图

3. 雾灯与日间行车灯

吉利远景 X3 汽车的雾灯与日间行车灯电路如图 5-5 所示。

当使用后雾灯时,必须先开启近光灯或远光灯,并转动多功能操纵杆至后雾灯挡位,仪表上的指示灯点亮,指示后雾灯已经接通。当发动机运转时,日间行车灯应该自动点亮。此功能应可以通过诊断仪开启。日间行车灯应在前照灯打开时自动熄灭。

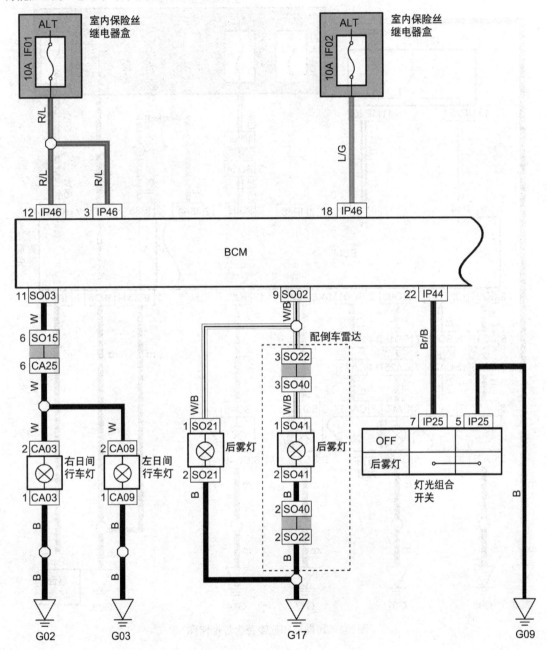

图 5-5　雾灯与日间行车灯电路图

4. 转向灯和危险警告灯

吉利远景 X3 汽车的转向灯和危险警告灯电路如图 5-6 所示。

通过多功能操纵杆控制灯光组合开关连接器 IP25 端子 12 的接地电路,此接地信号传送至 BCM。BCM 输出电压分别点亮左、右转向灯。当按下危险警告灯开关时，BCM 同时向这两条电路输出电压，所有转向灯开始闪烁。

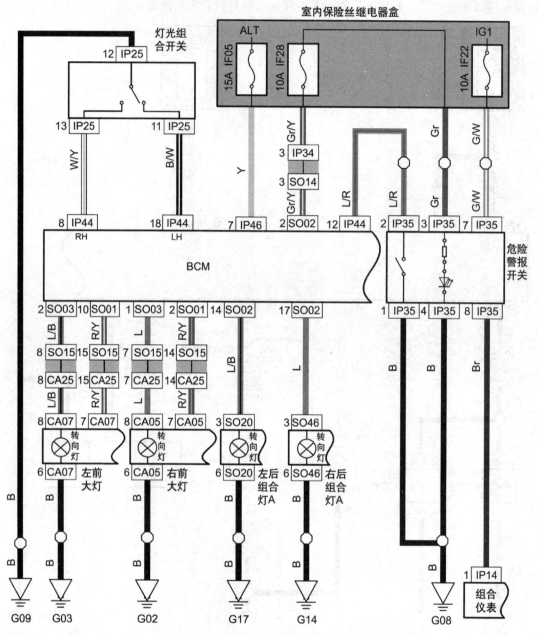

图 5-6 转向灯和危险警告灯电路图

5. 制动灯

吉利远景 X3 汽车的制动灯电路如图 5-7 所示。制动灯由布置于制动踏板上的制动灯开关控制。踩下制动踏板时，制动灯开关向 BCM、EMS 及其他控制单元发送制动信号，BCM 点亮后组合灯中的制动灯和高位制动灯。

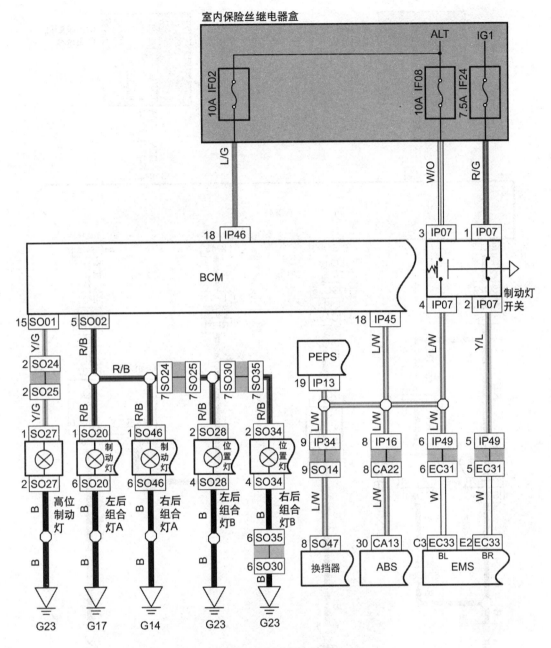

图 5-7 制动灯电路图

6. 倒车灯与阅读灯

吉利远景 X3 汽车的倒车灯与阅读灯电路如图 5-8 所示。

倒车灯受变速器上的倒车灯开关控制。当车辆挂入倒挡时，工作电压通过 BCM 加在倒车灯灯泡上。前阅读灯在前排车顶中部，按下开关，灯泡点亮，再次按下，灯泡熄灭。当前阅读灯开关处于 DOOR 位置时，前阅读灯的工作电源由 BCM 控制。当车门打开时，门控开关接地电路接通，使前阅读灯点亮。

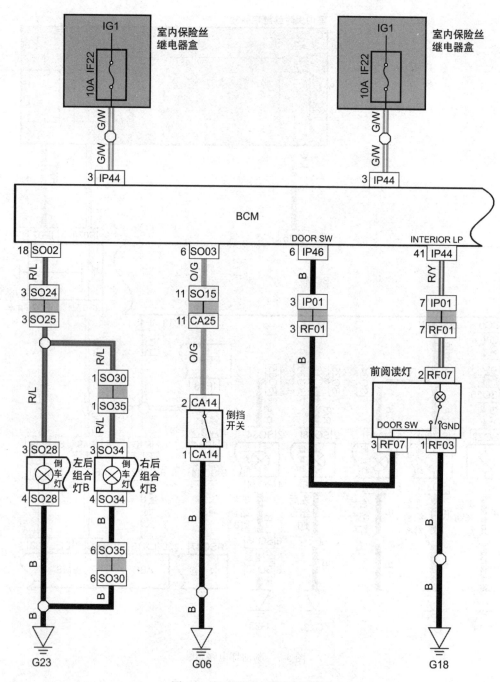

图 5-8　倒车灯与阅读灯电路图

7. 背光照明灯

吉利远景 X3 汽车的背光照明灯电路如图 5-9、图 5-10 所示。

当灯光组合开关打到"位置灯"挡时,开关信号通过灯光组合开关连接器 IP25 的端子 2 输出给 BCM,再由 BCM 通过连接器 SO02 端子 2 输出工作电压,以点亮位置灯、所有背光照明灯以及左、右牌照灯。

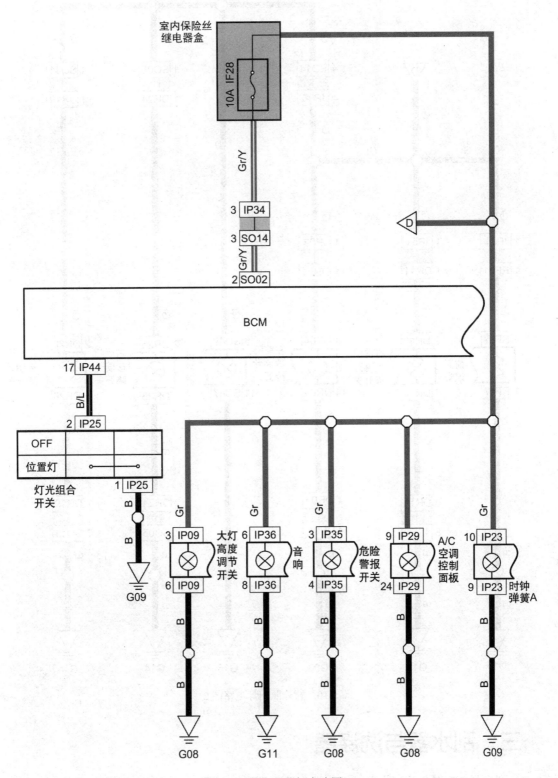

图 5-9 背光照明灯电路图 1

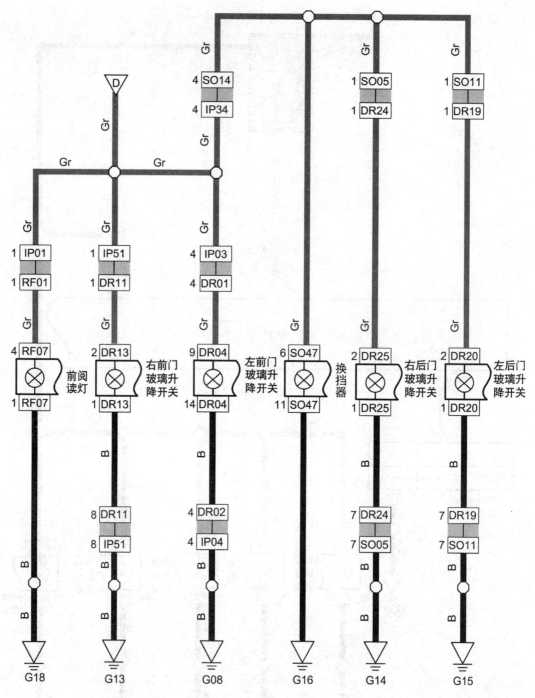

图 5-10　背光照明灯电路图 2

三、刮水器与洗涤器

吉利远景 X3 汽车的刮水器与洗涤器电路如图 5-11、图 5-12 所示。前刮水器是由刮水器开关提供信号给 BCM，BCM 接收到刮水器开关接地信号后，驱动前刮水器电机转动。

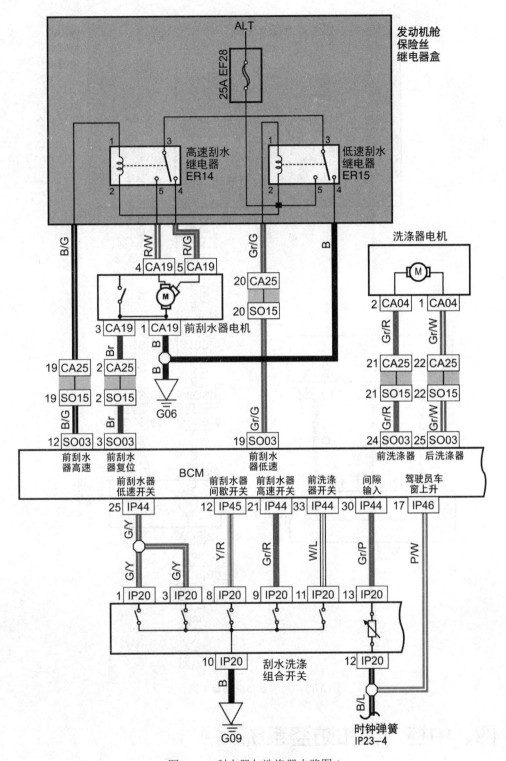

图 5-11 刮水器与洗涤器电路图 1

后刮水器的驱动也是由 BCM 控制,集成在刮水洗涤组合开关的后刮水器开关分别输送刮水和间隙刮水的请求信息给 BCM。由 BCM 控制后刮水继电器的吸合,从而实现后刮水器的工作。

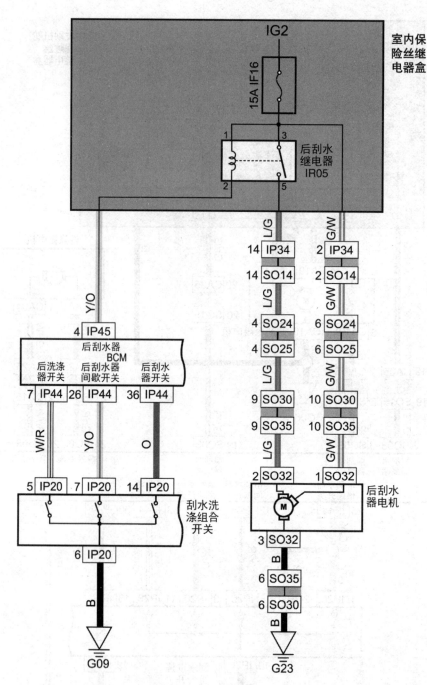

图 5-12 刮水器与洗涤器电路图 2

四、中控门锁和防盗系统

1. 中控门锁

吉利远景 X3 汽车的中控门锁电路如图 5-13、图 5-14 所示。

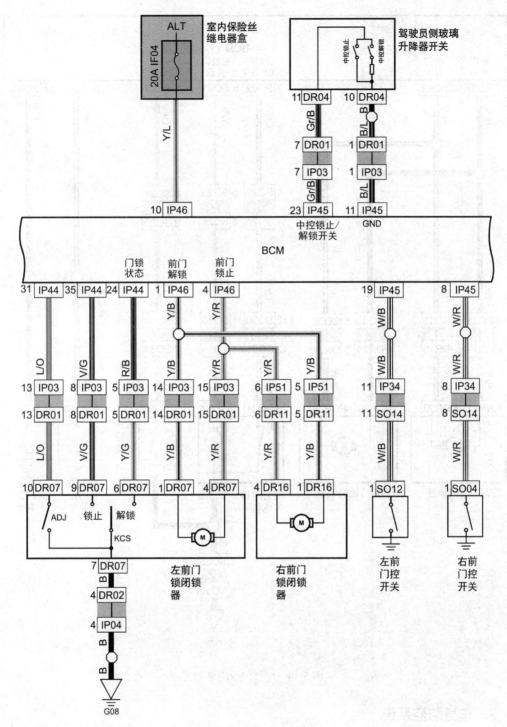

图 5-13 中控门锁电路图 1

门锁只能由左前车门电动车窗主开关上的中控开关或驾驶员侧车门上的锁芯开关来操纵。当用遥控钥匙或左前门锁芯锁止或解锁驾驶员侧车门时，所有车门应该上锁或解锁（驾驶员锁芯只能解锁驾驶员车门）。

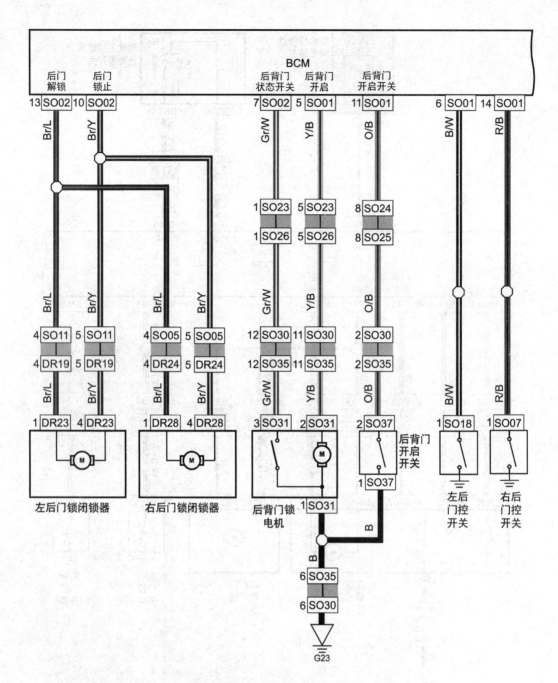

图 5-14 中控门锁电路图 2

2. 车身防盗系统

吉利远景 X3 汽车的车身防盗系统电路如图 5-15 所示。

车身防盗系统的功能是在有人非法强行打开车门、后备厢或发动机罩时发出警报，同时转向信号灯也一同闪烁。每个门锁机构均设置有一接触开关，当车门关闭时这些开关断开；一旦有车门被打开，该门的接触开关闭合，并向 BCM 传送接地信号，BCM 根据此信号向仪表发送"门已打开"信息。

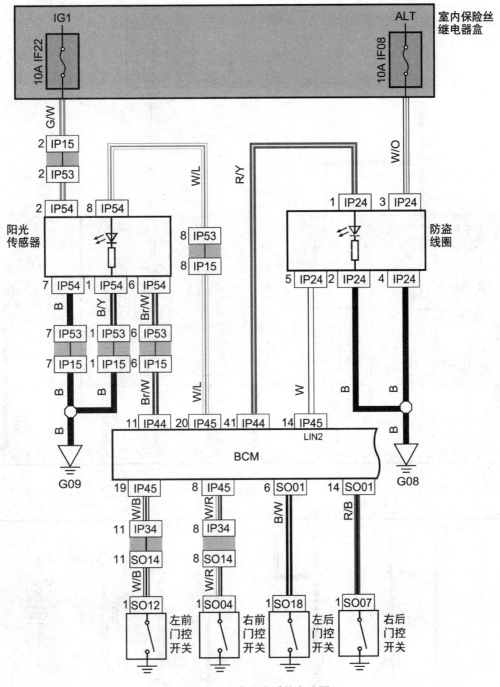

图 5-15 车身防盗系统电路图

五、无钥匙进入与启动系统（PEPS）

吉利远景 X3 汽车的无钥匙进入与启动系统电路如图 5-16、图 5-17 所示。

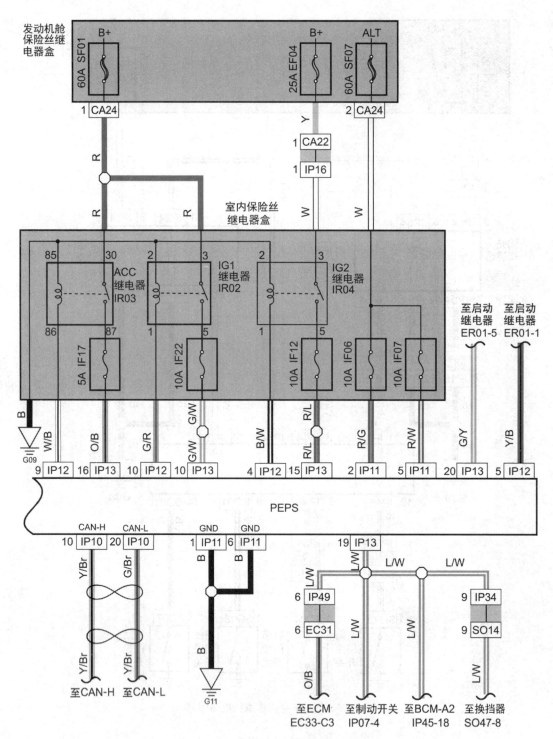

图 5-16 无钥匙进入与启动系统电路图 1

无钥匙进入与启动功能可以使驾驶员拉门把手即可进入车辆，并使用一键式点火开关启动车辆。拉动门把手时，PEPS 检测周围智能钥匙的有效性，智能钥匙发出信号回应车辆，并使车身控制模块（BCM）解锁所有车门。

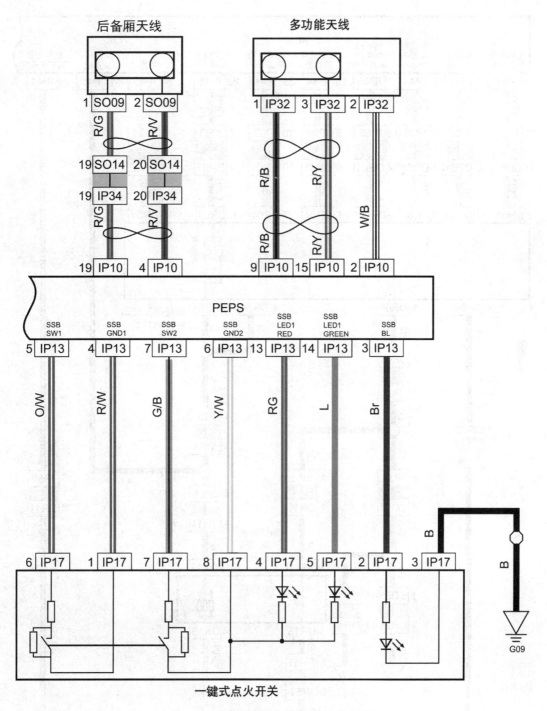

图 5-17 无钥匙进入与启动系统电路图 2

六、电动车窗系统

吉利远景 X3 汽车的电动车窗系统电路如图 5-18、图 5-19 所示。

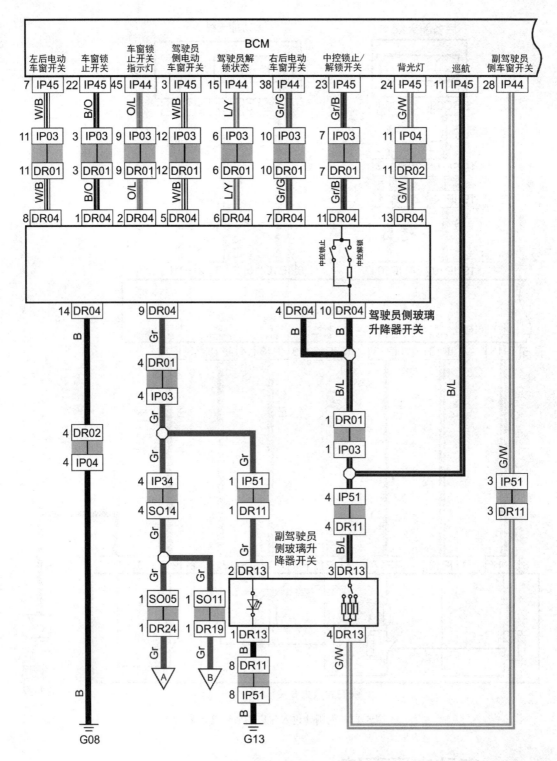

图 5-18　电动车窗系统电路图 1

BCM 检测各电动车窗开关（玻璃升降器开关）的状态，然后向各电动车窗的玻璃升降器电机输出正向或反向电流，从而控制车门玻璃的升降。

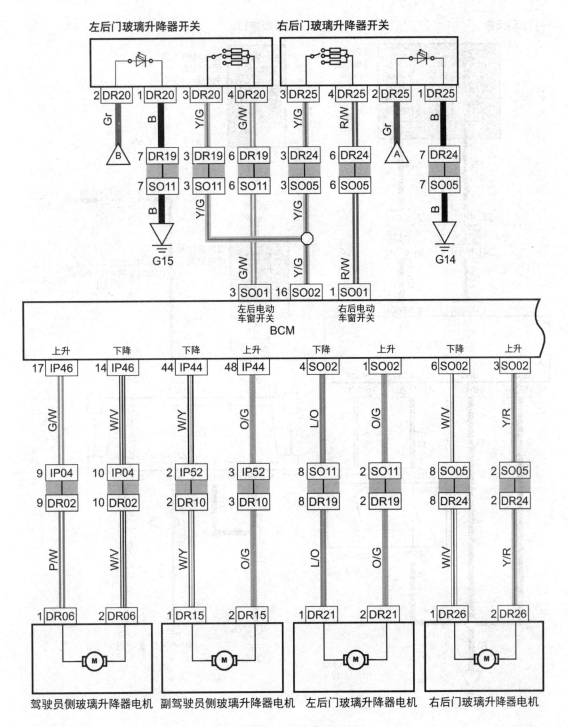

图 5-19 电动车窗系统电路图 2

七、电动天窗与诊断接口

吉利远景 X3 汽车的电动天窗与诊断接口电路如图 5-20 所示。

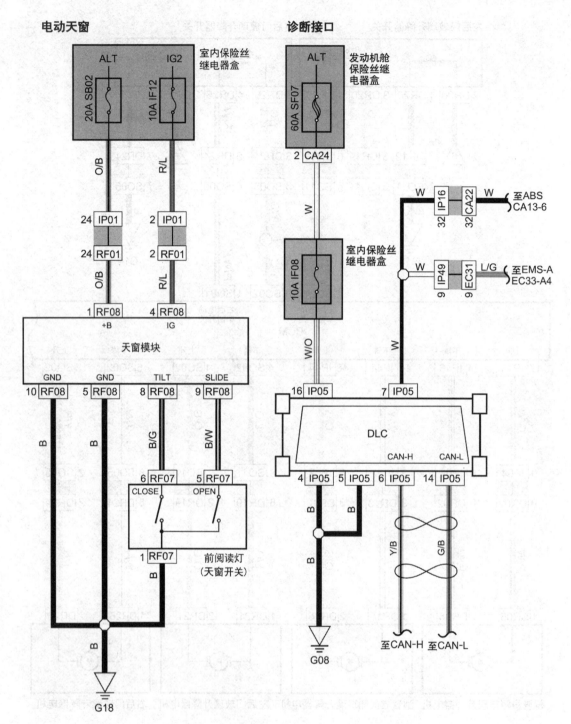

图 5-20 电动天窗与诊断接口电路图

八、电动后视镜系统

吉利远景 X3 汽车的电动后视镜系统电路如图 5-21 所示。

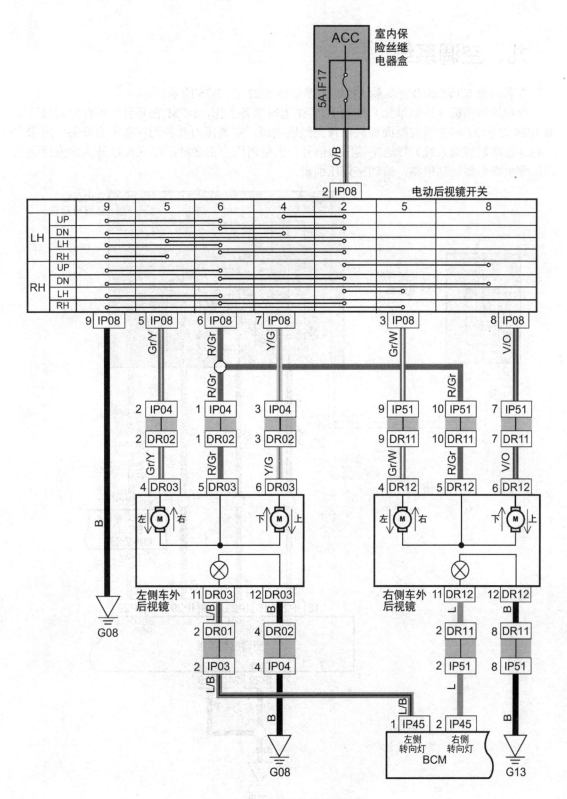

图 5-21 电动后视镜系统电路图

九、空调系统

吉利远景 X3 汽车的空调系统控制电路如图 5-22~图 5-25 所示。

空调控制面板（控制单元）接通 IGN 供电时准备工作，BCM 在开启位置灯时通过连接器 IP29 端子 21 向空调控制面板提供背光照明电源。空调压力开关为三态压力开关，用来向 EMS（发动机管理系统）传送空调压力信号，当空调压力正常时，按下 A/C 开关才能接通空调压缩机继电器控制电路，启动空调压缩机。

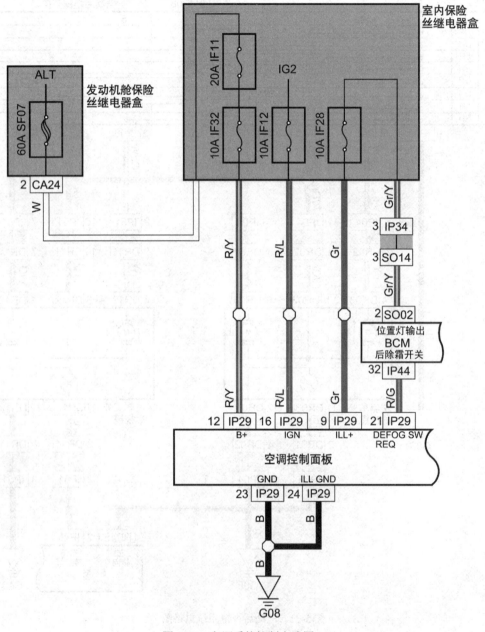

图 5-22　空调系统控制电路图 1

通风控制系统可使模式阀门通过风道混合或引入冷风、热风和外部空气,气流由风道系统和出风口输送到乘客室。在"AUTO"模式中会自动选择相应的模式状态,使用"MODE"按钮可更改车辆的送风模式。转动风量调节旋钮时,鼓风机的转速由空调控制单元驱动的鼓风机调速模块进行调节。

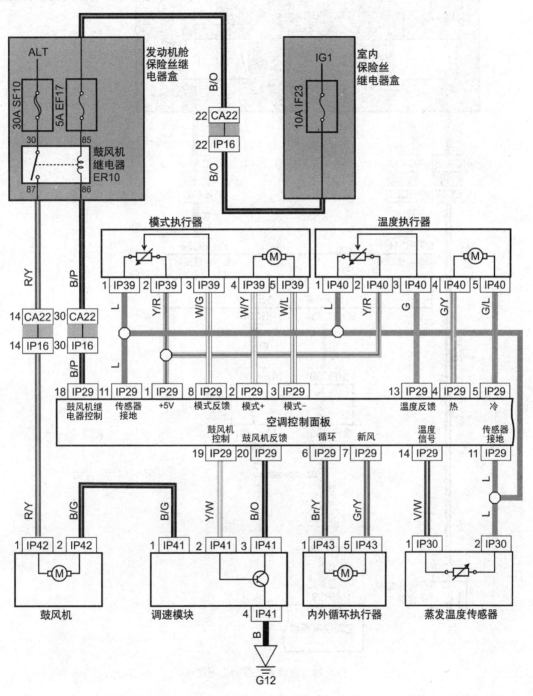

图 5-23 空调系统控制电路图 2

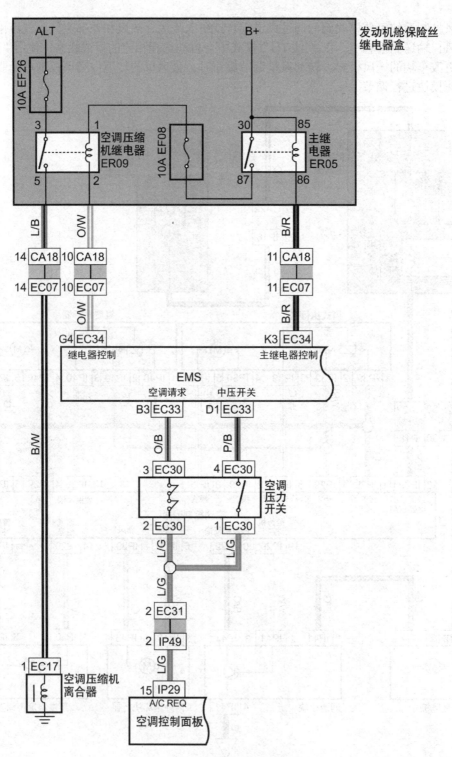

图 5-24 空调系统控制电路图 3

按下空调控制面板上的后除霜按键时，后除霜指示灯点亮，开启后风窗除霜和车外后视镜除霜功能。再次按下后除霜按键，后除霜功能关闭。

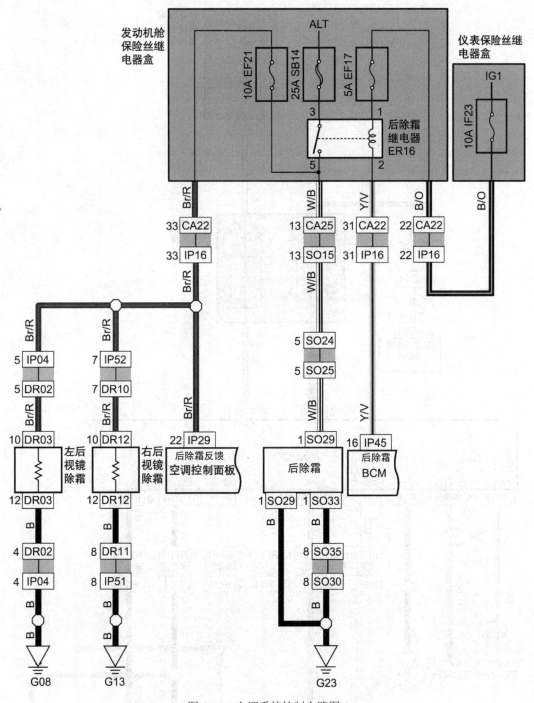

图 5-25 空调系统控制电路图 4

十、音响导航系统

吉利远景 X3 汽车的音响导航系统电路如图 5-26、图 5-27 所示。

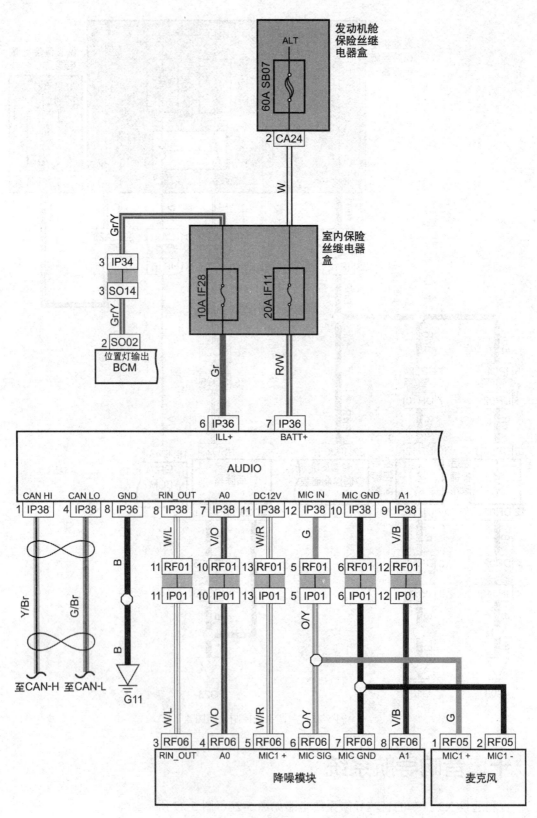

图 5-26 音响导航系统电路图 1

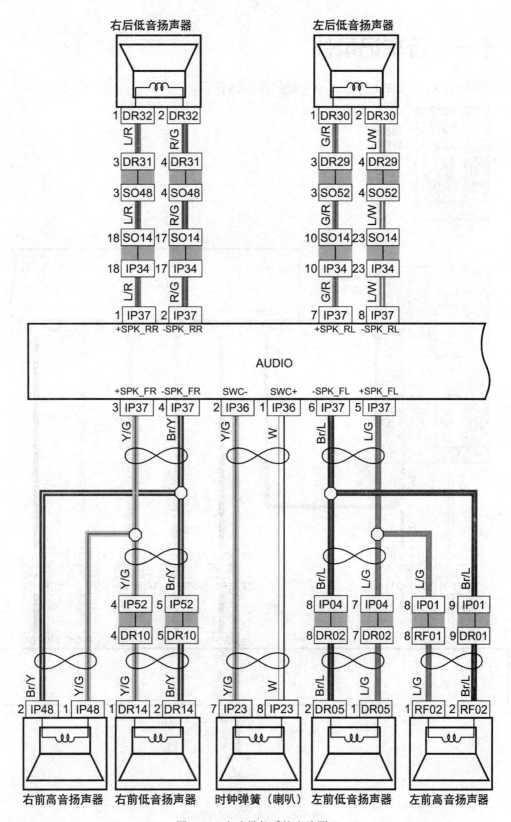

图 5-27 音响导航系统电路图 2

十一、行车记录仪

吉利远景 X3 汽车的行车记录仪电路如图 5-28 所示。

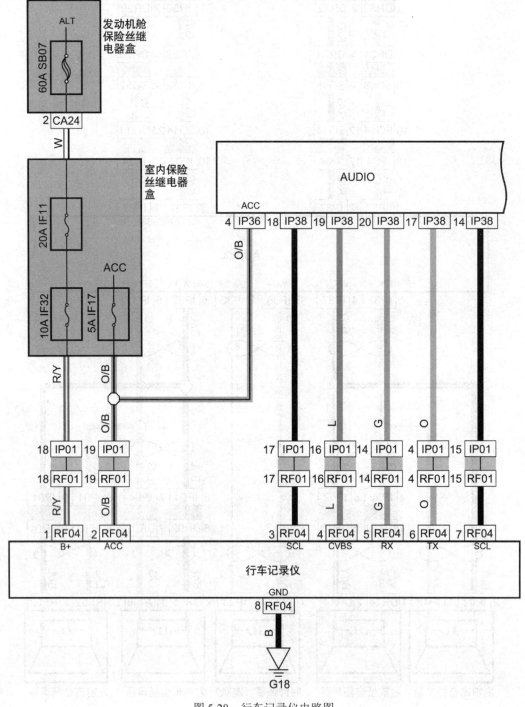

图 5-28　行车记录仪电路图

十二、组合仪表

吉利远景 X3 汽车的组合仪表电路如图 5-29～图 5-31 所示。

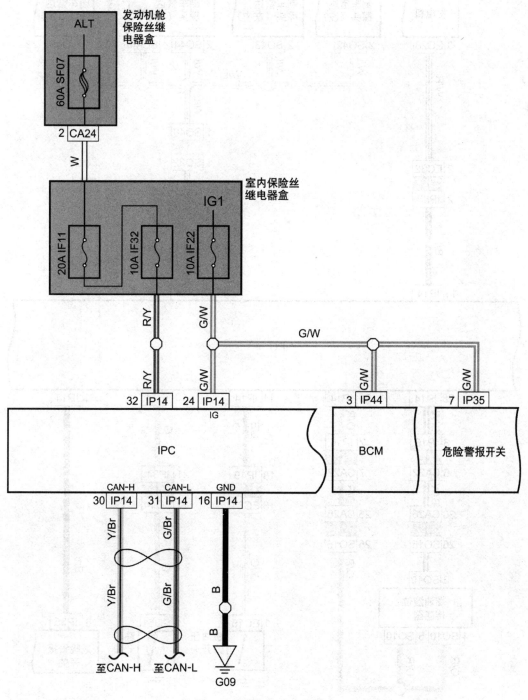

图 5-29　组合仪表电路图 1

该车组合仪表具有车速、发动机转速、发动机水温、燃油液位指针式显示功能，量表指针转动的阻尼由软件控制，还具有喇叭报警功能的提示、行驶前的自检功能。组合仪表连接器 IP14 端子 19 为倒车雷达信息输入，IP14 端子 27 为倒挡信号输入。

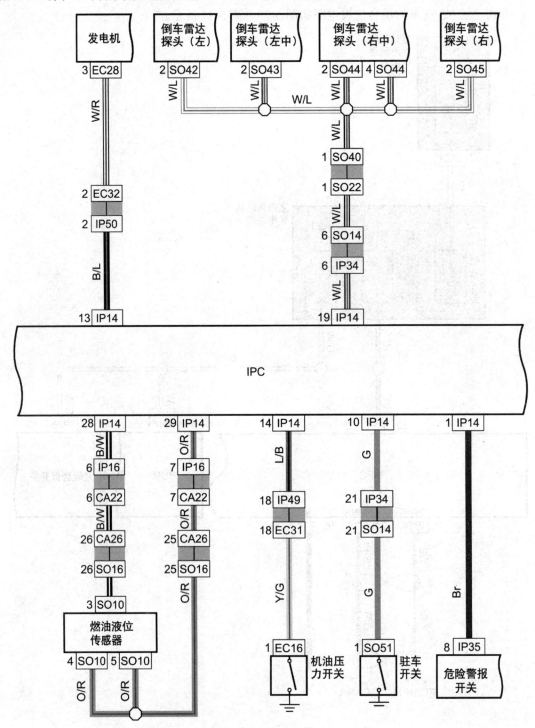

图 5-30　组合仪表电路图 2

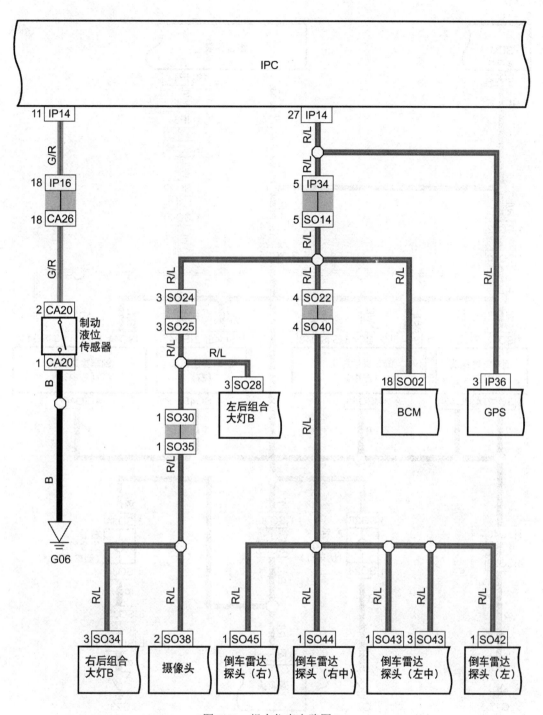

图 5-31 组合仪表电路图 3

十三、倒车雷达系统

吉利远景 X3 汽车的倒车雷达系统电路如图 5-32 所示。

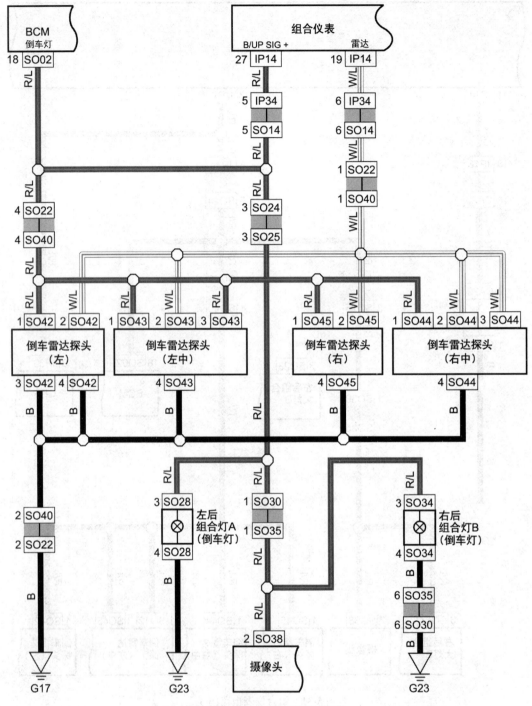

图 5-32 倒车雷达系统电路图

十四、总线网络通信系统

吉利远景 X3 汽车的总线网络通信系统电路如图 5-33、图 5-34 所示。

CAN 控制器区域网在各电子控制单元 ECU 之间交换信息，形成汽车电子控制网络。CAN-H 线上的电压信号为 2.5~3.5V，CAN-L 线上的电压信号为 1.5~2.5V。

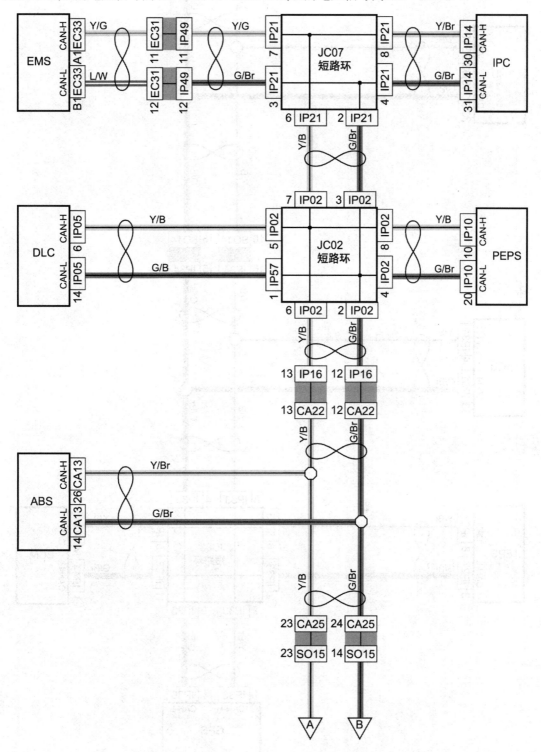

图 5-33 总线网络通信系统电路图 1

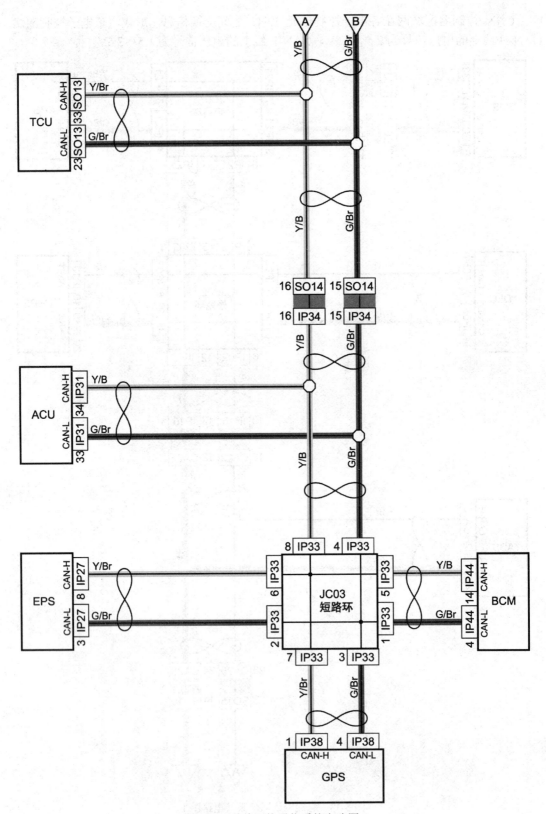

图 5-34 总线网络通信系统电路图 2

第二节 线束布置

一、发动机舱线束

吉利远景 X3 汽车的发动机舱线束如图 5-35、图 5-36 所示。

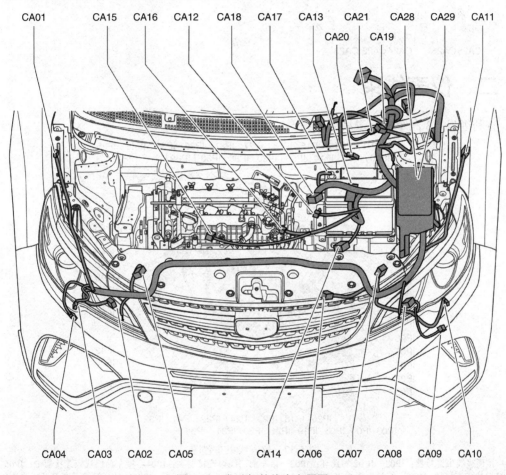

图 5-35　发动机舱线束布置图 1

CA01—右前轮速传感器线束连接器；CA02—低音喇叭线束连接器；CA03—右日间行车灯线束连接器；CA04—前洗涤器电机线束连接器；CA05—右前组合灯线束连接器；CA06—冷却风扇线束连接器；CA07—左前组合灯线束连接器；CA08—高音喇叭线束连接器；CA09—左日间行车灯线束连接器；CA10—电动真空泵线束连接器；CA11—左前轮速传感器线束连接器；CA12—车速传感器线束连接器；CA13—ABS 线束连接器；CA14—倒车灯开关线束连接器；CA15—自动变速箱电磁阀线束连接器；CA16—挡位开关线束连接器；CA17—蓄电池正极线束连接器；CA18—接发动机线束连接器；CA19—前刮水器电机线束连接器；CA20—制动液位传感器线束连接器；CA21—真空度传感器线束连接器；CA28—EPS 接保险丝盒；CA29—蓄电池正极接保险丝盒

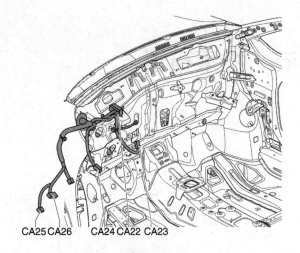

图 5-36 发动机舱线束布置图 2

CA22—接仪表线束连接器；CA23—接 EPS 电源；CA24—接 IP BOX 电源；CA25—接底板线束连接器 A；CA26—接底板线束连接器 B

二、仪表线束

吉利远景 X3 汽车的仪表线束如图 5-37 所示。

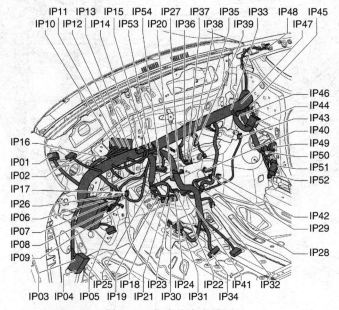

图 5-37 仪表线束布置图

IP01—接顶篷线束连接器；IP02—JC02 短路环；IP03—接左前门线束连接器 A；IP04—接左前门线束连接器 B；IP05—接诊断接口线束连接器；IP06—接离合器线束连接器；IP07—制动灯开关线束连接器；IP08—外后视镜调节开关线束连接器；IP09—前大灯高度调节开关线束连接器；IP10—PEPS 控制器线束连接器 J1；IP11—PEPS 控制器线束连接器 J2；IP12—PEPS 控制器线束连接器 J3；IP13—PEPS 控制器线束连接器 J4；IP14—组合仪表线束连接器；IP15—接阳光传感器线束连接器；IP16—接发动机舱线束连接器；IP17—启动开关线束连接器；IP18—点火开关线束连接器；IP19—钥匙插入提醒线束连接器；IP20—刮水器组合开关线束连接器；IP21—JC07 短路环；IP22—时钟弹簧线束连接器 B；IP23—时钟弹簧线束连接器 A；IP24—防盗线圈线束连接器；IP25—灯光组合开关线束连接器；IP26—电子加速踏板线束连接器；IP27—EPS 控制器线束连接器；IP28—备用电源线束连接器；IP29—空调控制面板线束连接器；IP30—蒸发温度传感器线束连接器；IP31—安全气囊电子控制单元线束连接器；IP32—多功能天线线束连接器；IP33—JC03 短路环；IP34—接地板线束连接器；IP35—危险报警开关线束连接器；IP36—GPS 线束连接器 A；IP37—GPS 线束连接器 B；IP38—GPS 线束连接器 C；IP39—模式电机线束连接器；IP40—冷暖电机线束连接器；IP41—调速模块线束连接器；IP42—鼓风机线束连接器；IP43—内外循环电机线束连接器；IP44—BCM 线束连接器 A1；IP45—BCM 线束连接器 A2；IP46—BCM 线束连接器 A3；IP47—副驾驶员气囊线束连接器；IP48—右前门高音扬声器线束连接器；IP49—接发动机线束连接器 A；IP50—接发动机线束连接器 B；IP51—接右前门线束连接器 B；IP52—接右前门线束连接器 A；IP53—接仪表线束连接器 B；IP54—阳光传感器线束连接器

三、顶篷线束

吉利远景 X3 汽车的顶篷线束如图 5-38 所示。

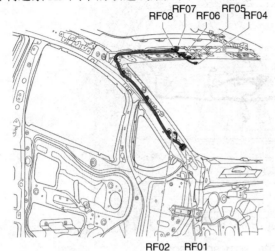

图 5-38　顶篷线束布置图
RF01—接仪表线束连接器；RF02—左前门高音扬声器线束连接器；RF04—接行车记录仪线束连接器；RF05—接麦克风线束连接器；RF06—降噪模块线束连接器；RF07—接前阅读灯线束连接器；RF08—接天窗模块线束连接器

四、地板线束

吉利远景 X3 汽车的地板线束如图 5-39～图 5-41 所示。

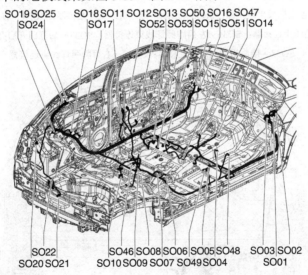

图 5-39　地板线束布置图 1
SO01—车身控制模块线束连接器 B1；SO02—车身控制模块线束连接器 B2；SO03—车身控制模块线束连接器 C1；SO04—右前门控开关线束连接器；SO05—接右后门线束连接器 A；SO06—接右后轮速传感器线束连接器；SO07—右后门控开关线束连接器；SO08—备用电源线束连接器；SO09—后备厢天线线束连接器；SO10—燃油泵线束连接器；SO11—左后门线束连接器；SO12—左前门控开关线束连接器；SO13—TCU 线束连接器；SO14—接仪表线束连接器；SO15—接发动机舱线束连接器 A；SO16—接发动机舱线束连接器 B；SO17—左后轮速传感器线束连接器；SO18—左后门控开关线束连接器；SO19—后备厢灯线束连接器；SO20—左后组合灯线束连接器 A；SO21—后雾灯线束连接器；SO22—倒车雷达线束连接器；SO24—接背门线束连接器；SO25—接地板线束连接器 A；SO46—后组合灯线束连接器 A；SO47—换挡器线束连接器；SO48—右后门线束连接器 B；SO49—右前安全带锁扣线束连接器；SO50—USB 盒线束连接器；SO51—驻车制动开关线束连接器；SO52—左后门线束连接器 B；SO53—左前安全带锁扣线束连接器

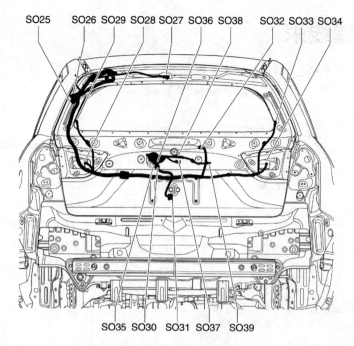

图 5-40　地板线束布置图 2

SO25—接地板线束连接器 A；SO26—接地板线束连接器 B；SO27—接高位制动灯线束连接器；SO28—左后组合灯线束连接器 B；SO29—后除霜器（正）线束连接器；SO30—接后背门线束分总成线束连接器；SO31—接后背门门锁电机线束连接器；SO32—接后刮水器电机线束连接器；SO33—后除霜器（负）线束连接器；SO34—右后组合灯线束连接器 B；SO35—接后背门线束连接器；SO36—左后牌照灯线束连接器；SO37—后背门开启开关线束连接器；SO38—接后摄像头线束连接器；SO39—右后牌照灯线束连接器

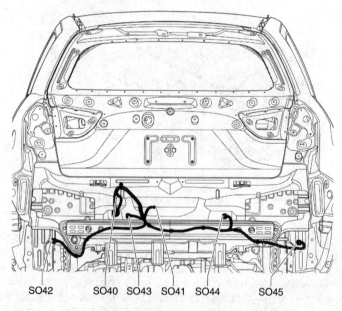

图 5-41　地板线束布置图 3

SO40—接地板线束连接器；SO41—接后雾灯线束连接器；SO42—倒车雷达探头线束连接器（左）；SO43—倒车雷达探头线束连接器（左中）；SO44—倒车雷达探头线束连接器（右中）；SO45—倒车雷达探头线束连接器（右）

五、车门线束

吉利远景 X3 汽车的车门线束如图 5-42～5-45 所示。

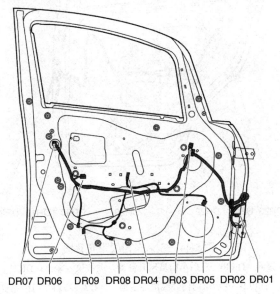

图 5-42　左前车门线束布置图

DR01—接仪表线束连接器 A；DR02—接仪表线束连接器 B；DR03—驾驶员侧车门后视镜线束连接器；DR04—驾驶员侧玻璃升降器开关线束连接器；DR05—驾驶员侧车门扬声器线束连接器；DR06—驾驶员侧玻璃升降器电机线束连接器；DR07—驾驶员侧门锁电机线束连接器；DR08—驾驶员侧迎宾灯线束连接器；DR09—驾驶员侧门灯线束连接器

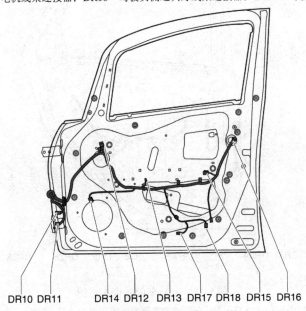

图 5-43　右前车门线束布置图

DR10—接仪表线束连接器 A；DR11—接仪表线束连接器 B；DR12—副驾驶员侧车门后视镜线束连接器；DR13—副驾驶员侧玻璃升降器开关线束连接器；DR14—副驾驶员侧扬声器线束连接器；DR15—副驾驶员侧玻璃升降器电机线束连接器；DR16—副驾驶员侧门锁电机线束连接器；DR17—副驾驶员侧迎宾灯线束连接器；DR18—副驾驶员侧门灯线束连接器

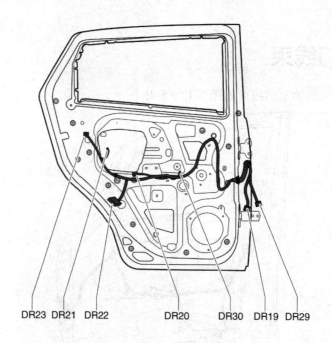

图 5-44 左后车门线束布置图

DR19—接地板线束连接器；DR20—左后车门玻璃升降器开关线束连接器；DR21—左后车门玻璃升降器电机线束连接器；DR22—左后车门门灯线束连接器；DR23—左后车门门锁电机线束连接器；DR29—左后门对接地板线束连接器 B；DR30—左后门扬声器线束连接器

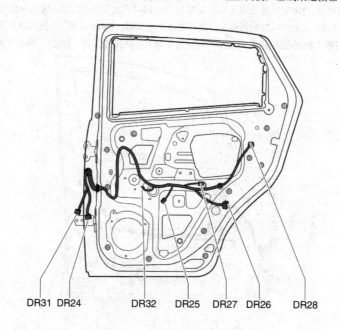

图 5-45 右后车门线束布置图

DR24—接地板线束连接器；DR25—右后车门玻璃升降器开关线束连接器；DR26—右后车门玻璃升降器电机线束连接器；DR27—右后车门门灯开关线束连接器；DR28—右后车门门锁电机线束连接器；DR31—右后门对接地板线束连接器 B；DR32—右后门扬声器线束连接器

第三节　接地点分布

一、发动机舱线束接地点

吉利远景 X3 汽车发动机舱线束接地点分布如图 5-46 所示。

二、仪表线束接地点

吉利远景 X3 汽车仪表线束接地点分布如图 5-47 所示。

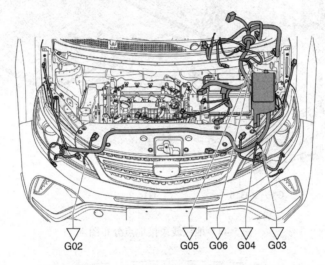

图 5-46　发动机舱线束接地点分布图

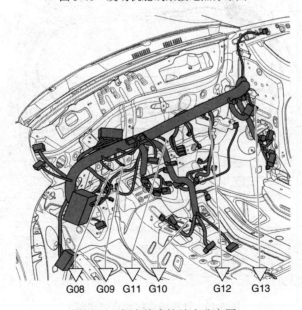

图 5-47　仪表线束接地点分布图

三、地板线束接地点

吉利远景 X3 汽车地板线束接地点分布如图 5-48、图 5-49 所示。

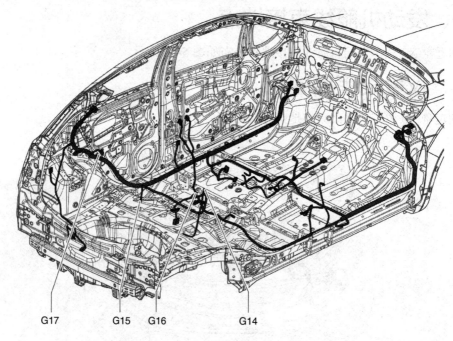

图 5-48　地板线束接地点分布图 1

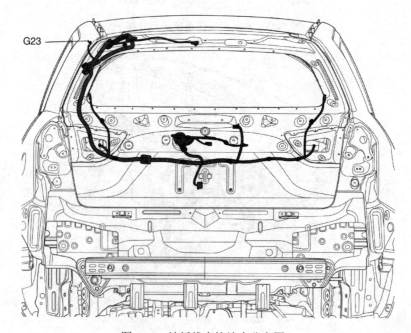

图 5-49　地板线束接地点分布图 2

四、顶篷线束接地点

吉利远景 X3 汽车顶篷线束接地点分布如图 5-50 所示。

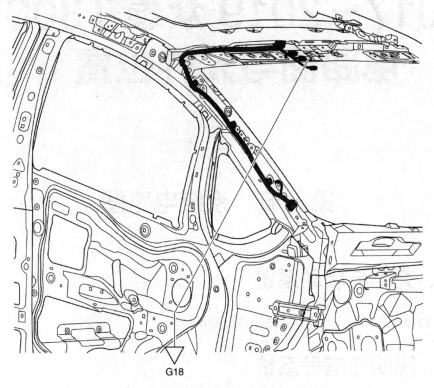

图 5-50　顶篷线束接地点分布图

第六章
2017~2019 众泰 T300 电路图与元件位置

第一节　系统电路图

一、充电与启动系统

众泰 T300 汽车的充电与启动系统电路如图 6-1 所示。

二、照明与信号系统

1. 前照灯

众泰 T300 汽车的前照灯电路如图 6-2、图 6-3 所示。

点火开关置于 ON 位置，打开灯光开关至近光灯挡时，车身控制单元（BCM）检测到近光灯开启信号，控制发动机舱电器盒中的近光灯继电器工作，接通近光灯电源，近光灯工作；灯光开关在远光灯挡时，BCM 检测到远光灯开启信号，控制远光灯继电器工作，接通远光灯电源，远光灯工作。操作大灯调节开关，还能调节大灯照射高度。

2. 前位置灯与日间行车灯

众泰 T300 汽车的前位置灯与日间行车灯电路如图 6-4 所示。

发动机启动后，车身控制单元通过端子 D28 控制发动机舱继电器盒中的日间行车灯继电器，接通日间行车灯电源，点亮日间行车灯。

3. 后位置灯与牌照灯

众泰 T300 汽车的后位置灯与牌照灯电路如图 6-5 所示。打开灯光开关至位置灯或大灯挡，车身控制单元检测到开关信号，控制电源给后位置灯和牌照灯供电。

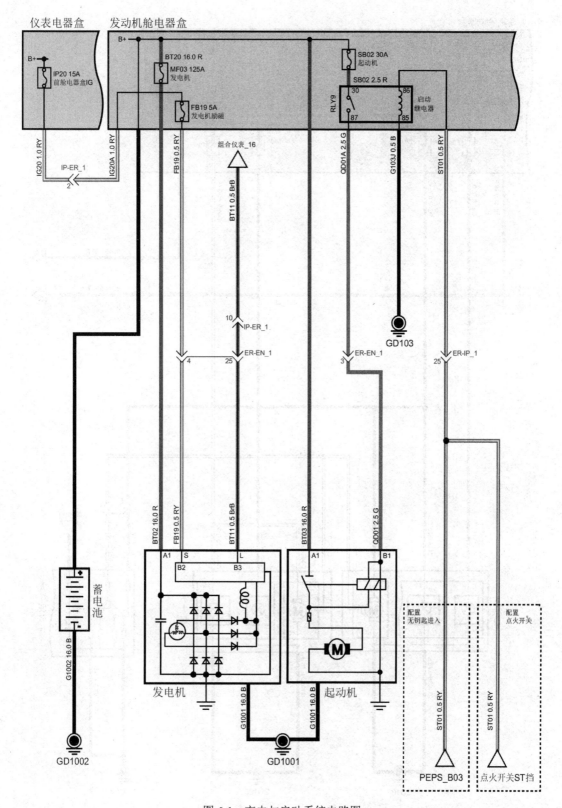

图 6-1　充电与启动系统电路图

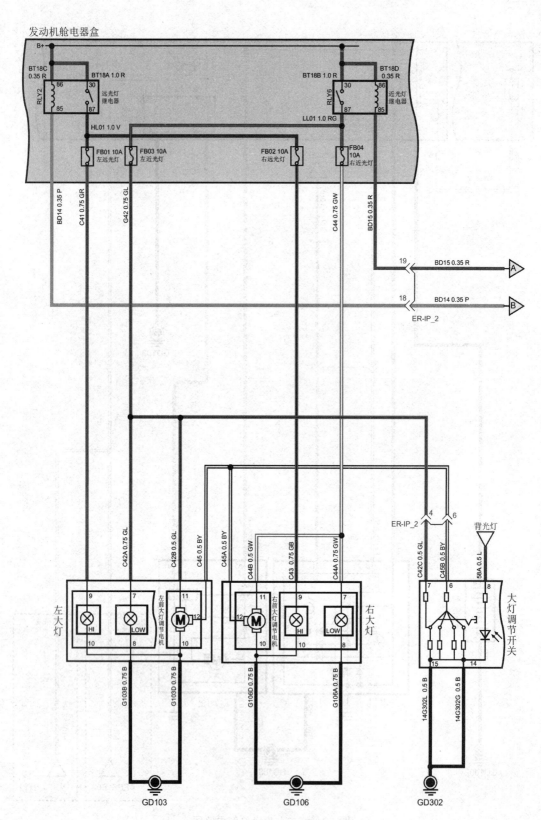

图 6-2 前照灯电路图 1

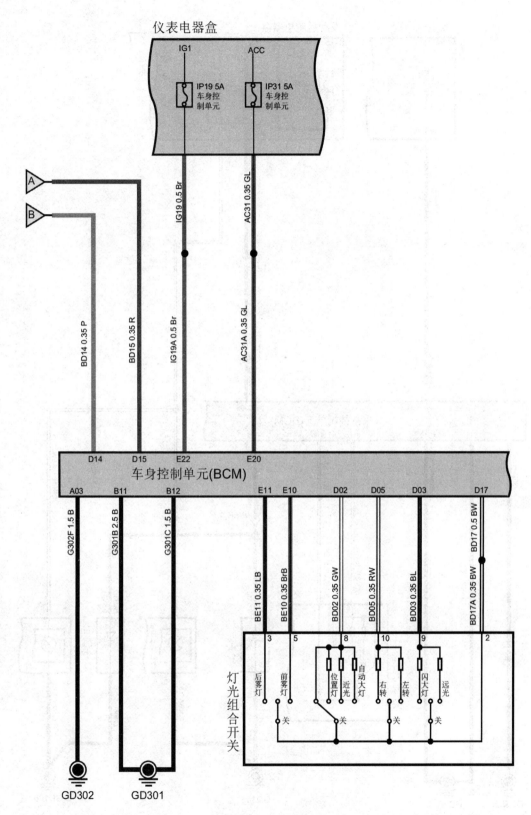

图 6-3 前照灯电路图 2

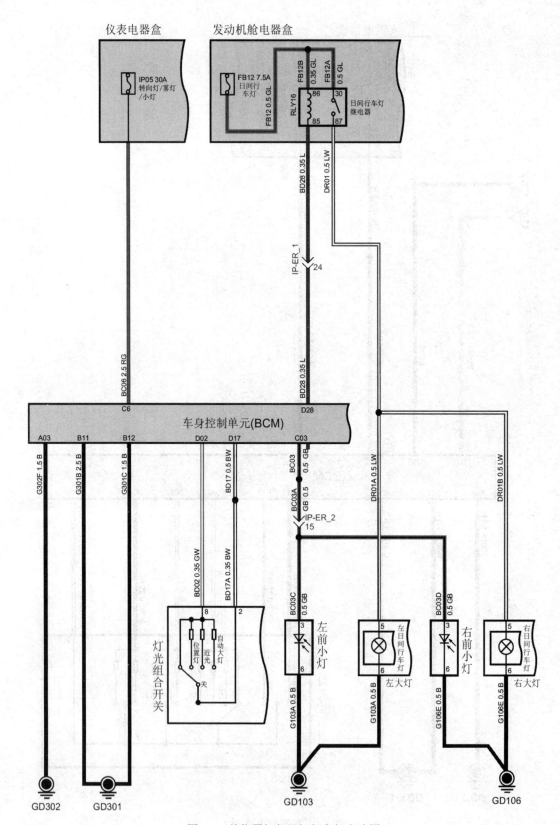

图 6-4　前位置灯与日间行车灯电路图

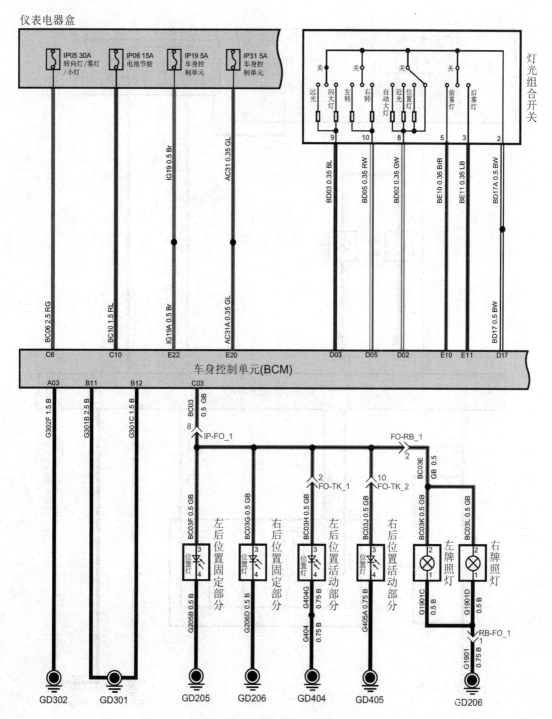

图 6-5 后位置灯与牌照灯电路图

4. 雾灯

众泰 T300 汽车的雾灯电路如图 6-6 所示。点火开关置于 ON 挡，车身控制单元（BCM）检测到雾灯开启信号时，通过前雾灯继电器接通前雾灯电路，或直接向后雾灯供电。

第六章　2017～2019 众泰 T300 电路图与元件位置　231

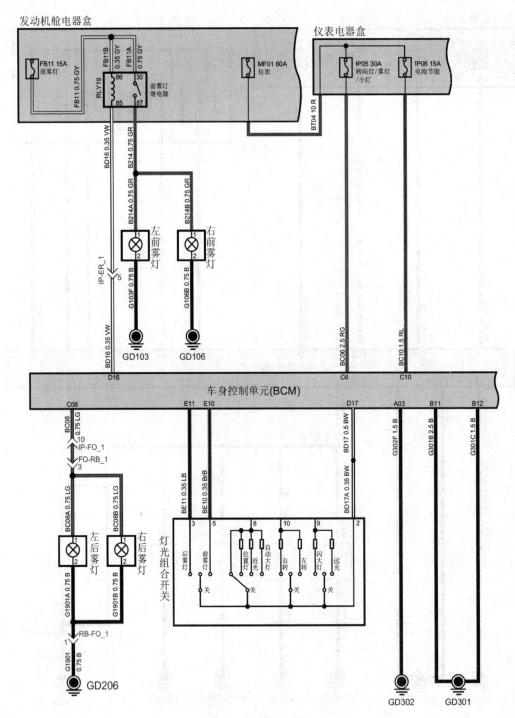

图 6-6 雾灯电路图

5. 转向灯与危险警告灯

众泰 T300 汽车的转向灯与危险警告灯电路如图 6-7 所示。
点火开关位于 ON 挡,且向下或向上扳动转向信号灯开关时,车身控制单元检测到转向开关信号，向左侧或右侧的转向信号灯供电。按下危险警告灯开关，车身控制单元检测到危险报警开关信号，控制闪光电源向所有转向信号灯供电。

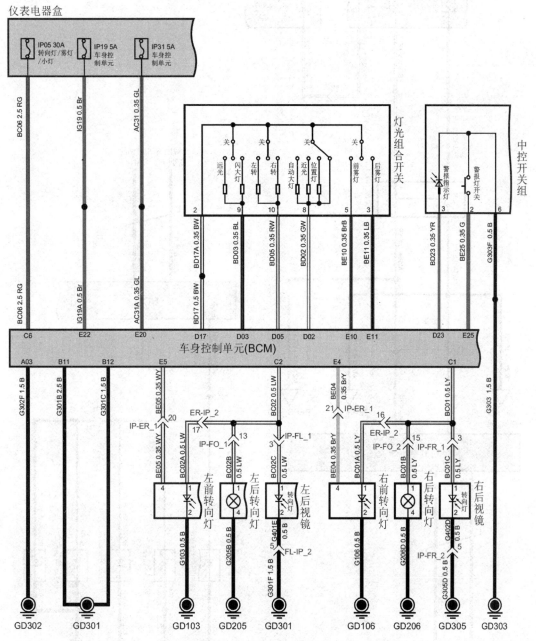

图 6-7 转向灯与危险警告灯电路图

6. 制动灯开关与制动灯

众泰 T300 汽车的制动灯开关与制动灯电路如图 6-8 所示。

当驾驶员踩下制动踏板时，电源经过制动开关向发动机控制单元、PEPS、BCM 等输出制动信号，BCM 通过端子 C4 向各制动灯供电。

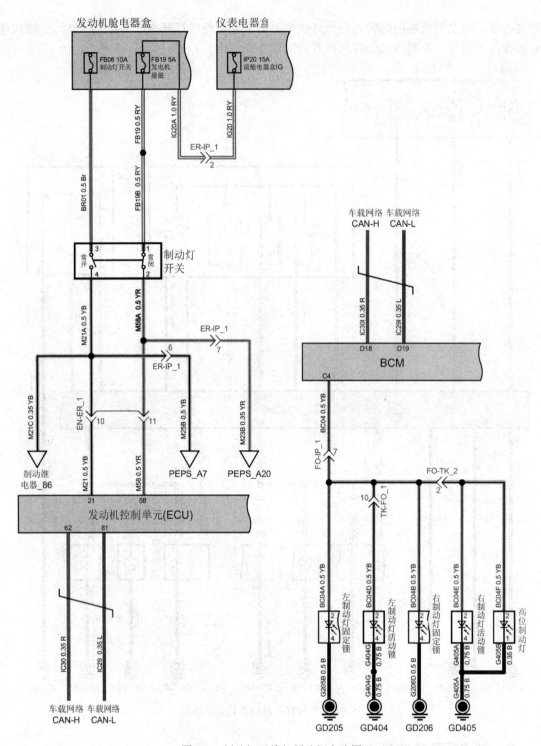

图 6-8 制动灯开关与制动灯电路图

7. 车内灯

众泰 T300 汽车的车内灯电路如图 6-9、图 6-10 所示。

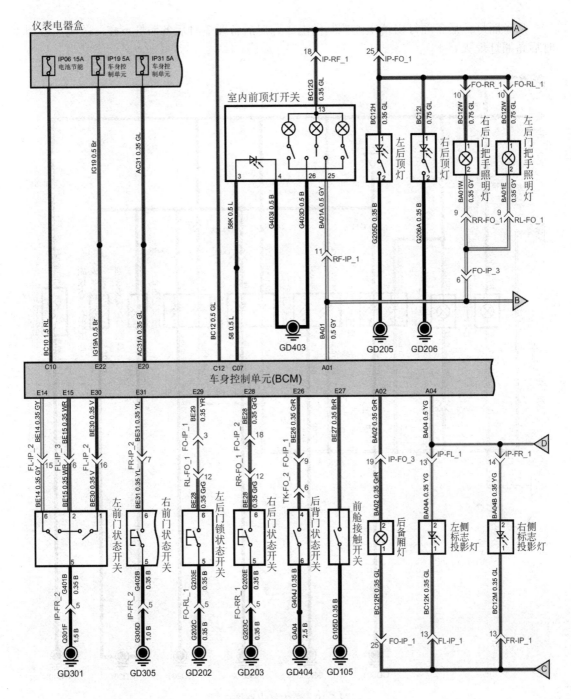

图 6-9 车内灯电路图 1

车内灯包括前顶灯、后顶灯、后备厢灯和背光照明灯等，供电逻辑如下。

前顶灯：前顶灯由车身控制单元（BCM）控制供电，由前顶灯开关位置和车门状态开关决定是否点亮。

后顶灯：后顶灯由车身控制单元（BCM）控制供电，由后顶灯开关位置和车门状态开关决定是否点亮。

后备厢灯：后备厢灯由蓄电池控制供电，开启后备厢盖时后备厢灯点亮，关闭后备厢盖时后备厢灯熄灭。

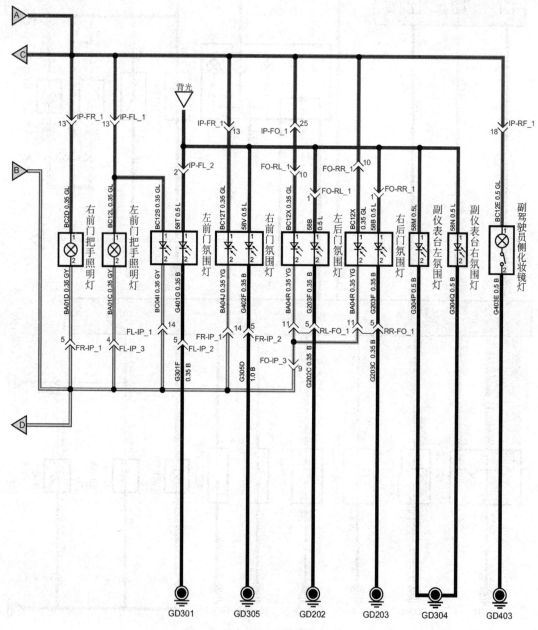

图 6-10　车内灯电路图 2

三、刮水器与洗涤器

众泰 T300 汽车的刮水器与洗涤器电路如图 6-11 所示。刮水洗涤系统是由车身控制单元（BCM）控制，BCM 收到刮水开关/洗涤开关信号后，驱动刮水器电机和洗涤器电机运转。

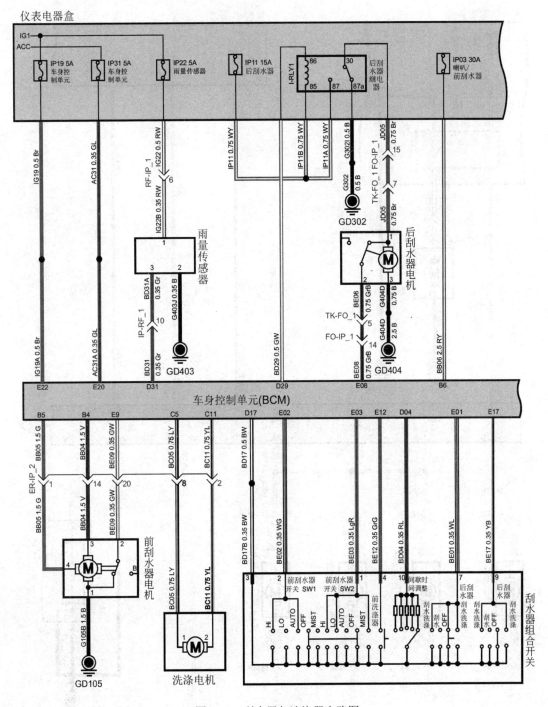

图 6-11　刮水器与洗涤器电路图

四、中控门锁系统

众泰 T300 汽车的中控门锁系统电路如图 6-12、图 6-13 所示。

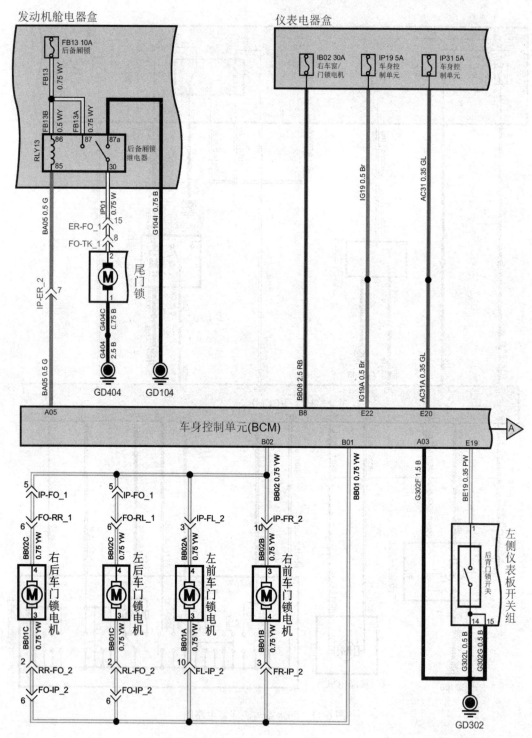

图 6-12　中控门锁系统电路图 1

门锁由左前车门电动车窗主开关上的中控锁开关或驾驶员侧车门上的锁芯开关来操纵。当用中控锁开关锁止或解锁车门时，所有车门应该上锁或解锁。

按下左侧仪表板开关组上的后背门锁开关，BCM 即可驱动后备厢锁继电器通电闭合，向尾门锁电机供电,解锁后尾门。

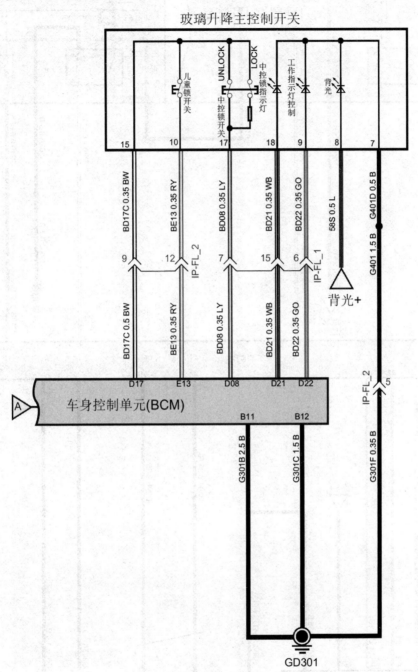

图 6-13　中控门锁系统电路图 2

五、无钥匙进入与启动系统（PEPS）

众泰 T300 汽车的无钥匙进入与启动系统电路如图 6-14～图 6-16 所示。

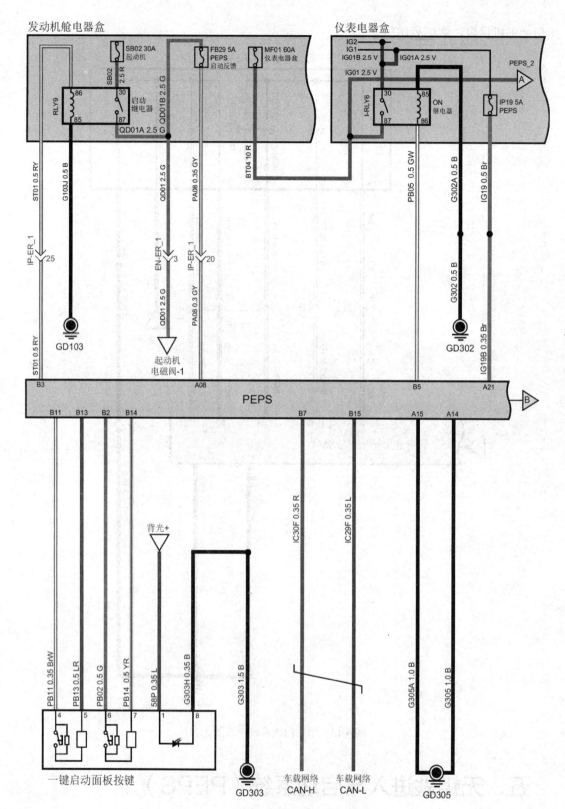

图6-14 无钥匙进入与启动系统电路图1

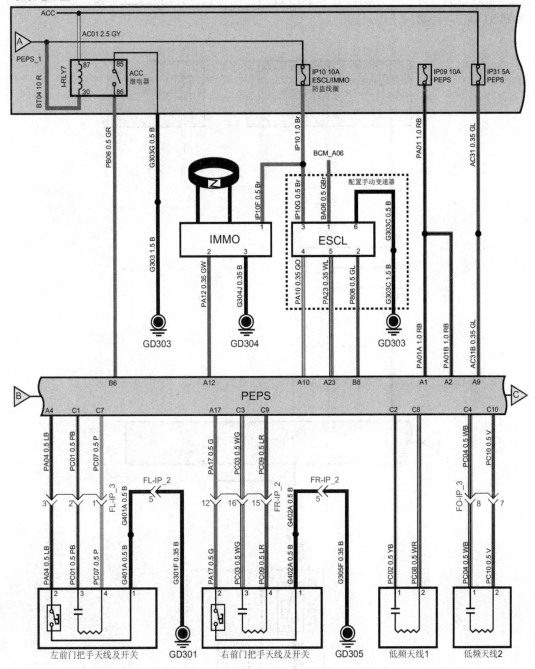

图 6-15 无钥匙进入与启动系统电路图 2

当车主拉动门把手手柄或触摸门把手闭锁区域时,PEPS 控制器会通过前门把手天线发送低频信号寻找钥匙,当确认钥匙在有效区域内并合法时,PEPS 执行无钥匙进入操作,通过 BCM 解锁所有车门。智能钥匙在车辆内时,可以切换电源模式和启动发动机。

当车主进入车内,踩下离合踏板(AT 车型踩下制动踏板)并按下启动按钮时,PEPS 发送低频信号查找钥匙,当确认钥匙在车内并合法时,PEPS 控制器会执行 ESCL 解锁指令。当

ESCL 解锁成功后，PEPS 控制器会与 IMMO 进行防盗认证。当防盗认证通过后，电源挡位切换到 START，起动机工作。

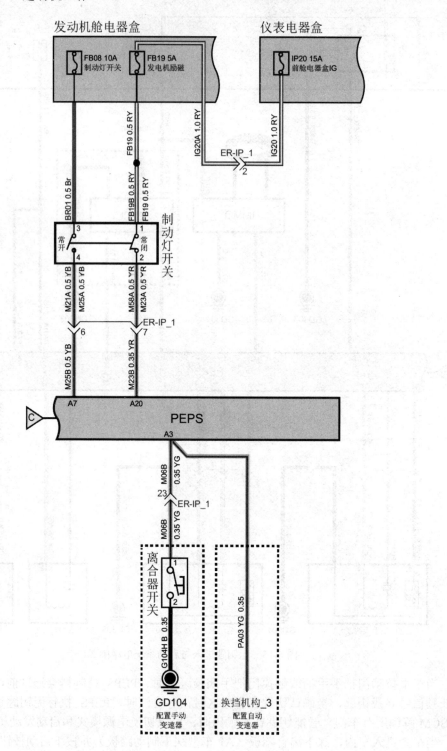

图 6-16 无钥匙进入与启动系统电路图 3

六、电动车窗系统

众泰 T300 汽车的电动车窗系统电路如图 6-17、图 6-18 所示。

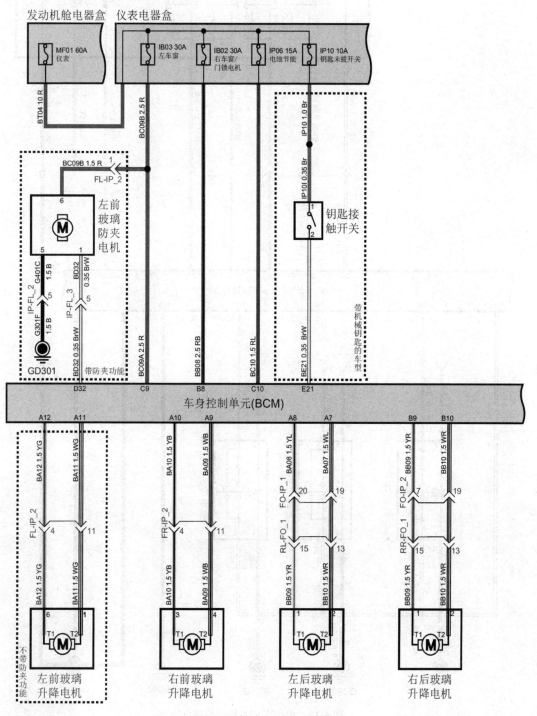

图 6-17　电动车窗系统电路图 1

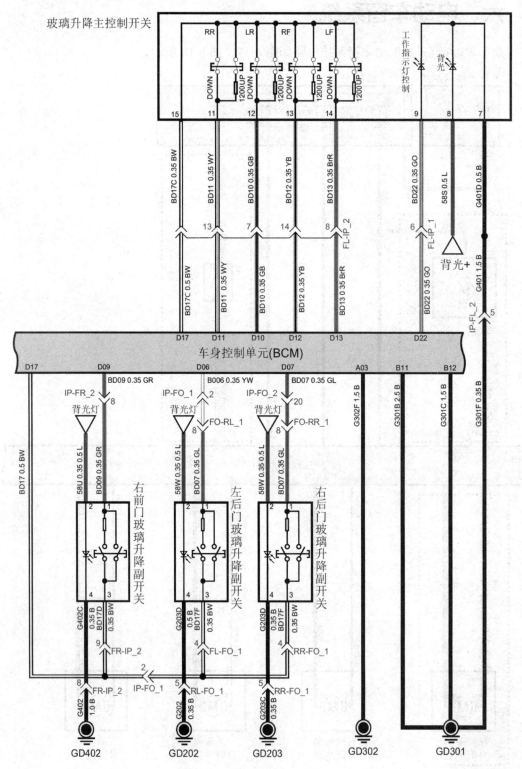

图 6-18 电动车窗系统电路图 2

七、电动天窗系统

众泰 T300 汽车的电动天窗系统电路如图 6-19 所示。
电动天窗开关位于前顶灯上,由遮阳帘控制旋钮与天窗开启/关闭按钮组成。
固定天窗系统的天窗只有电动遮阳帘,它由驱动电机控制遮阳帘开启/关闭。
全景天窗系统的天窗有 2 个电机,一个驱动电机控制天窗玻璃(可移动玻璃),另一个驱动电机控制遮阳帘。

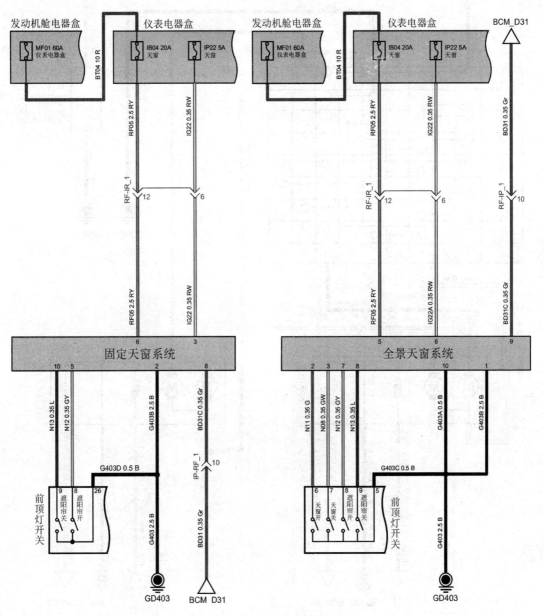

图 6-19 电动天窗系统电路图

八、电动内外后视镜系统

众泰 T300 汽车的电动内外后视镜系统电路如图 6-20、图 6-21 所示。

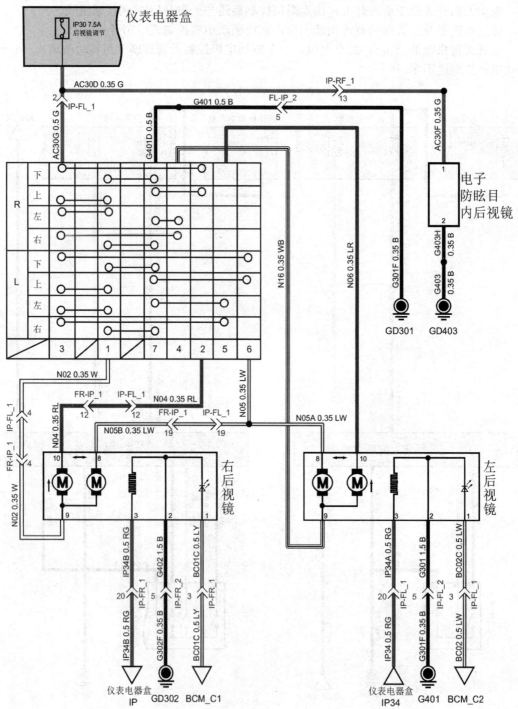

图 6-20 电动内外后视镜系统电路图

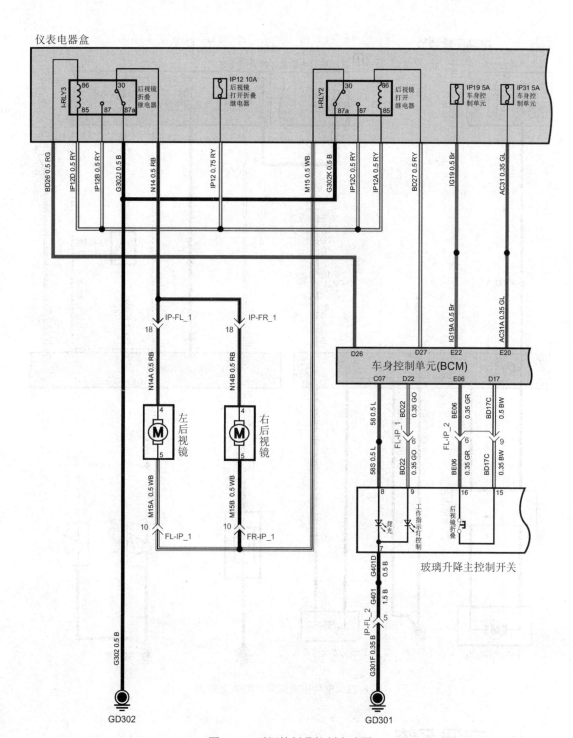

图 6-21 后视镜折叠控制电路图

九、电动座椅调节和喇叭

众泰 T300 汽车的电动座椅调节和喇叭电路如图 6-22 所示。

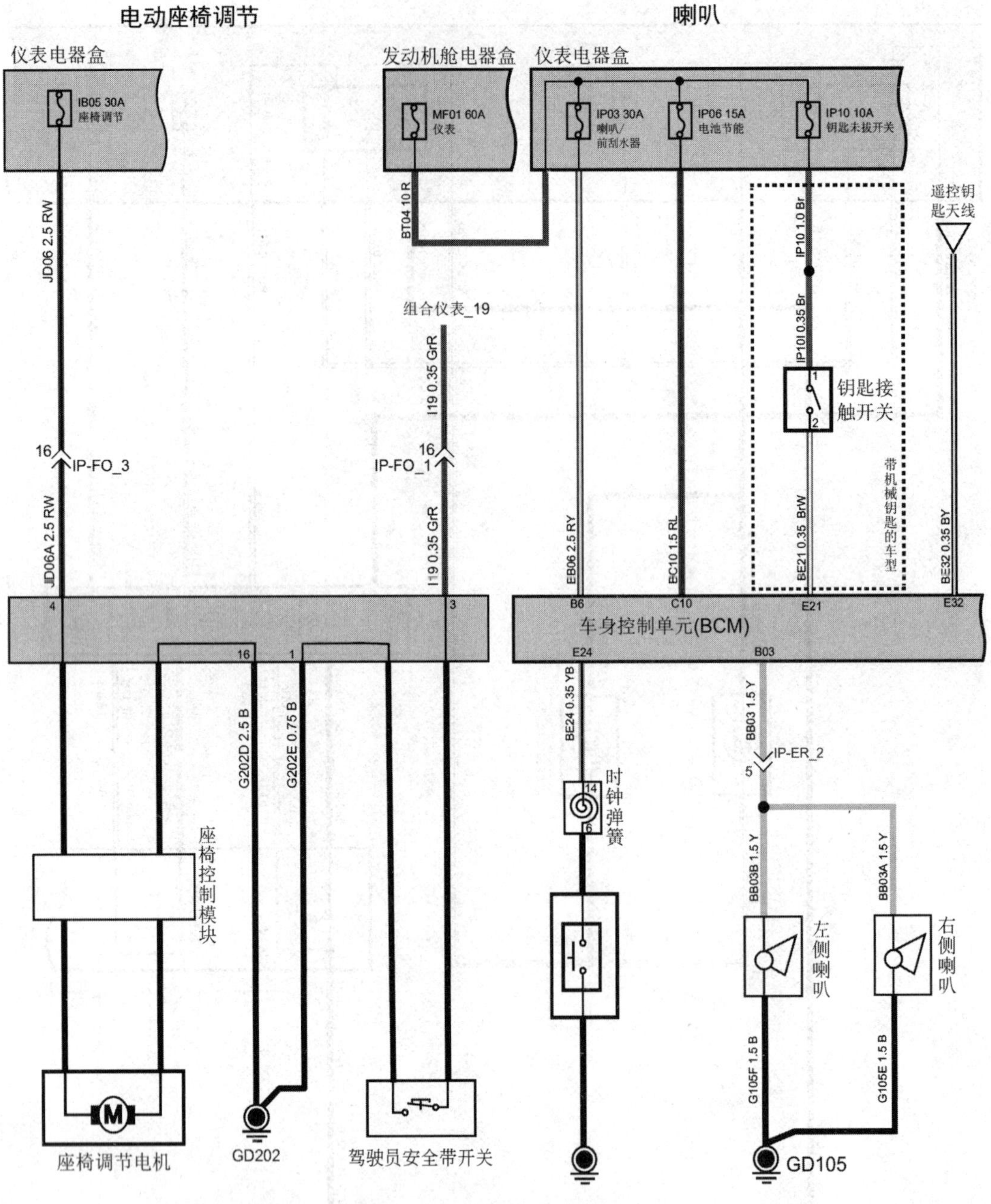

图 6-22 电动座椅调节和喇叭电路图

十、空调系统

众泰 T300 汽车的空调系统控制电路如图 6-23、图 6-24 所示。

开启空调系统时，空调控制器检测驾驶员的设定情况和空调传感器信号，经过计算后通过内外循环电机、混合风门电机和模式风门电机分别设置进气模式、温度风门位置和送风模式。转动风量调节旋钮时，鼓风机转速由空调控制器驱动的调速模块进行调节。

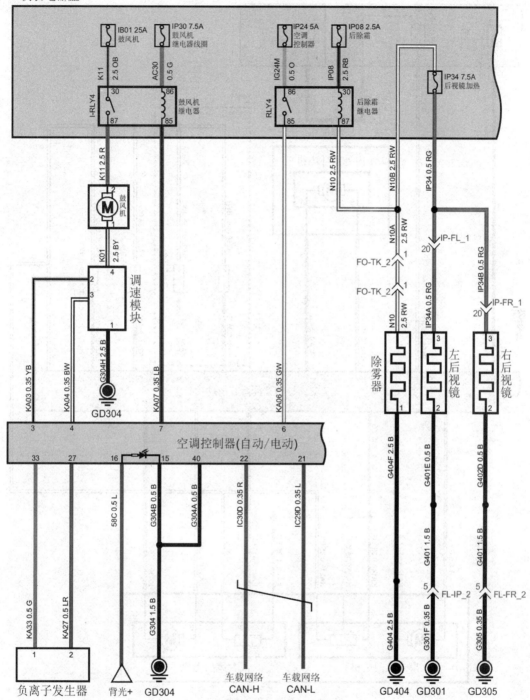

图 6-23 空调系统控制电路图 1

按下空调控制面板上的后除霜按键时，后除霜指示灯点亮，开启后风窗除霜和车外后视镜除雾功能。再次按下后除霜按键，则关闭后除霜功能。

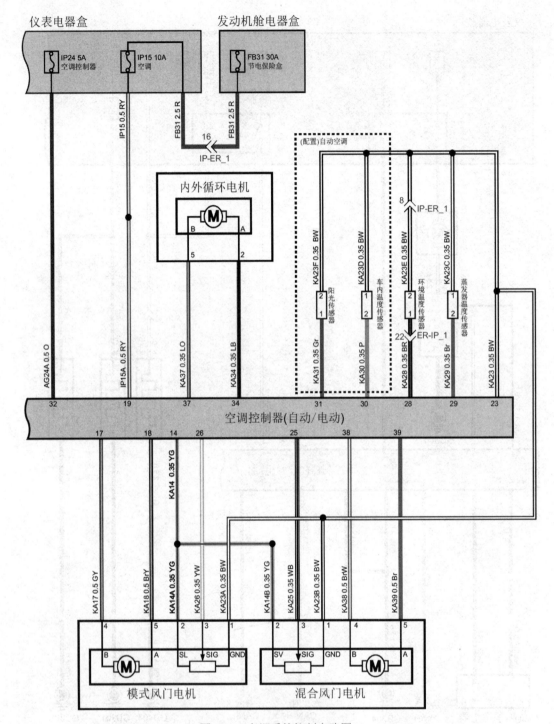

图 6-24 空调系统控制电路图 2

十一、音响系统

众泰 T300 汽车的音响系统电路如图 6-25、图 6-26 所示。

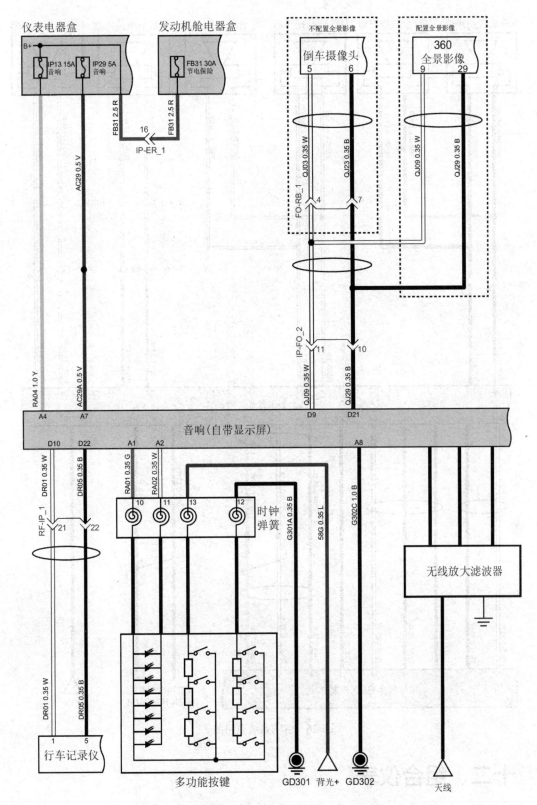

图 6-25 音响系统电路图 1

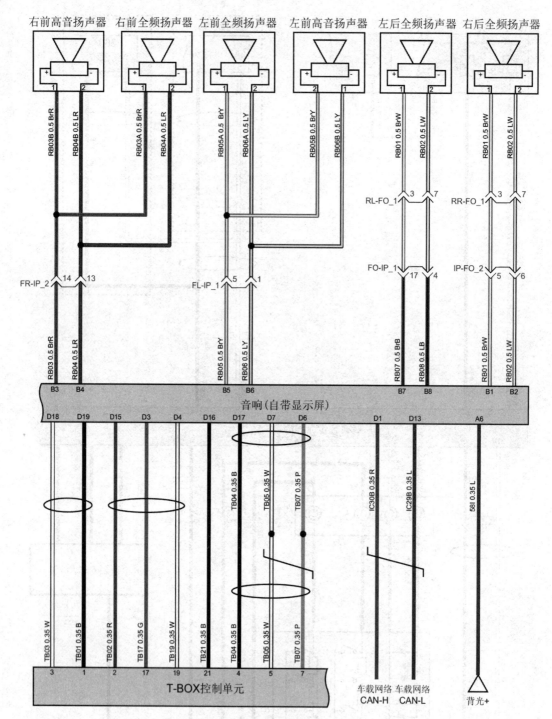

图 6-26 音响系统电路图 2

十二、组合仪表

众泰 T300 汽车的组合仪表电路如图 6-27、图 6-28 所示。

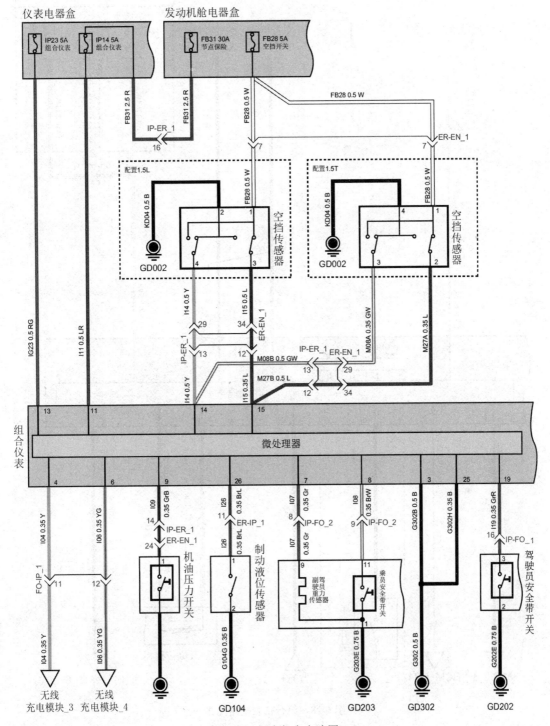

图 6-27 组合仪表电路图 1

组合仪表端子 14、15 为空挡信号输入，端子 31 为倒车雷达信息输入，端子 22 为倒挡信号输入。无线充电运用了电磁感应原理及相关的交流感应技术，在发送端和接收端用相应的线圈来发送和接收产生感应的交流信号来给配备无线充电功能的手机充电。

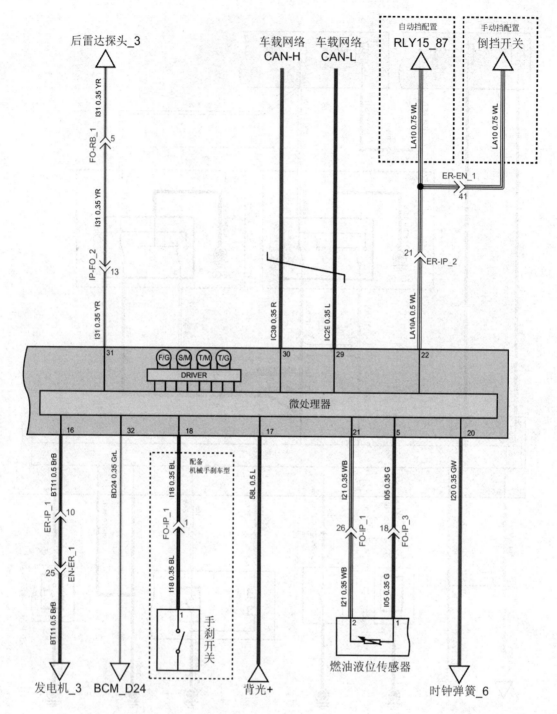

图 6-28 组合仪表电路图 2

十三、倒车灯和倒车雷达系统

众泰 T300 汽车的倒车灯和倒车雷达系统电路如图 6-29、图 6-30 所示。

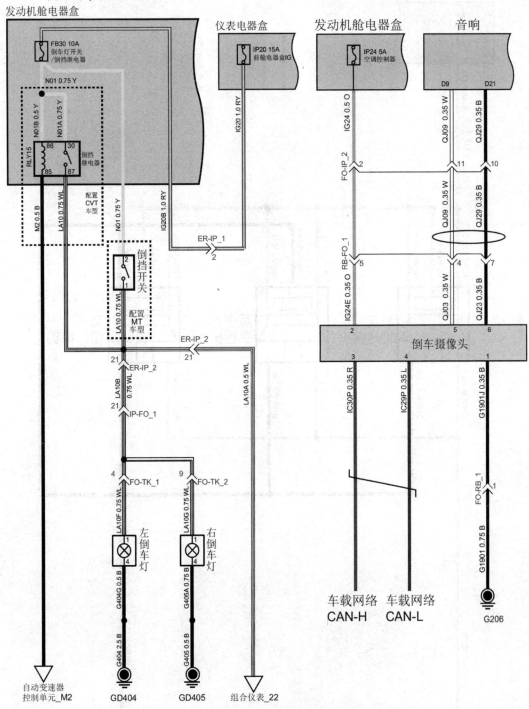

图 6-29 倒车灯和倒车摄像头电路图

倒车雷达采用超声波检测技术,当驾驶汽车进行倒车时,通过声音和图像可提示车后是否有不明障碍物及障碍物距离,从而辅助驾驶员安全停车,避免碰撞。

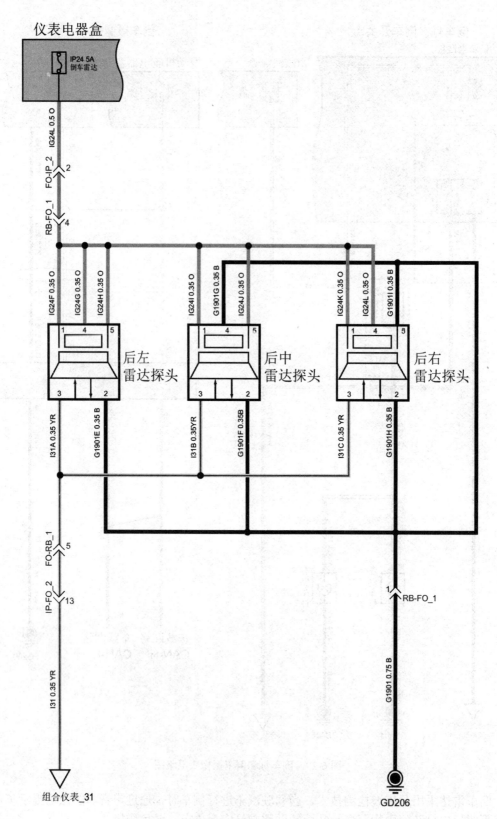

图 6-30 倒车雷达系统（无主机）电路图

十四、盲区侦测系统

众泰 T300 汽车的盲区侦测系统电路如图 6-31、图 6-32 所示。

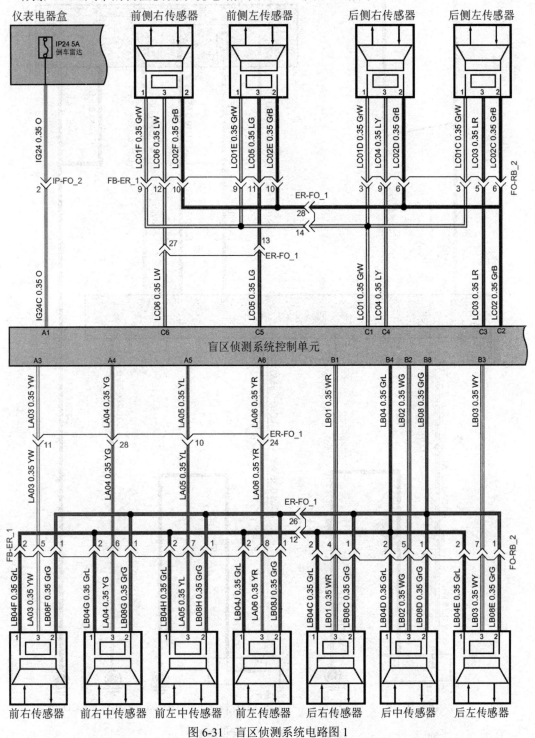

图 6-31 盲区侦测系统电路图 1

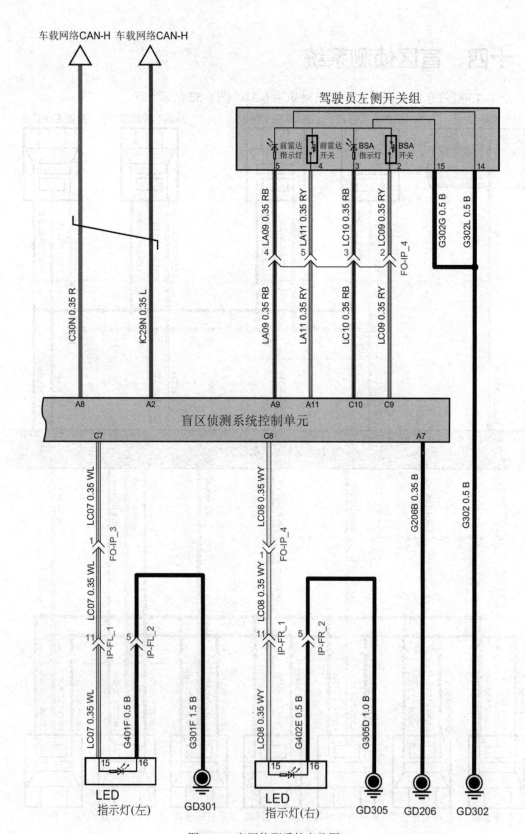

图 6-32 盲区侦测系统电路图 2

十五、电子驻车系统（EPB）

众泰 T300 汽车的电子驻车系统（EPB）电路如图 6-33 所示。

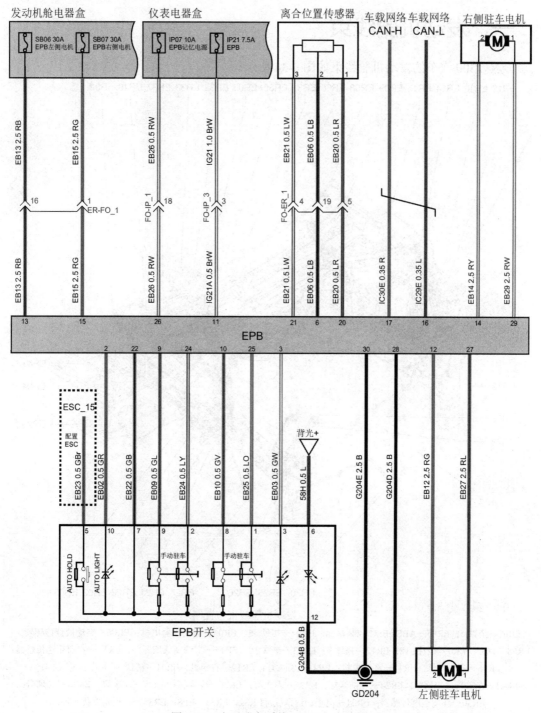

图 6-33　电子驻车系统（EPB）电路图

第二节 线束布置

一、发动机舱线束

众泰 T300 汽车的发动机舱线束如图 6-34 所示。

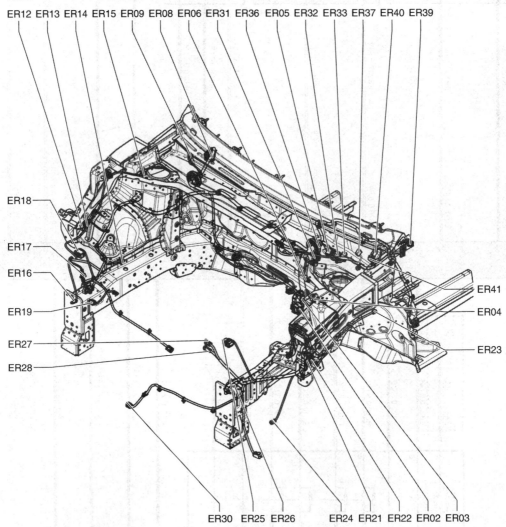

图 6-34 发动机舱线束布置图

ER02—搭铁 5；ER03—ABS&ESC 控制单元；ER04—搭铁 11；ER05—前刮水器电机；ER06—制动液位传感器；ER08—TCU；ER09—搭铁 18；ER12—搭铁 9；ER13—搭铁 10；ER14—空调高低压开关；ER15—右前轮速传感器；ER16—右前雾灯；ER17—洗涤电机；ER18—右大灯；ER19—右喇叭；ER21—搭铁 3；ER22—搭铁 4；ER23—左前轮速传感器；ER24—左前雾灯；ER25—左大灯；ER26—变速箱；ER27—左风扇；ER28—右风扇；ER30—环境温度传感器；ER31—电子加速踏板；ER32，ER33—EPS；ER36—踏板角度传感器；ER37—离合器开关；ER39—仪表电器盒电源；ER40—制动开关；ER41—离合开关

二、仪表线束

众泰 T300 汽车的仪表线束如图 6-35 所示。

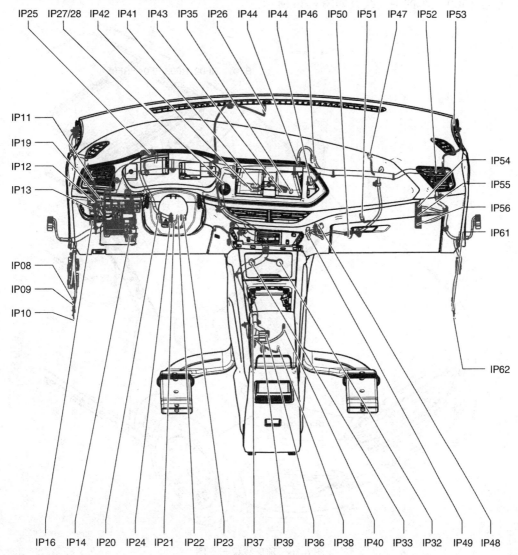

图 6-35　仪表线束布置图

IP08—搭铁 12；IP09—搭铁 13；IP10—搭铁 14；IP11—BCM C；IP12—BCM A；IP13—BCM B；IP14—诊断接口；
IP16—BCM E；IP19—驾驶员左侧开关组；IP20—组合开关（刮水器）；IP21—钥匙接触开关；IP22—转角传感器；
IP23—组合开关（灯光）；IP24—时钟弹簧；IP25—组合仪表；IP26—阳光传感器（自动空调）；IP27—点火开关；
IP28—一键启动面板按键；IP32—前排备用电源；IP33—点烟器；IP35—收音机天线；IP36—换挡手柄面板；
IP37—副仪表台左氛围灯；IP38—副仪表台右氛围灯；IP39—低频天线 1；IP40—防盗线圈；IP41—音响主机 A；
IP42—音响主机 B；IP43—音响主机 D；IP44—中控开关组；IP45—模式风门电机；IP46—内外循环电机；
IP47—副气囊；IP48—调速模块；IP49—混合风门电机；IP50—负离子发生器；IP51—鼓风机；IP52—T-BOX 控制器；
IP53—与地板线束天线连接器对接公共端；IP54—一键启动模块 B；IP55—一键启动模块 C；
IP56—一键启动模块 A；IP61—搭铁 15；IP62—搭铁 16

三、顶篷线束

众泰 T300 汽车的顶篷线束如图 6-36 所示。

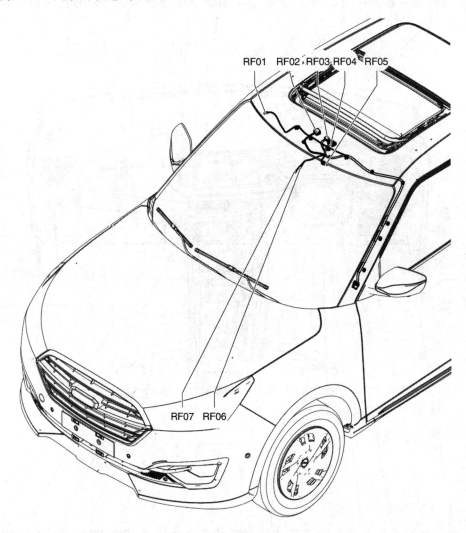

图 6-36　顶篷线束布置图
RF01—副驾驶员侧化妆镜灯；RF02—电动天窗；RF03—行车记录仪；
RF04—室内前顶灯开关；RF05—搭铁 22；
RF06—电子防眩目内后视镜；RF07—雨量传感器

四、地板线束

众泰 T300 汽车的地板线束如图 6-37 所示。

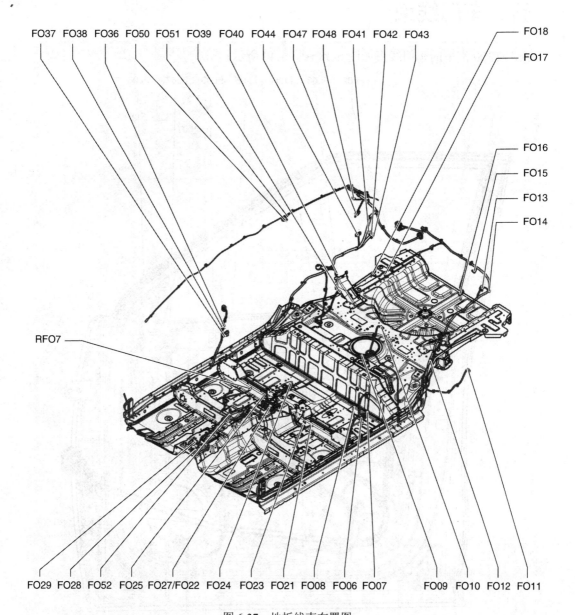

图6-37 地板线束布置图

FO06—驾驶员侧安全带预紧；FO07—驾驶员侧碰撞传感器；FO08—搭铁24；FO09—燃油泵；FO10—无钥匙进入天线4；
FO11—EPB执行器左；FO12—左后轮速传感器；FO13—左后组合灯固定部分；FO14—左后备厢灯；FO15—搭铁27；
FO16—左后排安全带预紧；FO17—驾驶员气帘；FO18—左后顶灯开关；FO21—驾驶员侧气囊；FO22—EPB模块；
FO23—搭铁23；FO24—后排USB电源；FO25—EPB开关；FO27—手刹开关；FO28—安全气囊ECU；
FO29—搭铁21；FO36—副驾驶员侧碰撞传感器；FO37—副驾驶员侧安全带预紧；FO38—搭铁26；
FO39—EPB执行器右；FO40—右后轮速传感器；FO41—倒车雷达模块A；FO42—倒车雷达模块B；
FO43—倒车雷达模块C；FO44—全景影像；FO47—右后组合灯固定部分；FO48—搭铁28；
FO50—右后顶灯开关；FO51—副驾驶员气帘；FO52—无线充电模块

五、车门线束

众泰 T300 汽车的车门线束如图 6-38～图 6-40 所示。

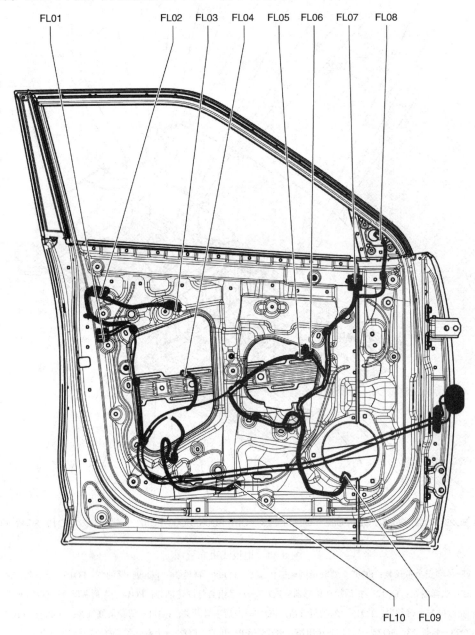

图 6-38 左前车门线束布置图

FL01—闭锁器；FL02—门把手照明灯；FL03—门把手天线；FL04—氛围灯；
FL05—玻璃升降控制主开关；FL06—左前玻璃升降电机；FL07—电动后视镜；
FL08—高音扬声器；FL09—全频扬声器；FL10—LOGO 投影灯

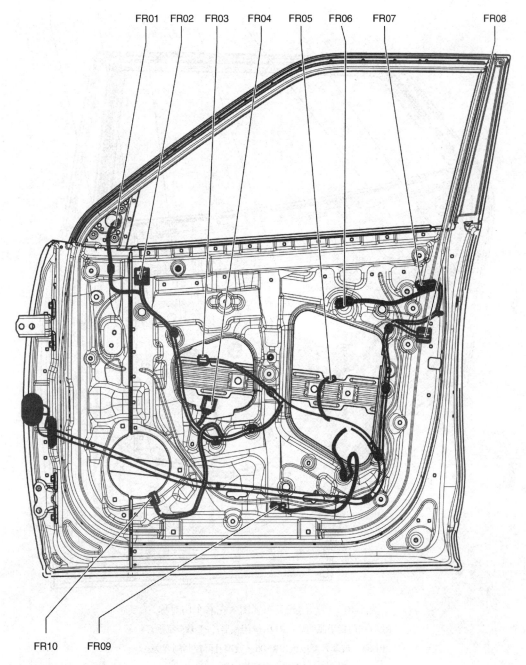

图 6-39 右前车门线束布置图

FR01—高音扬声器；FR02—电动后视镜；FR03—玻璃升降控制副开关；
FR04—右前玻璃升降电机；FR05—氛围灯；FR06—门把手天线；
FR07—门把手照明灯；FR08—闭锁器；FR09—LOGO 投影灯；
FR10—全频扬声器

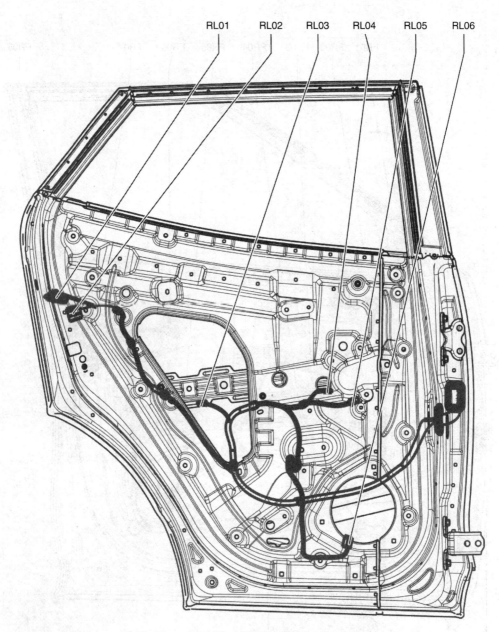

图 6-40 后车门线束布置图（左右车门对称）
RL01—门把手照明灯；RL02—闭锁器；RL03—氛围灯；
RL04—玻璃升降电机；RL05—玻璃升降控制副开关；
RL06—全频扬声器

六、后背门线束

众泰 T300 汽车的后背门线束如图 6-41 所示。

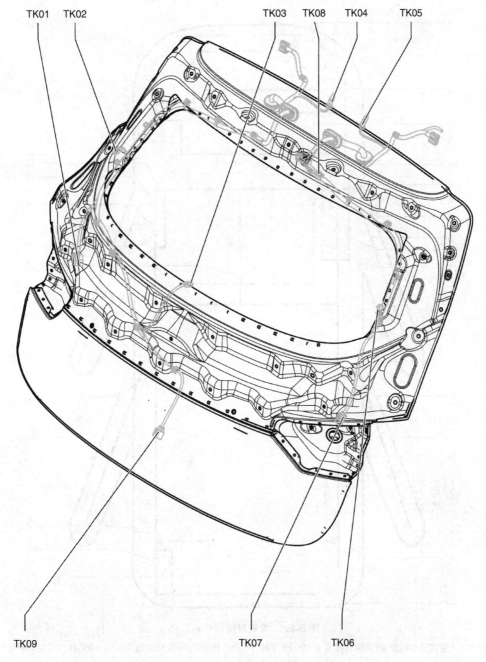

图 6-41　后背门线束布置图

TK01—左后组合灯活动部分；TK02—后除霜加热地；TK03—后刮水器电机；
TK04—搭铁 29；TK05—搭铁 30；TK06—后除霜正极；
TK07—右后组合灯活动部分；TK08—高位制动灯；TK09—尾门锁

七、线束对接插头

众泰 T300 汽车的线束对接插头如图 6-42 所示。

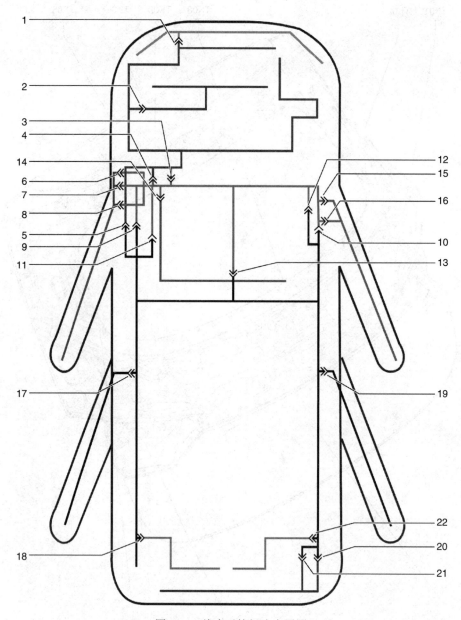

图 6-42 线束对接插头布置图

1—ER-FB_1（发动机舱线束-前保险杠线束）；2—ER-EN_1（发动机舱线束-发动机线束）；3—ER-IP_1（发动机舱线束 A-仪表线束 A）；4—IP-ER_2（仪表线束 B-发动机舱线束 B）；5—FO-ER_1（地板线束-发动机舱线束）；6—IP-FL_1（仪表线束 A-左前门线束 A）；7—IP-FL_2（仪表线束 B-左前门线束 B）；8—IP-FL_3（仪表线束 C-左前门线束 C）；9—FO-IP_1（地板线束 A-仪表线束 A）；10—FO-IP_2（地板线束 B-仪表线束 B）；11—FO-IP_3（地板线束 C-仪表线束 C）；12—IP-FO_4（仪表线束 D-地板线束 D）；13—IP-FO_5（仪表线束 E-地板线束 E）；14—IP-RF_1（仪表线束-顶篷线束）；15—IP-FR_1（仪表线束 A-右前门线束 A）；16—IP-FR_2（仪表线束 B-右前门线束 B）；17—FO-RL_1（地板线束-左后门线束）；18—TK-FO_1（左背门线束-地板线束）；19—FO-RR_1（地板线束-右后门线束）；20—FO-RB_1（地板线束 1-后保险杠线束 1）；21—FO-RB_2（地板线束 2-后保险杠线束 2）；22—TK-FO_2（右背门线束-地板线束）

第三节 控制单元位置

一、发动机舱

众泰 T300 汽车发动机舱的控制单元位置如图 6-43 所示。

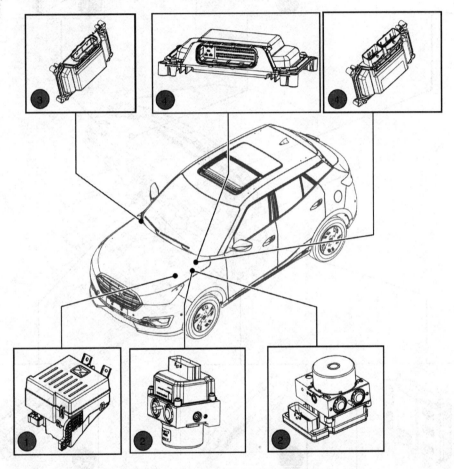

图 6-43 发动机舱的控制单元位置

1—发动机舱电器盒，发动机舱左侧；2—ABS/ESC 模块，发动机舱左侧，发动机舱电器盒后方；3—TCU 变速器模块，右侧 A 柱旁；4—发动机 ECU，发动机舱左侧，发动机舱电器盒后方

二、驾驶室

众泰 T300 汽车驾驶室的控制单元位置如图 6-44 所示。

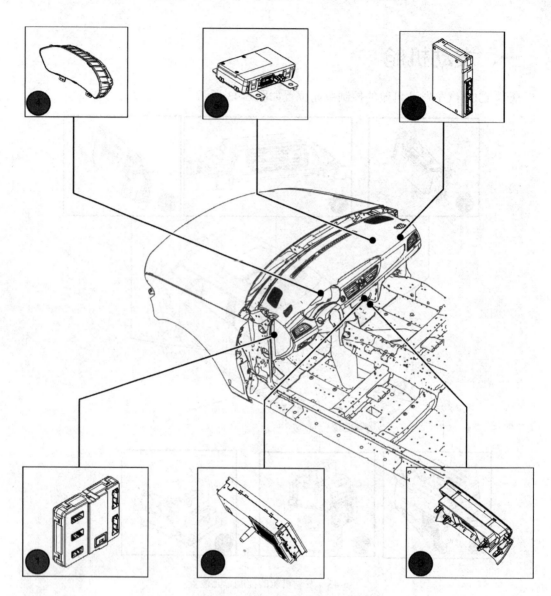

图 6-44 驾驶室的控制单元位置

1—车身控制模块，仪表板左侧 A 柱旁；2—音响控制单元，仪表板中部；
3—空调模块，仪表板中部；4—组合仪表，仪表板左侧；
5—T-BOX 远程控制模块，手套箱上方；6——键启动模块，手套箱右侧

三、地板/车身

众泰 T300 汽车地板/车身的控制单元位置如图 6-45 所示。

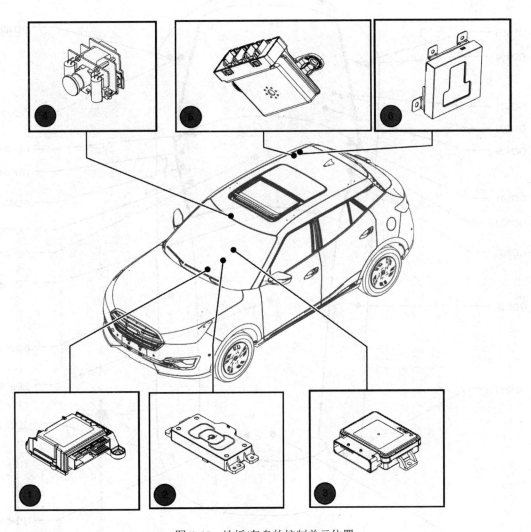

图 6-45 地板/车身的控制单元位置
1—安全气囊控制模块，副仪表板前方；2—手机无线充电，副仪表板中部；
3—电子驻车模块，副仪表板中部后方；4—行车记录仪，车内后视镜旁；
5—盲区侦测控制模块，后备厢右侧；6—360°全景影像模块，后备厢右侧

第四节　接地点分布

一、整车接地点分布

众泰 T300 汽车整车接地点分布如图 6-46 所示。

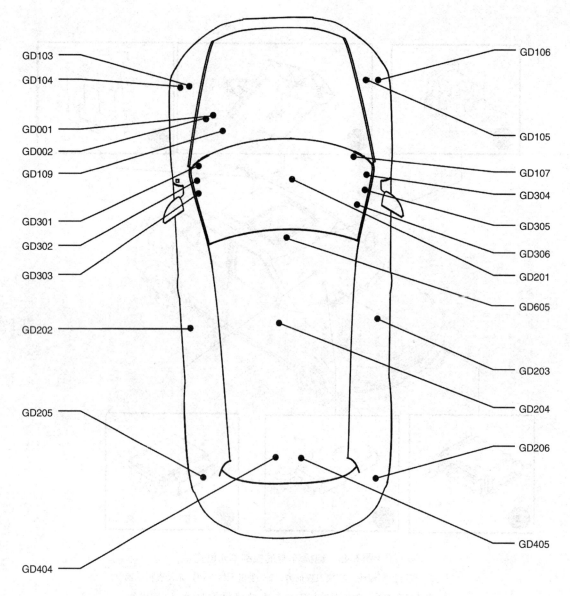

图 6-46 整车接地点分布图

二、发动机舱线束接地点

众泰 T300 汽车发动机舱线束接地点分布如图 6-47 所示。

三、仪表线束接地点

众泰 T300 汽车仪表线束接地点分布如图 6-48 所示。

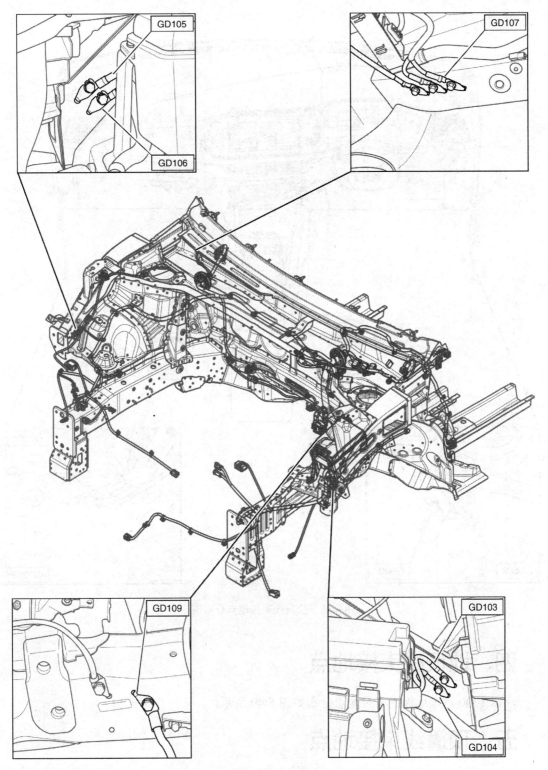

图 6-47　发动机舱线束接地点分布图

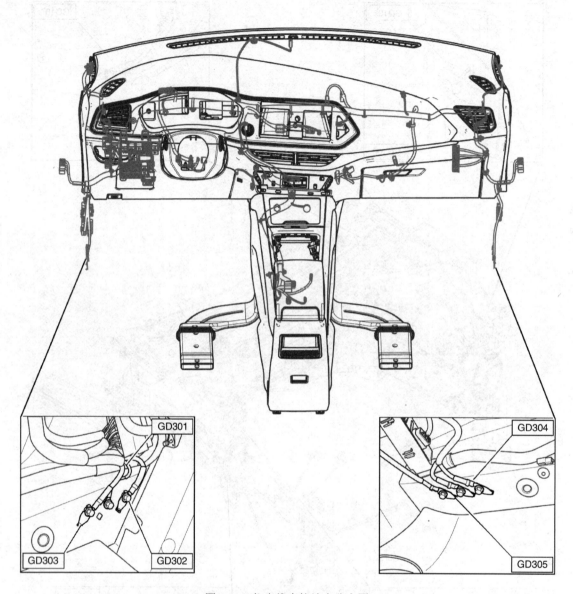

图 6-48 仪表线束接地点分布图

四、地板线束接地点

众泰 T300 汽车地板线束接地点分布如图 6-49 所示。

五、顶篷线束接地点

众泰 T300 汽车顶篷线束接地点分布如图 6-50 所示。

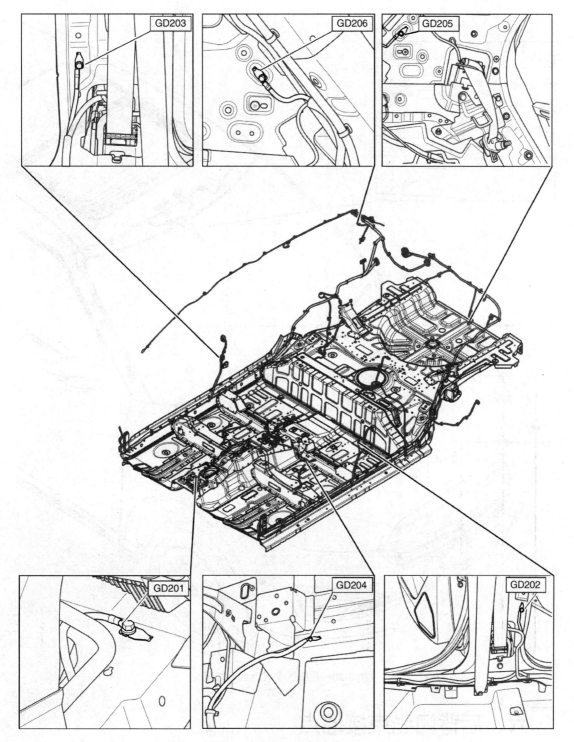

图 6-49 地板线束接地点分布图

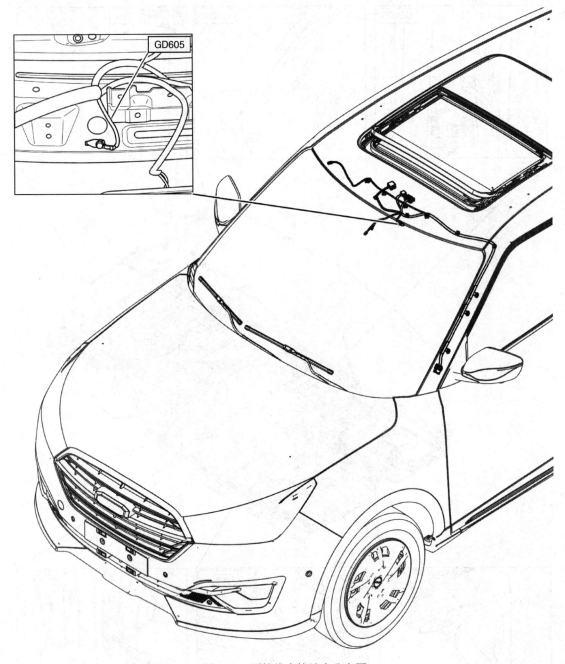

图 6-50 顶篷线束接地点分布图

六、后背门线束接地点

众泰 T300 汽车后背门线束接地点分布如图 6-51 所示。

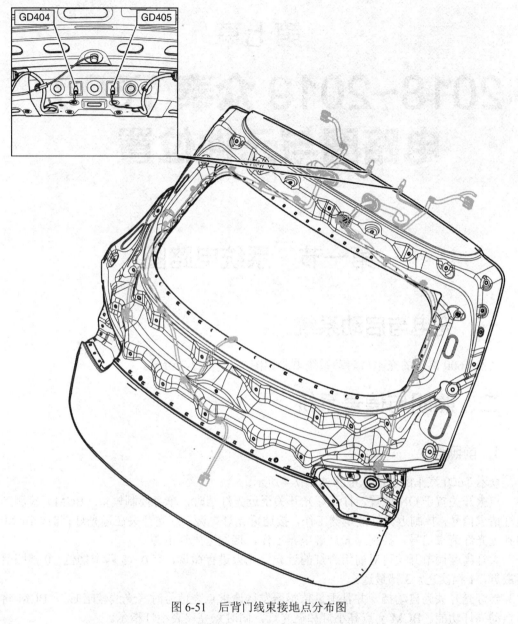

图 6-51　后背门线束接地点分布图

第七章

2018~2019 众泰 T600 电路图与元件位置

第一节 系统电路图

一、充电与启动系统

众泰 T600 汽车的充电与启动系统电路如图 7-1～图 7-3 所示。

二、照明与信号系统

1. 前照灯

众泰 T600 汽车的前照灯电路如图 7-4 所示。

点火开关置于 ON 位置，打开灯光开关至近光灯挡时，车身控制模块（BCM）检测到近光灯请求信号，控制近光灯继电器工作，接通近光灯电源；灯光开关在远光灯挡时，BCM 检测到远光灯请求信号，控制远光灯继电器工作，接通远光灯电源。

大灯高度调节开关可对前组合灯的近光灯光束进行微调，有 0～3 四个挡位，0 挡照射距离最近，1 挡次之，3 挡最远。

当灯光开关为自动挡，并且雨量传感器发送请求点亮信号时（光线较暗时），BCM 将激活自动亮灯功能。BCM 会点亮小灯和近光灯，同时点亮仪表小灯指示。

2. 小灯、牌照灯、背景灯

众泰 T600 汽车的小灯、牌照灯、背景灯电路如图 7-5 所示。

当灯光组合开关转到位置灯或前照灯位置时，BCM 通过端子 C3 输出小灯和牌照灯电源，点亮小灯和牌照灯。同时 BCM 通过端子 C7 输出背景灯电源，仪表板与面板照明开始工作。该车的面板照明可手动调节背光亮度。

3. 倒车灯

众泰 T600 汽车的倒车灯电路如图 7-6 所示。

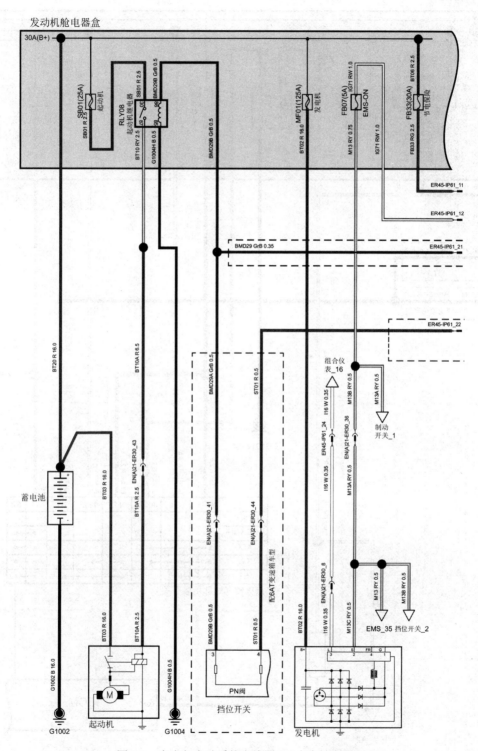

图 7-1 充电与启动系统电路图 1（点火锁车型）

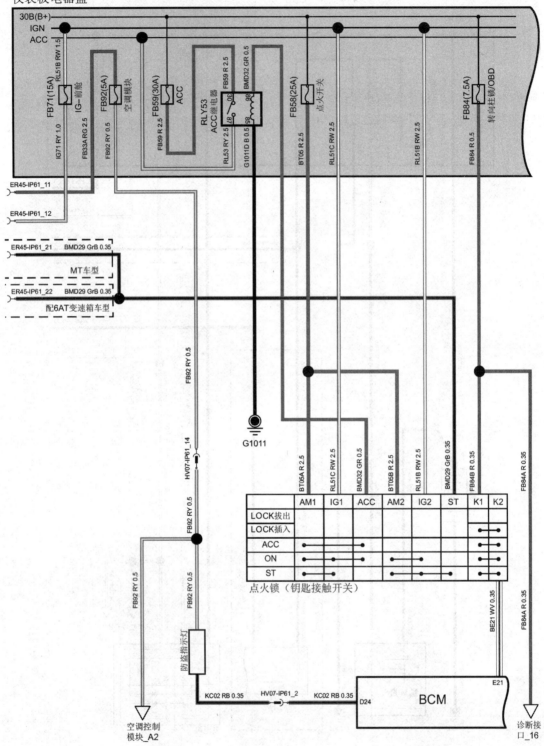

图 7-2 充电与启动系统电路图 2（点火锁车型）

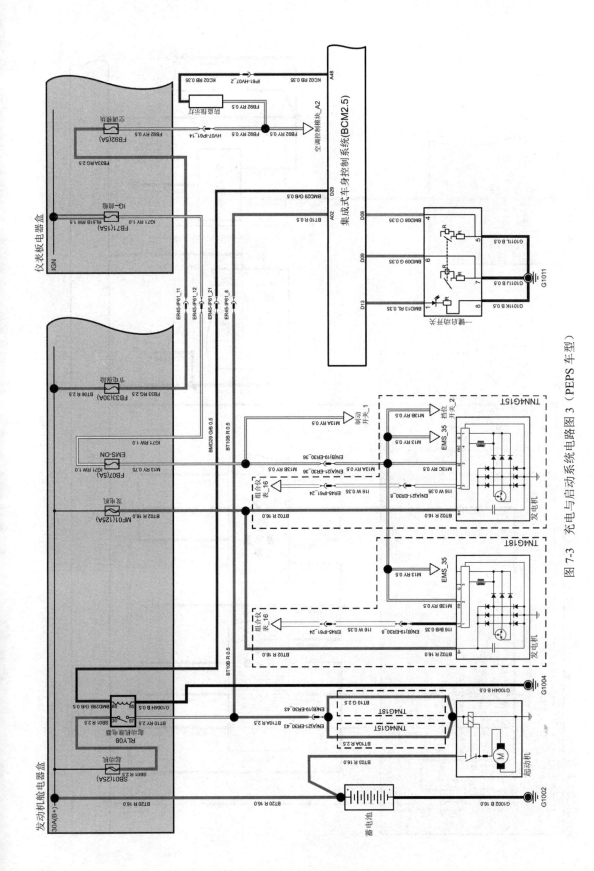

图 7-3 充电与启动系统电路图 3（PEPS 车型）

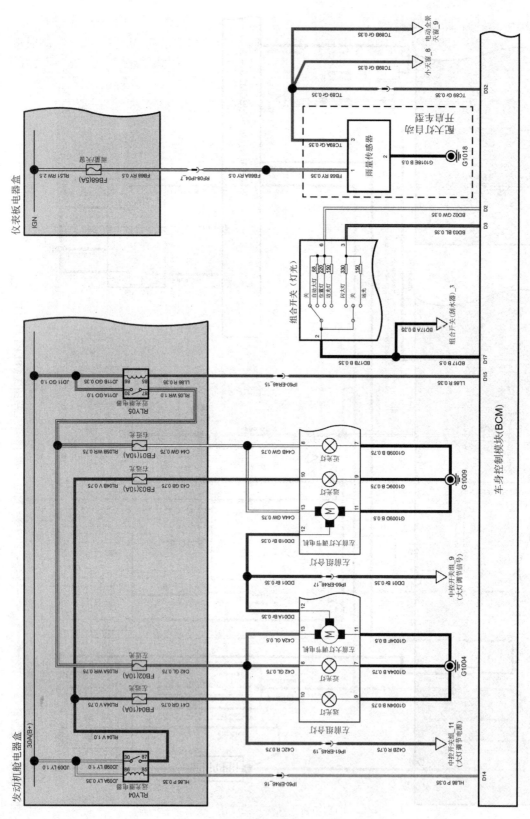

图 7-4 前照灯电路图

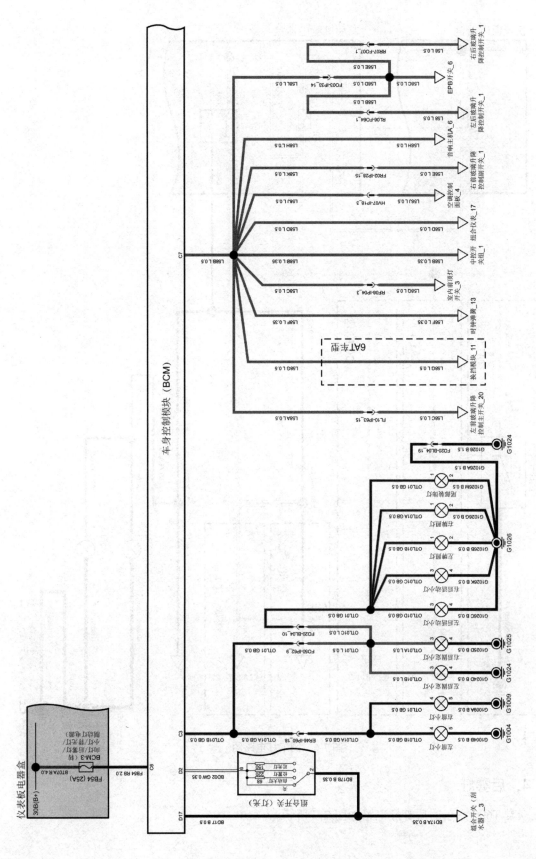

图 7-5 小灯、牌照灯、背景灯电路图

第七章 2018~2019 众泰 T600 电路图与元件位置

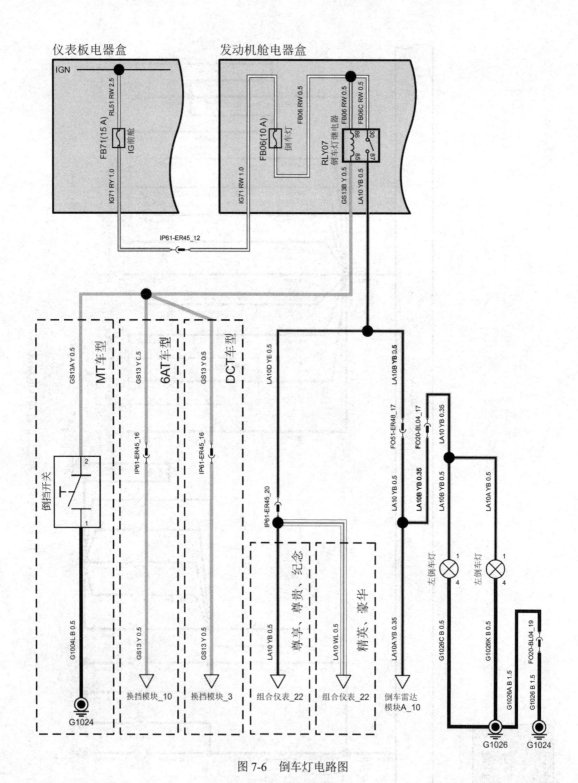

图 7-6 倒车灯电路图

4. 后雾灯

众泰 T600 汽车的后雾灯电路如图 7-7 所示。

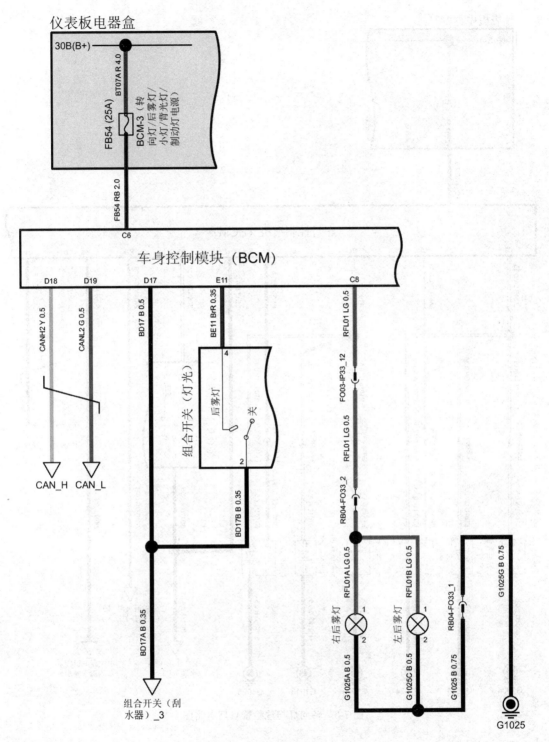

图 7-7 后雾灯电路图

5. 转向灯与危险警告灯

众泰 T600 汽车的转向灯与危险警告灯电路如图 7-8 所示。

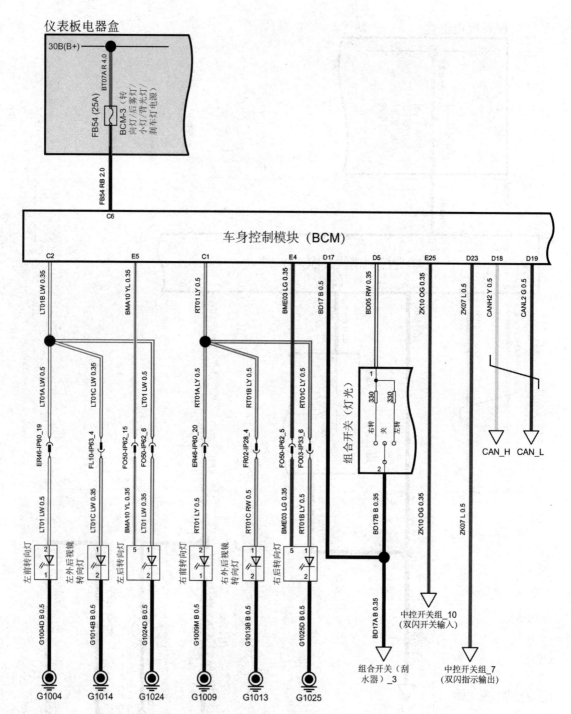

图 7-8 转向灯与危险警告灯电路图

6. 制动灯

众泰 T600 汽车的制动灯电路如图 7-9 所示。当驾驶员踩下制动踏板时，电源经过制动开关给发动机控制单元、PEPS 模块、BCM 等输出制动信号，BCM 通过端子 C4 向各制动灯供电。

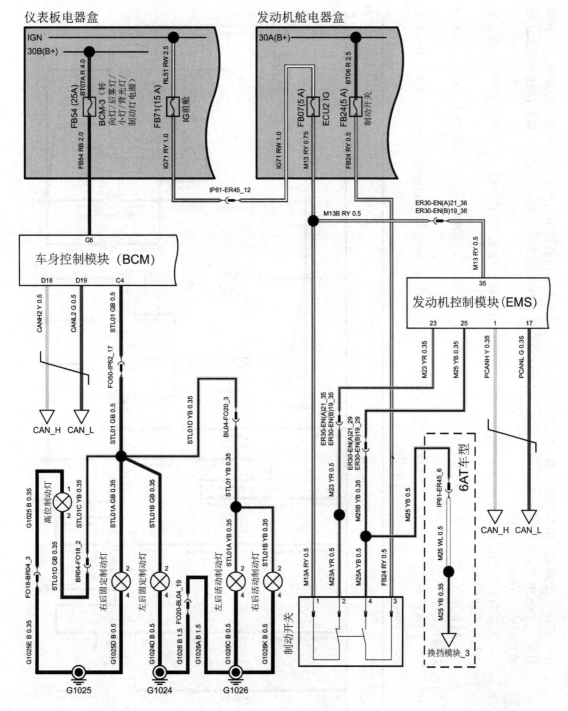

图 7-9 制动灯电路图

7. 车内灯

众泰 T600 汽车的车内灯电路如图 7-10 所示。车内灯包括前顶灯、后顶灯、后备厢灯、乘客化妆镜灯、门开照地灯等,供电逻辑如下:

前顶灯：前顶灯由车身控制器（BCM）供电，由前顶灯开关位置和车门状态开关决定是否点亮。当前顶灯处于 DOOR 挡，四门或者后背门开启时，前顶灯将会在 0.7s 内线性点亮，如果门一直保持打开状态，则前顶灯点亮 15min 后熄灭。

后顶灯：后顶灯开关置于 ON，后顶灯点亮；后顶灯开关置于 OFF，后顶灯熄灭。后顶灯由 BCM 或者集成控制模块供电。

后备厢灯：安装在后备厢左侧围内饰板上。当后备门打开时，后备厢灯点亮，当后背门关闭时，后备厢灯熄灭。

门开照地灯（门控灯）：门锁状态开关（集成在锁体内）将车门开启信号通过硬线发送给 BCM，BCM 接收车门状态信号，直接点亮门开照地灯。

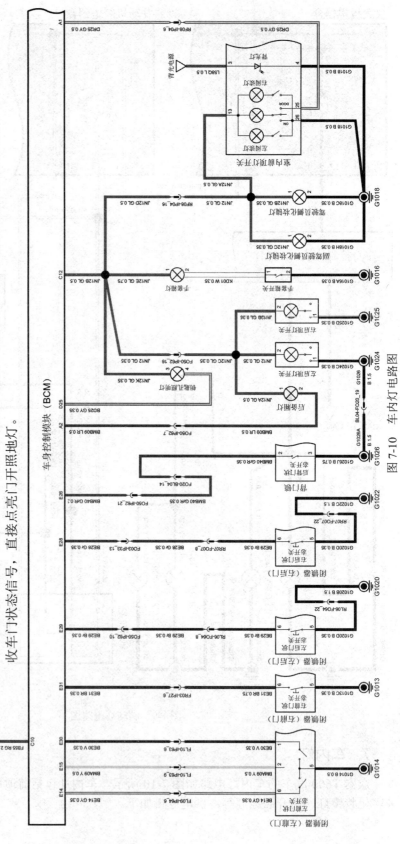

图 7-10 车内灯电路图

三、刮水器与洗涤器

众泰 T600 汽车的刮水器与洗涤器电路如图 7-11、图 7-12 所示。

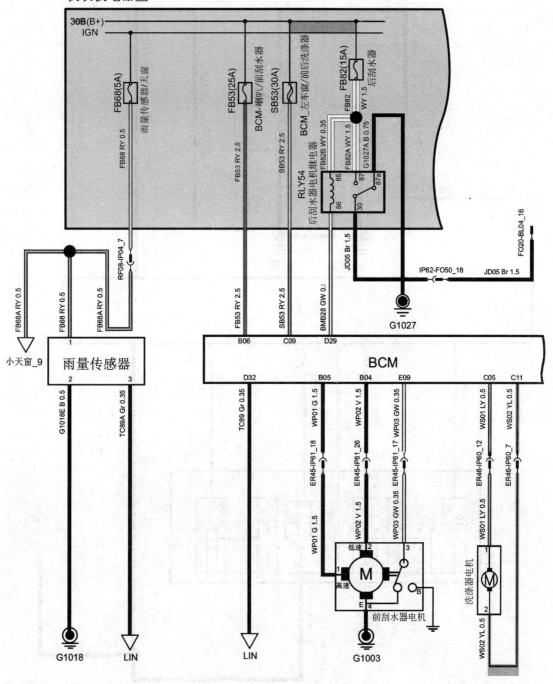

图 7-11　刮水器与洗涤器电路图 1

BCM 检测刮水器开关的挡位,然后驱动前刮水器电机、后刮水器电机和洗涤器电机工作。

刮水器开关一共有 5 个挡位,将刮水器开关往下拨至位置 1,即可开启间歇刮水功能。配置自动刮水系统的刮水器开关将普通刮水器的间歇刮水改为自动刮水,将刮水器开关往下拨至位置 1 时,即可开启自动刮水功能。雨量传感器将雨量大小信息传递给 BCM,再由 BCM 控制刮水器刮水的频率。

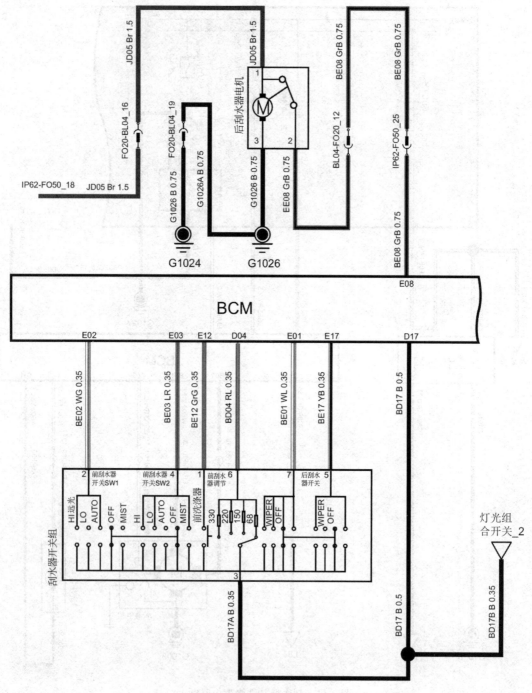

图 7-12 刮水器与洗涤器电路图 2

四、中控门锁系统

众泰 T600 汽车的中控门锁系统电路如图 7-13、图 7-14 所示。

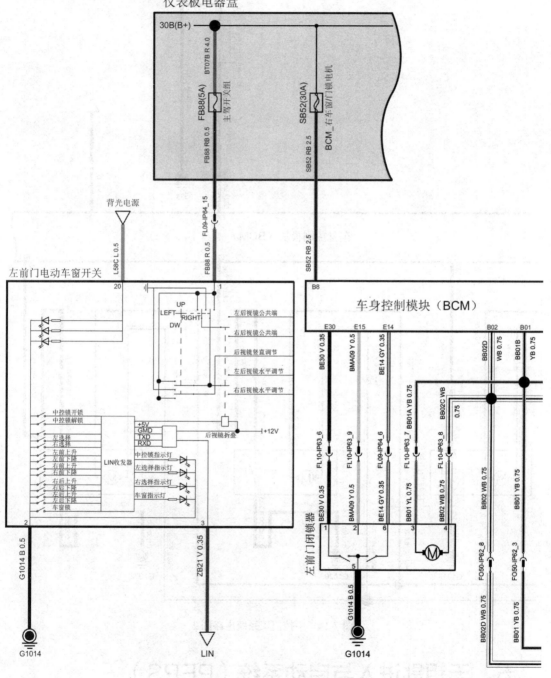

图 7-13　中控门锁系统电路图 1

中控门锁系统由位于左前车门上的中控门锁开关控制。当用中控门锁开关锁止或解锁车门时，所有车门应该上锁或解锁。

前后车门、后背门的车门状态开关集中在门锁电机内部，发动机舱盖有独立的信号开关。发动机舱盖信号开关位于水箱横梁上，给 BCM 提供发动机舱盖关闭、开启状态信号。组合仪表上的门开报警灯会显示五门一盖的开关状态，提醒驾驶员关好车门及发动机舱盖。

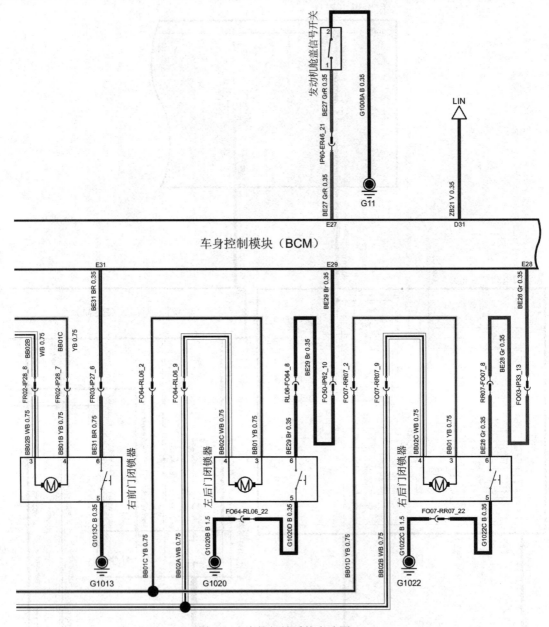

图 7-14 中控门锁系统电路图 2

五、无钥匙进入与启动系统（PEPS）

众泰 T600 汽车的无钥匙进入与启动系统电路如图 7-15、图 7-16 所示。

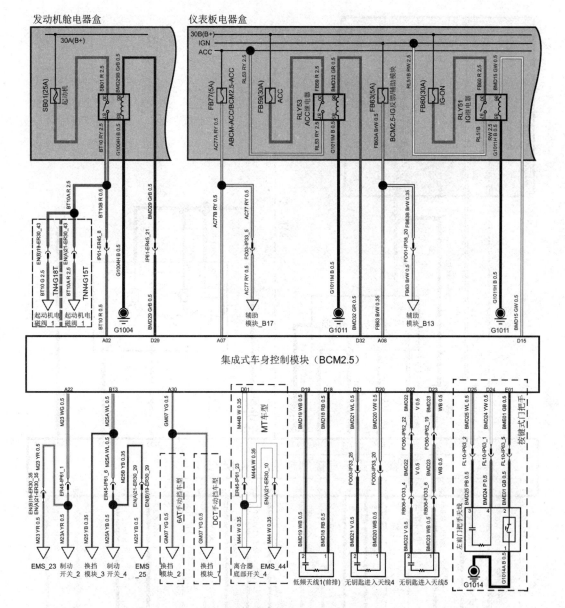

图 7-15 无钥匙进入与启动系统电路图 1

当车主拉动门把手手柄或触摸门把手（电容把手）闭锁区域时，PEPS 控制器会通地前门把手天线发送低频信号寻找钥匙，当确认钥匙在有效区域内并合法时，PEPS 执行无钥匙进入操作，通过 BCM 解锁所有车门。

当车主进入车内，踩下离合踏板（AT 车型踩下制动踏板）并按下启动按钮时，PEPS 控制器确认钥匙在车内并合法的情况下，会解锁 ESCL。解锁成功后，PEPS 控制器会与 IMMO 进行防盗认证。当防盗认证通过后，电源挡位切换到 START，起动机工作。

电源模式切换：当 PEPS 确认钥匙在车内并合法时，PEPS 使 ACC 继电器吸合，电源挡位会由 OFF 切换到 ACC；再按一次启动按钮，PEPS 控制器使 ACC、ON 挡继电器同时吸合，电源挡位由 ACC 切换到 ON，再按一次，由 ON 切换到 OFF 或 ACC。

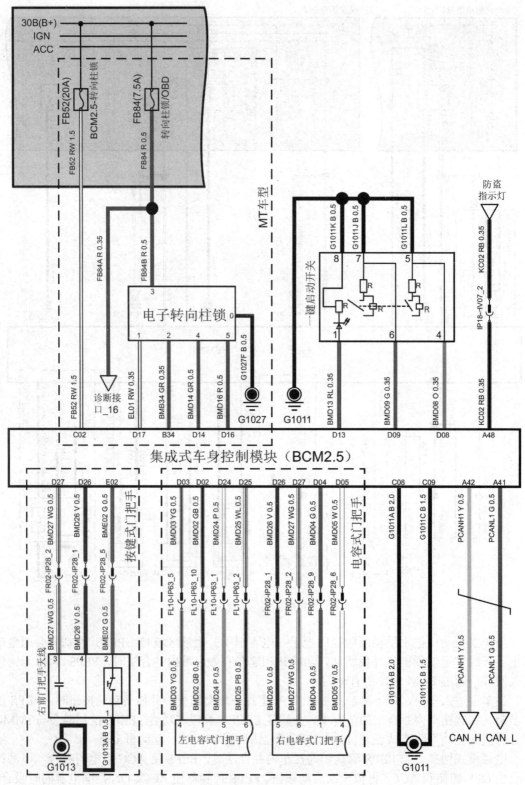

图7-16 无钥匙进入与启动系统电路图2

六、电动车窗系统

众泰 T600 汽车的电动车窗系统电路如图 7-17、图 7-18 所示。

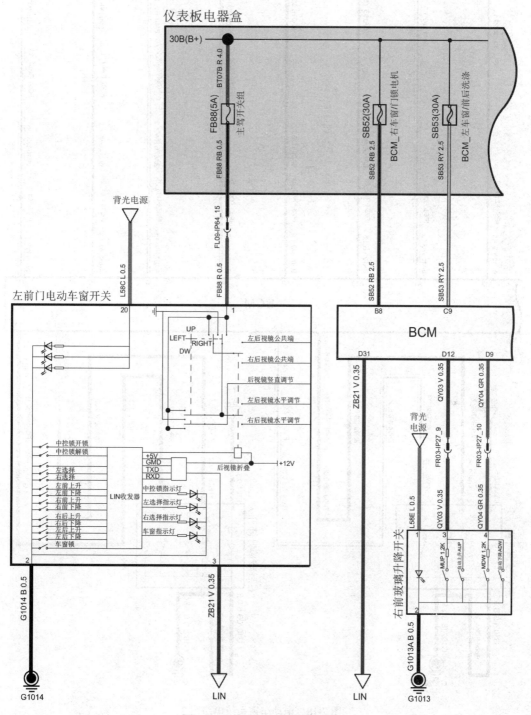

图 7-17　电动车窗系统电路图 1

BCM 接收到玻璃升降开关信号后，控制玻璃升降电机工作。

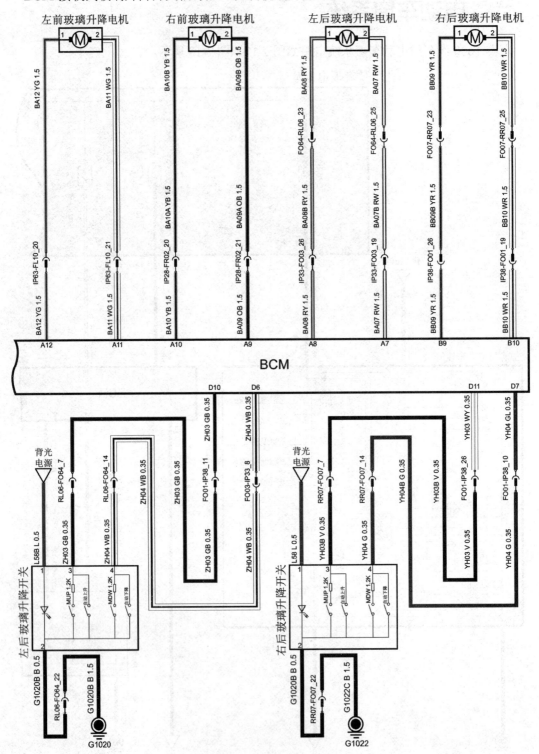

图 7-18　电动车窗系统电路图 2

七、电动天窗系统

众泰 T600 汽车的电动天窗系统电路如图 7-19、图 7-20 所示。

电动天窗开关位于前顶灯上,由遮阳帘控制旋钮与天窗开启/关闭按钮组成。点火开关在 ON 位置时,天窗能通电工作。

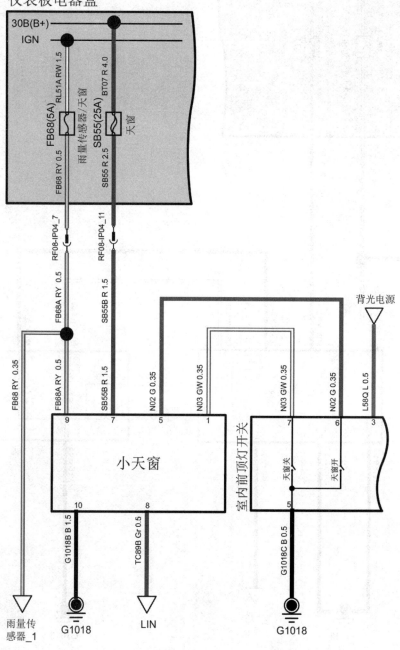

图 7-19 电动天窗(小天窗)电路图

全景天窗系统有 2 个电机，一个驱动电机控制天窗玻璃（可移动玻璃），另一个驱动电机控制遮阳帘，实现电动遮阳帘开启与关闭。天窗带有防夹功能，保护进入天窗开口范围内的物体，防夹力不超过100N。

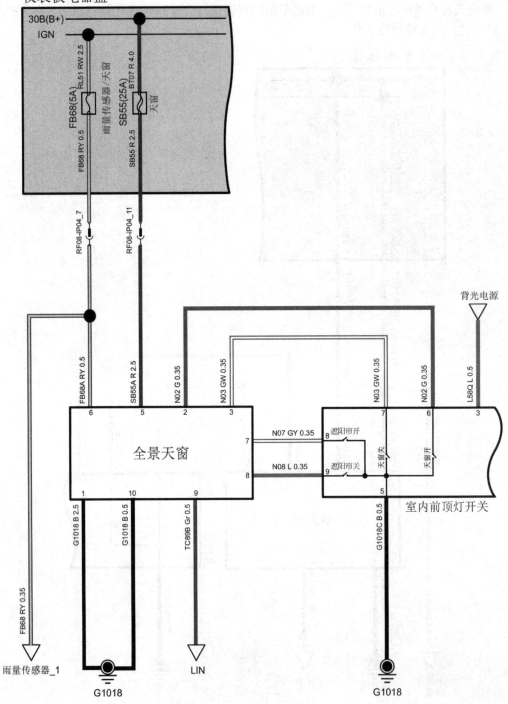

图 7-20 全景天窗电路图

八、电动后视镜系统

众泰 T600 汽车的电动后视镜系统电路如图 7-21 所示。

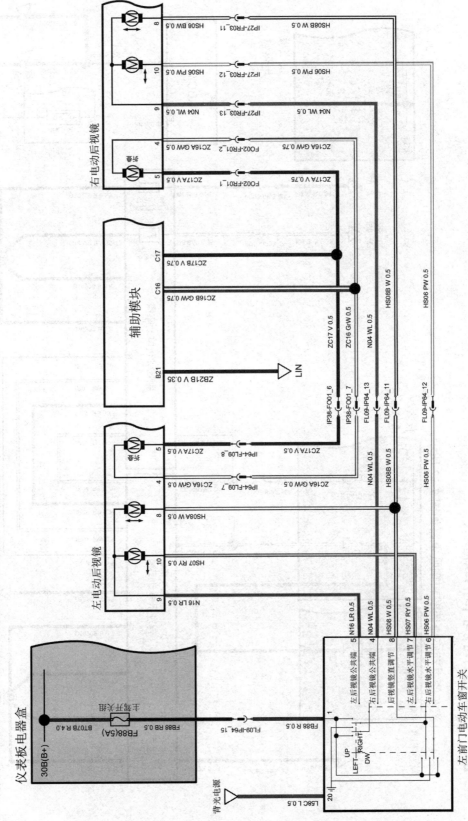

图 7-21 电动后视镜系统电路图

九、电动座椅调节和喇叭

众泰 T600 汽车的电动座椅调节和喇叭电路如图 7-22 所示。

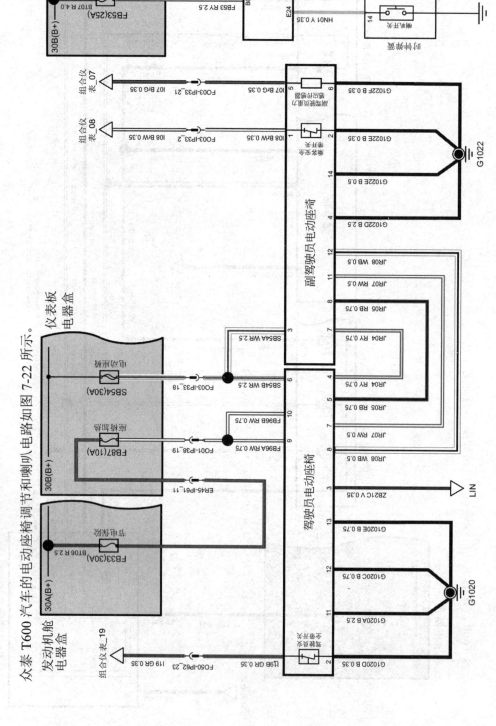

图 7-22 电动座椅调节和喇叭电路图

十、空调系统

众泰 T600 汽车的空调系统电路如图 7-23 所示。

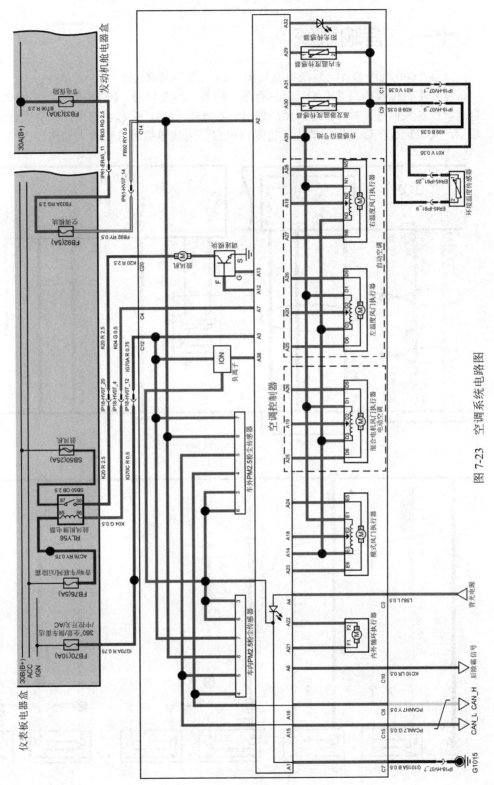

图 7-23 空调系统电路图

十一、音响系统

众泰 T600 汽车的音响系统电路如图 7-24、图 7-25 所示。

音响主机接收的高速 CAN 信息有车速信号、倒车信号、PEPS 信号、空调 PM2.5 信号、全景影像开关信号、故障信号、胎压信号、T-BOX 信号，信息全部由显示屏通过文字或图像显示。天线集成在后风挡玻璃内，将来自电台的无线电信号进行放大处理。

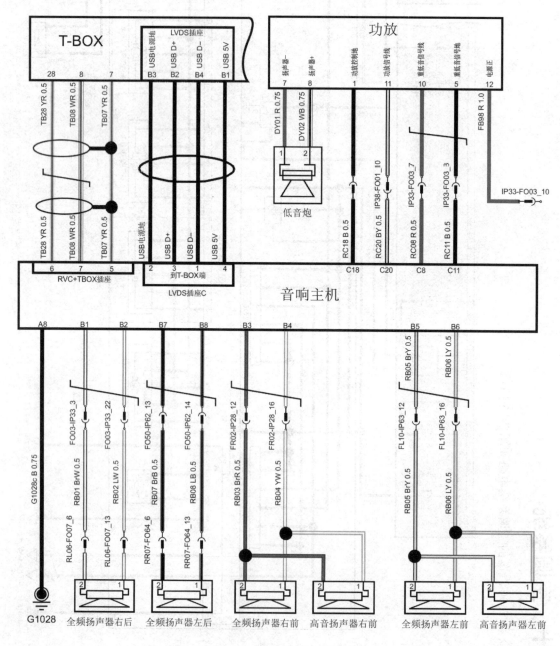

图 7-24　音响系统电路图 1

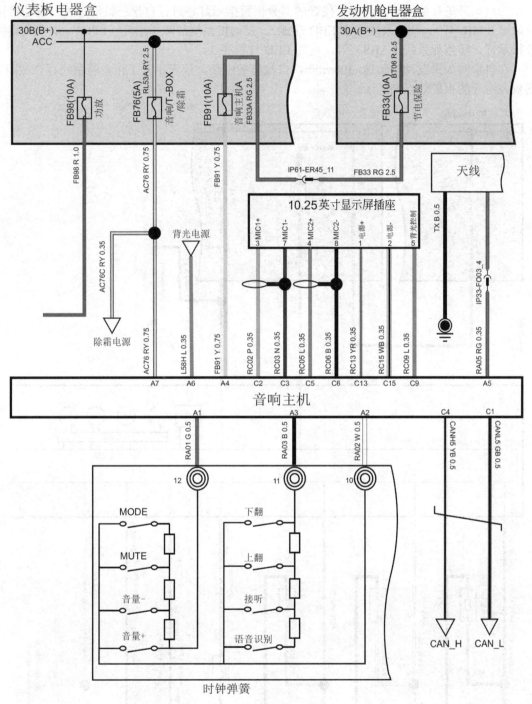

图 7-25 音响系统电路图 2

十二、组合仪表

众泰 T600 汽车的组合仪表电路如图 7-26、图 7-27 所示。

当点火开关打到 ON 时,组合仪表的部分报警指示灯将进行自检:机油压力、发动机排放故障(MIL 灯)、制动系统(带 EBD 功能)、发动机系统故障指示灯(EPC)、安全气囊故障指示灯、防抱死系统(ABS)等,这些 LED 灯常亮 3s。

在自检时如果发动机转速>300r/min,自检将被中断,仪表正常工作。若系统存在故障,则仪表对应的报警灯点亮。

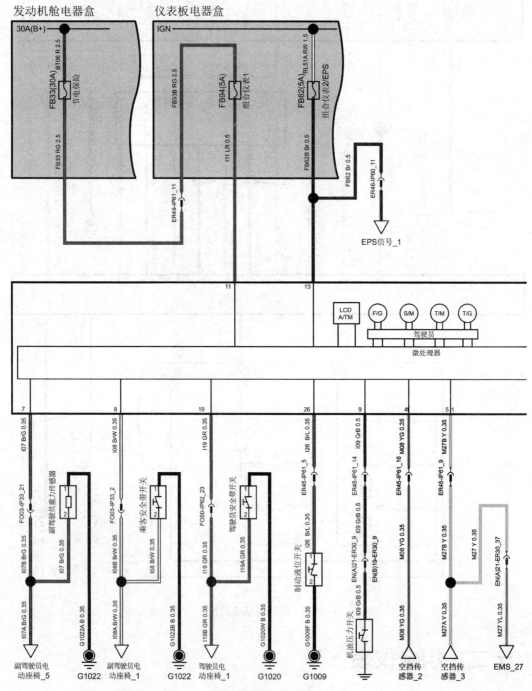

图 7-26 组合仪表电路图 1

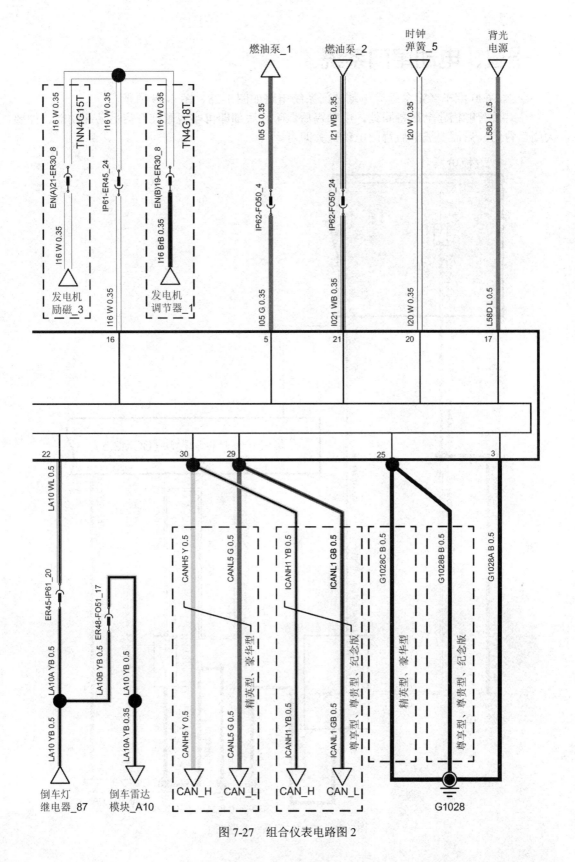

图 7-27 组合仪表电路图 2

十三、电动尾门系统

众泰 T600 汽车（纪念版）电动尾门系统电路如图 7-28、图 7-29 所示。

待有效智能钥匙至后备厢处，用脚踢后保险杠底部即可实现智能开启后备厢功能。如要关闭后背门，只需要按下后背门电动开关即可。

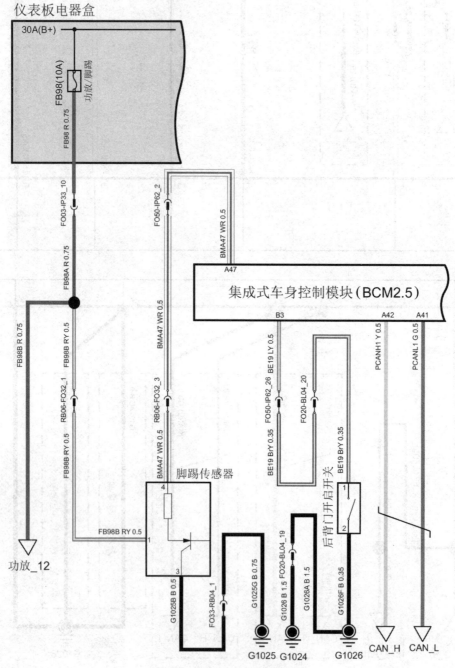

图 7-28 电动尾门系统电路图 1

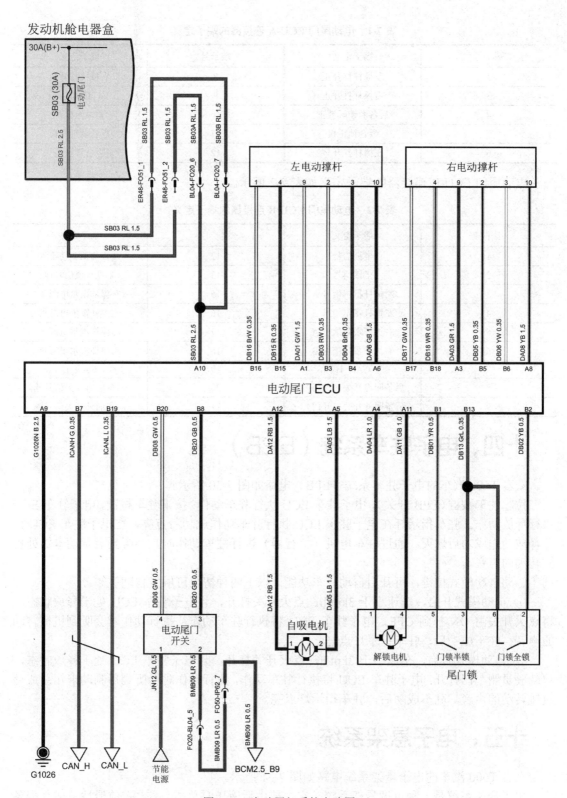

图 7-29 电动尾门系统电路图 2

电动尾门 ECU-A 连接器的端子定义如表 7-1 所示。

表 7-1 电动尾门 ECU-A 连接器的端子定义

端子号	端子定义	端子号	端子定义
1	左撑杆打开正	8	右撑杆打开负
3	右撑杆打开正	9	GND
4	后备厢锁解锁正	10	蓄电池电源
5	吸合锁正极	11	后备厢锁负极
6	左撑杆打开负	12	吸合锁负极

电动尾门 ECU-B 连接器的端子定义如表 7-2 所示。

表 7-2 电动尾门 ECU-B 连接器的端子定义

端子号	端子定义	端子号	端子定义
1	半锁信号	12	蜂鸣器驱动正
2	全锁信号	13	半锁全锁信号地
3	左撑杆霍尔信号 A	15	左撑杆霍尔电源负
4	左撑杆霍尔信号 B	16	左撑杆霍尔电源正
5	右撑杆霍尔信号 A	17	右撑杆霍尔电源正
6	右撑杆霍尔信号 B	18	右撑杆霍尔电源负
7	CAN_H	19	CAN_L
8	后备厢内开关（关门）	20	后备厢内开关信号地
9	后备厢外开关（开门）	21	后备厢外开关信号地

十四、电子驻车系统（EPB）

众泰 T600 汽车的电子驻车系统（EPB）电路如图 7-30 所示。

拉起驻车按键（EPB 开关），电子驻车 ECU 执行驻车动作；按下驻车按键，电子驻车 ECU 执行释放动作。驻车指示灯在电子驻车 ECU 执行驻车动作成功后点亮，在电子驻车 ECU 执行释放动作成功后熄灭。通过驻车电机（执行器）进行驻车动作时，会听到后制动卡钳处机械转动的声音。

触动自动模式按键，可开启自动驻车功能。以下两种情况可触发自动驻车：

① 自动模式开启，车速小于 3km/h，点火开关打开，且电子驻车 ECU 处于释放状态，将点火开关由 ON 打到 OFF，电子驻车 ECU 将执行驻车动作，执行动作时会听到机械转动的声音。驻车成功后，驻车指示灯点亮。

② 自动模式开启，车速小于 3km/h，点火开关打开，且电子驻车 ECU 处于释放状态，将驾驶员侧车门打开，电子驻车 ECU 将执行驻车动作，执行动作时会听到后制动卡钳总成处机械转动的声音。驻车成功后，驻车指示灯点亮。

十五、电子悬架系统

众泰 T600 汽车的电子悬架系统电路如图 7-31 所示。

电子悬架系统是一种可调悬架系统，它主要由后液压泵总成、左/右前滑柱总成（配备前液压举升缸）、后液压举升缸总成、液压管路系统以及附属配件组成。

电子悬架系统工作原理：后液压泵总成接收悬架开关组发出的"升高/降低"信号，通过液压管路系统往前/后液压举升缸注油/回油，使液压缸举升/降低，从而实现车辆升高/降低。

电子悬架系统有两种工作模式：常规模式（车辆处于非举升状态）和越野模式（车辆处于举升状态）。当车辆处于常规模式时，其车身高度为车辆出厂车身高度；当车辆处于越野模式，车速高于20km/h时，车辆自动降低至常规模式。可调悬架车辆举升或者下降时间小于8s。

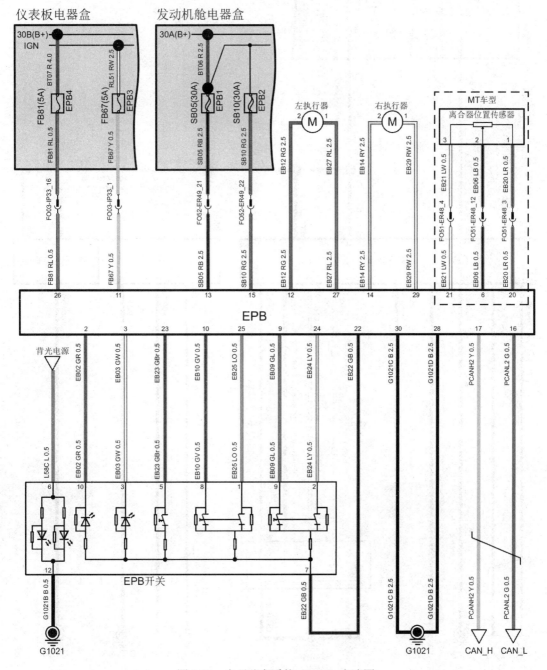

图 7-30　电子驻车系统（EPB）电路图

EPB 开关引脚定义：1—释放按键常开触点；2—驻车按键常开触点；3—驻车指示灯；5—模式按键；
7—驻车控制开关电源；8—释放按键常闭触点；9—驻车按键常闭触点；10—自动模式指示灯

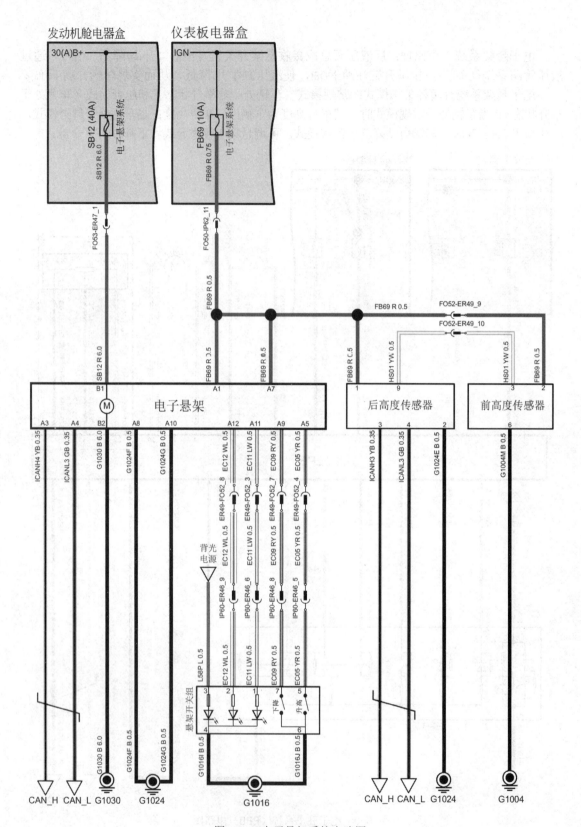

图 7-31　电子悬架系统电路图

第二节 线束布置

一、发动机舱线束

众泰 T600 汽车的发动机舱线束如图 7-32、图 7-33 所示。

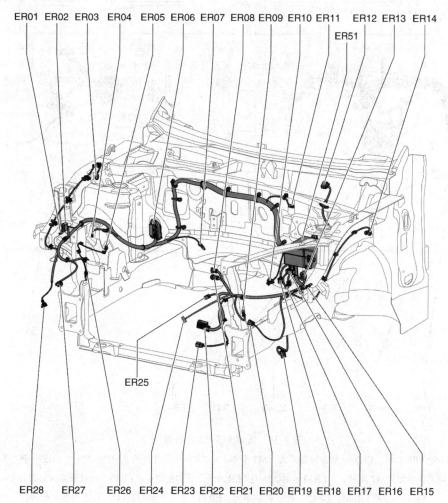

图 7-32 发动机舱线束布置图 1

ER01—搭铁 G1009；ER02—右大灯；ER03—右前轮速传感器；ER04—空调高低压开关；ER05—发动机舱盖信号开关；ER06—ABS/ESC 控制单元（1.5T 车型）；ER07—搭铁 G1010；ER08—右风扇；ER09—搭铁 G1003；ER10—后氧传感器；ER11—制动液位传感器；ER12—前刮水器电机；ER13—左大灯；ER14—左前轮速传感器；ER15—搭铁 G1004；ER16—空挡传感器（MT 车型）；ER17—倒挡开关（MT 车型）；ER18—真空泵（1.5T 车型）；ER19—高度位置传感器；ER20—左喇叭；ER21—左风扇；ER22—AT 变速箱/DCT 变速箱；ER23—室外温度传感器；ER24—前保险杠线束接口；ER25—前摄像头；ER26—搭铁 G1008；ER27—右喇叭；ER28—洗涤电机；ER51—发动机舱电器盒

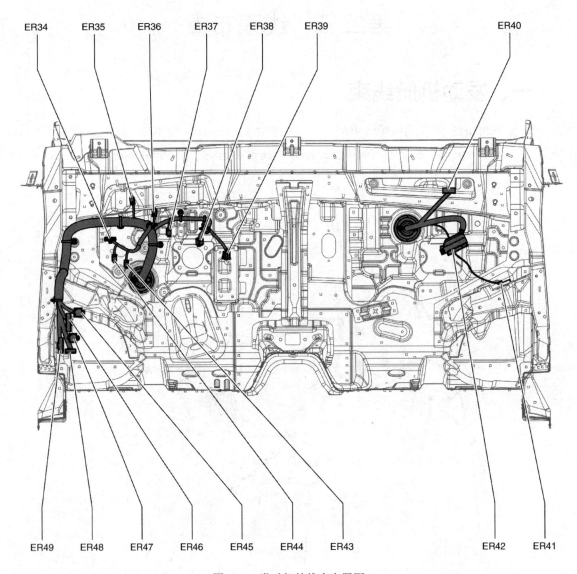

图 7-33 发动机舱线束布置图 2

ER34—EPS 信号；ER35—离合底部开关（MT 车型）；ER36—离合开关（MT 车型）；ER37—离合踏板角度传感器（MT 车型）；ER38—制动开关；ER39—电子加速踏板；ER40—与仪表线束对接件 C；ER41—搭铁 G1005；ER42—TCU 控制单元；ER43—EPS 电源；ER44—仪表电器盒电源；ER45—与仪表线束对接件 A；ER46—与仪表线束对接件 B；ER47—地板线束对接件 E；ER48—与地板线束对接件 A；ER49—与地板线束对接件 B

二、仪表线束

众泰 T600 汽车的仪表线束如图 7-34 所示。

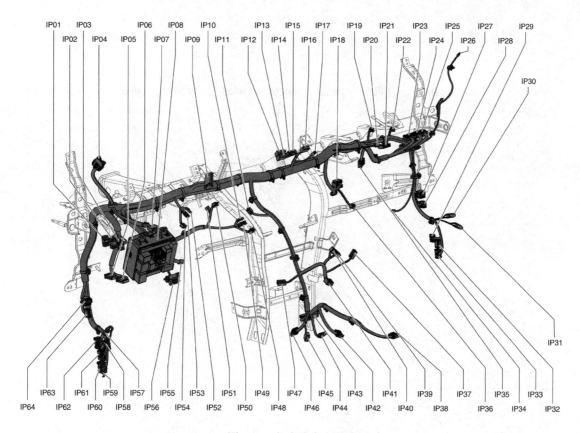

图 7-34 仪表线束布置图

IP01—BCM A/BCM2.5A；IP02—BCM B/BCM2.5B；IP03—BCM C/BCM2.5C；IP04—接顶篷线束；IP05—BCM D/BCM2.5D；IP06—BCM E/BCM2.5E；IP07—保险盒；IP08—氛围灯（左前）；IP09—组合仪表；IP10—转角传感器；IP11—氛围灯（中部）；IP12—音响主机 B；IP13—音响主机 A；IP14—USB 插座 A；IP15—音响主机 E（T-BOX 插座）；IP16—音响主机 C；IP17—警告、前雷达、ESC 开关；IP18—与空调线束对接；IP19—储物盒照明灯；IP20—副驾驶员安全气囊；IP21—T-BOX 远程控制模块；IP22—氛围（右前）；IP23—显示屏保护套；IP24—低频天线；IP25—USB 插座 B；IP26—收音机天线；IP27—接右前门线束 B；IP28—接右前门线束 A；IP29—接地板线束 D2；IP30—搭铁 A22（G1015）；IP31—搭铁 A21（G1016）；IP32—接发动机舱线束 C；IP33—接地板线束 B；IP34—副驾驶员脚部照明灯；IP35—网关；IP36—副驾驶员储物盒电子开关；IP37—12V 备用电源；IP38—接地板线束 D1；IP39—点烟器；IP40—悬架开关；IP41—一键启动面板；IP42—旋钮换挡 A（DCT）；IP43—安全气囊 ECU；IP44—搭铁 A36（G1019）；IP45—旋钮换挡 B（DCT）/（AT）；IP46—换挡模块（6AT）/（DCT）；IP47—前后排 USB 接口；IP48—刮水器组合开关；IP49—时钟弹簧；IP50—灯光组合开关；IP51—管柱调节/巡航；IP52—点火锁（电子转向柱锁）；IP53—钥匙接触开关；IP54—钥匙孔照明；IP55—驾驶员脚部照明灯；IP56—诊断接口；IP57—搭铁 A53（G1027）；IP58—搭铁 A53a（G1028）；IP59—搭铁 A57（G1011）；IP60—接发动机舱线束 B；IP61—接地板线束 A；IP62—接发动机舱线束 A；IP63—仪表板接右前门线束 A；IP64—仪表板接左前门线束 B

三、顶篷线束

众泰 T600 汽车的顶篷线束如图 7-35 所示。

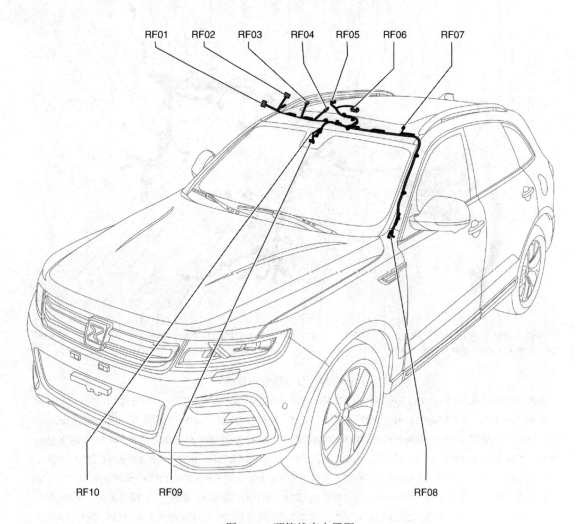

图 7-35 顶篷线束布置图

RF01—电动全景天窗；RF02—室内前顶灯开关；RF03—副驾驶员化妆镜灯；
RF04—搭铁（G1018）；RF05—小天窗；RF06—室内前顶灯开关；
RF07—驾驶员侧化妆镜灯；RF08—顶篷与仪表
线束对接件；RF09—雨量传感器；RF10—电子防眩目后视镜

四、地板线束

众泰 T600 汽车的地板线束如图 7-36 所示。

五、后背门线束

众泰 T600 汽车后背门线束如图 7-37 所示。

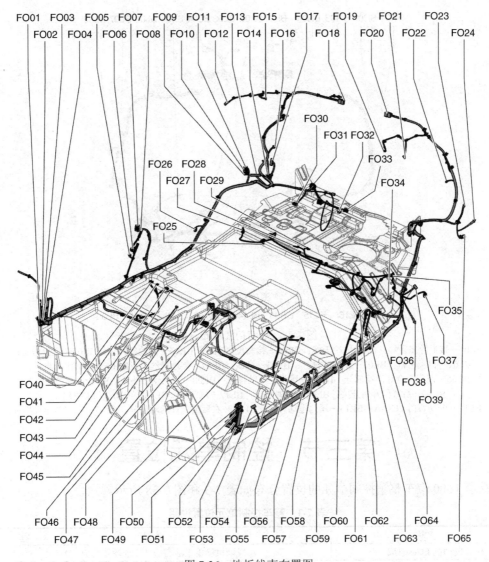

图 7-36 地板线束布置图

FO01—与仪表线束对接件 D1；FO02—接右前门线束 C；FO03—与仪表线束对接件 B；FO04—右踏板电机；FO05—副驾驶员安全带预紧；FO06—搭铁（G1022）；FO07—室内与右后门对接口；FO08—副驾驶员侧碰撞传感器；FO09—倒车雷达模块 A；FO10—倒车雷达模块 B；FO11—倒车雷达模块 C；FO12—副驾驶员侧气帘；FO13—全景影像模块；FO14—搭铁（G1025）；FO15—右后顶灯开关；FO16—天线模块（后除霜）；FO17—右后组合灯固定部分；FO18—与右后背门线束对接口；FO19—左后顶灯开关；FO20—室内与左背门对接口；FO21—驾驶员气帘；FO22—左后备厢灯；FO23—左后组合灯固定部分；FO24—搭铁（G1024）；FO25—后高度传感器；FO26—右后轮速传感器；FO27—EPB 执行器（右）；FO28—搭铁（G1023）；FO29—无钥匙进入天线 4；FO30—功放；FO31—低音炮；FO32—接后保线束 2；FO33—接后保线束 1；FO34—电动踏板 ECU；FO35—EPB 执行器（左）；FO36—左后轮速传感器；FO37—备用电源；FO38—搭铁（G1030）；FO39—高度调节动力电源；FO40—副驾驶员侧气囊；FO41—副驾驶员重力传感器；FO42—乘客安全带开关；FO43—副驾驶员电动座椅；FO44—后排 USB 接口；FO45—与仪表线束对接件 D2；FO46—EPB 开关；FO47—EPB 模块；FO48—搭铁（1021）；FO49—驾驶员电动座椅；FO50—与仪表线束对接件 A；FO51—与发动机舱对接口 A；FO52—与发动机舱对接口 B；FO53—与发动机舱线束转接线 E；FO54—左踏板电机；FO55—驾驶员侧气囊；FO56—驾驶员安全带开关；FO57—辅助模块 D；FO58—辅助模块 C；FO59—辅助模块 B；FO60—燃油泵；FO61—主驾安全带预紧；FO62—搭铁（G1020）；FO63—主驾驶员侧碰撞传感器；FO64—室内与左后门线束对接口；FO65—悬架信号

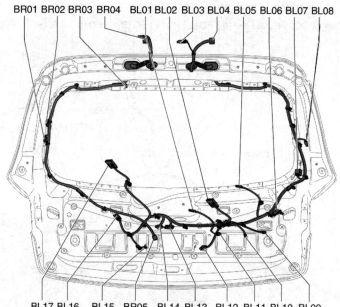

图 7-37 后背门线束布置图

BR01—接后除霜正极；BR02—接天线；BR03—接高位制动灯；BR04—接地板线束；BR05—接摄像头；
BL01—自吸电机；BL02—尾部装饰灯；BL03—搭铁；BL04—接地板线束；BL05—后刮水器电机；
BL06—左后组合灯活动部分；BL07—尾门左电动撑杆；BL08—后风窗加热地；BL09—左牌照灯；
BL10—后背门开启开关；BL11—右牌照灯；BL12—尾门锁；BL13—电动背门 ECU-B；
BL14—电动背门 ECU-A；BL15—尾门电动开关；BL16—右后组合灯活动部分；BL17—尾门右电动撑杆

第三节 控制单元位置

众泰 T600 汽车整车控制单元的位置分布如表 7-3 和图 7-38 所示。

表 7-3 整车控制单元位置说明

名称	位置
发动机 ECU 总成	发动机舱蓄电池右边（左前轮罩总成上）
变速器 TCU 总成	HAVC 总成的右下方（驾驶室前围板右侧处）
ABS/ESC	发动机舱右下角
车身控制模块/集成式控制模块	仪表板横梁左下端
组合仪表	驾驶员正前方
空调控制面板总成	副仪表板前端（副仪表板前电器盒总成前端）
MP5 主机/无机芯导航主机	仪表板中央中控开关组后端
MP5 显示屏	仪表板中央正上方（仪表板中央出口上方）
安全气囊控制器总成	驾驶室中央通道前端
远程控制模块	仪表横梁右上方（拆卸手套箱后可见）
网关	仪表横梁右下端
车身辅助控制模块	驾驶员座椅下方
电子驻车 ECU 总成	仪表台换挡操纵机构后方（中央通道底板上）
倒车雷达控制器/盲区监测控制器	右侧 C 柱下饰板内侧
全景影像控制器	后备厢右侧围内侧
功放模块	后备厢左侧围后端后地板右后方地板上
液压泵总成	后备厢左侧围后端后地板左后方地板上

续表

名称	位置
电动踏板 ECU	后备厢左侧围后端后地板左后方地板上
前顶灯总成	顶篷饰板前端正中位置
电动尾门控制模块	后背门右下方

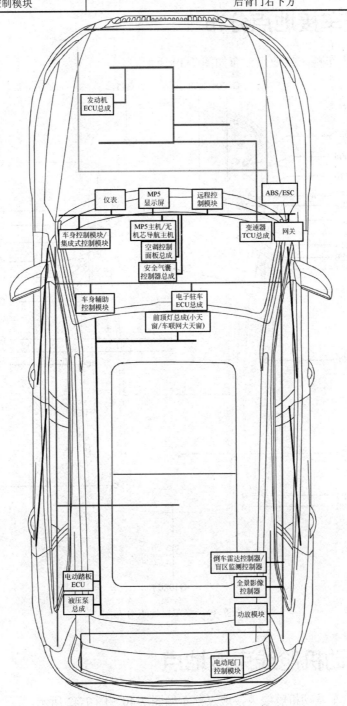

图 7-38　整车控制单元位置分布图

第四节　接地点分布

一、整车接地点分布

众泰 T600 汽车整车接地点分布如图 7-39 所示。

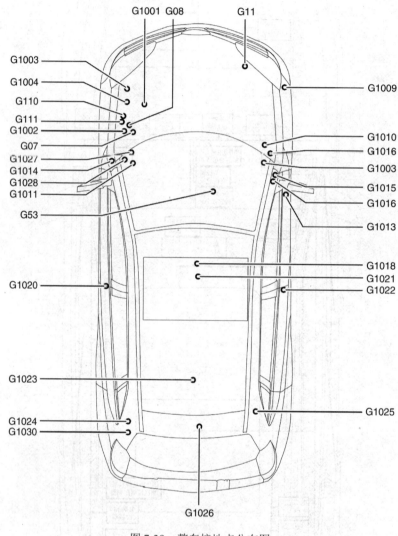

图 7-39　整车接地点分布图

二、发动机舱线束接地点

众泰 T600 汽车发动机舱线束接地点分布如图 7-40～图 7-42 所示。

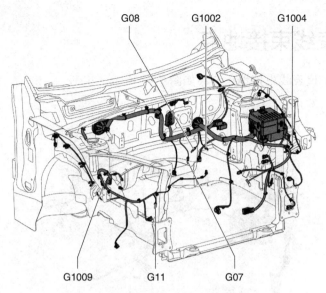

图 7-40　发动机舱线束接地点分布图 1

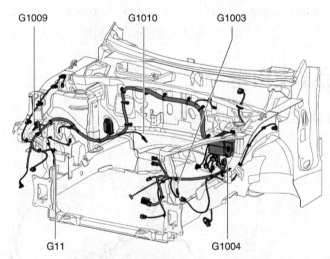

图 7-41　发动机舱线束接地点分布图 2

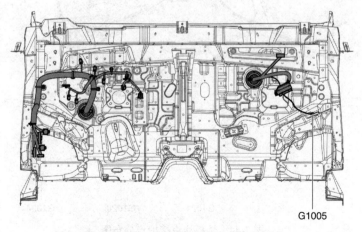

图 7-42　发动机舱线束接地点分布图 3

三、仪表线束接地点

众泰 T600 汽车仪表线束接地点分布如图 7-43 所示。

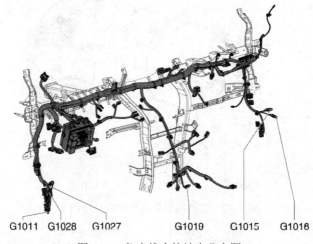

图 7-43　仪表线束接地点分布图

四、地板线束接地点

众泰 T600 汽车地板线束接地点分布如图 7-44 所示。

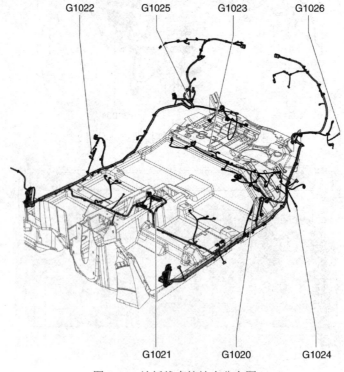

图 7-44　地板线束接地点分布图

五、顶篷线束接地点

众泰 T600 汽车顶篷线束接地点分布如图 7-45 所示。

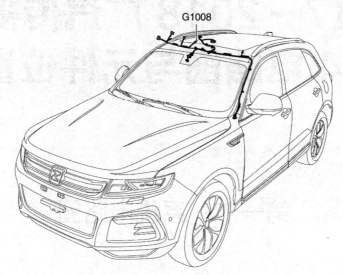

图 7-45　顶篷线束接地点分布图

六、后背门线束接地点

众泰 T600 汽车后背门线束接地点分布如图 7-46 所示。

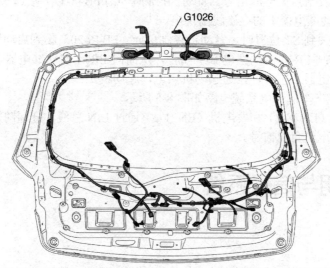

图 7-46　后背门线束接地点分布图

第八章
2017～2018 广汽传祺 GS4 电路图与元件位置

第一节　系统电路图

一、充电与启动系统

广汽传祺 GS4 汽车的启动系统电路如图 8-1～图 8-4 所示。

打开点火开关到 ON 位置时，接通 IG1、IG2 电源，点火开关通过仪表板电器盒中的保险丝向各控制单元发送点火电源信号。发动机控制单元（FB48-12）接通 ER11 主继电器，主继电器向 ER10 启动继电器 1 的电磁线圈供电。

当打开点火开关到 ST 位置时，发动机控制单元（FB46-20）收到启动请求信号，然后通过端子 FB46-55 控制 ER10 启动继电器 1 闭合，从而向 ER14 启动继电器 2 供电。当满足启动条件时，启动继电器 2 闭合，接通起动机供电，起动机工作。

广汽传祺 GS4 汽车的充电系统电路如图 8-5 所示。

蓄电池传感器（EN28-2）和发电机（EN21-2）通过 LIN 总线，分别向发动机控制单元发送蓄电池状态和发电机负荷信号。

二、照明与信号系统

1. 前照灯

广汽传祺 GS4 汽车的前照灯电路如图 8-6～图 8-8 所示。打开近光灯时，车身控制模块（BCM）控制近光灯继电器工作，接通近光灯电源；打开远光灯时，BCM 控制远光灯继电器工作，接通远光灯电源。

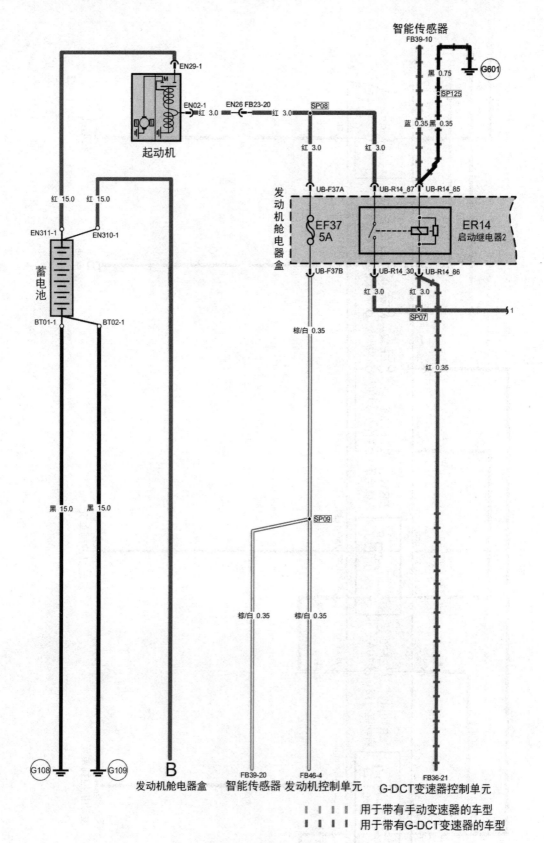

图 8-1 启动系统电路图 1

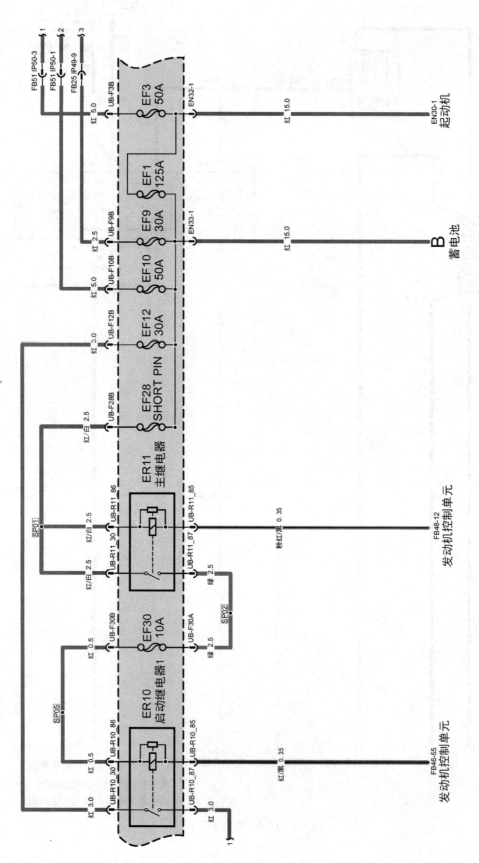

图 8-2 启动系统电路图 2

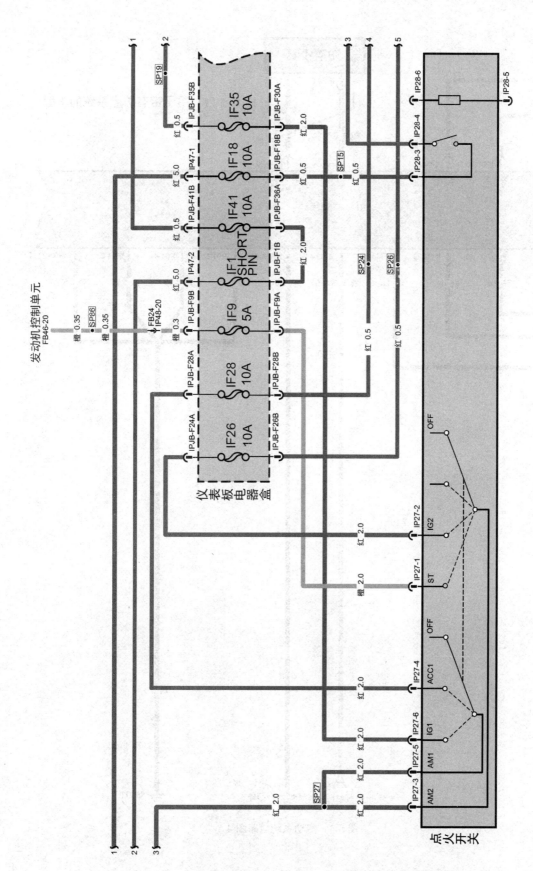

图 8-3 启动系统电路图 3

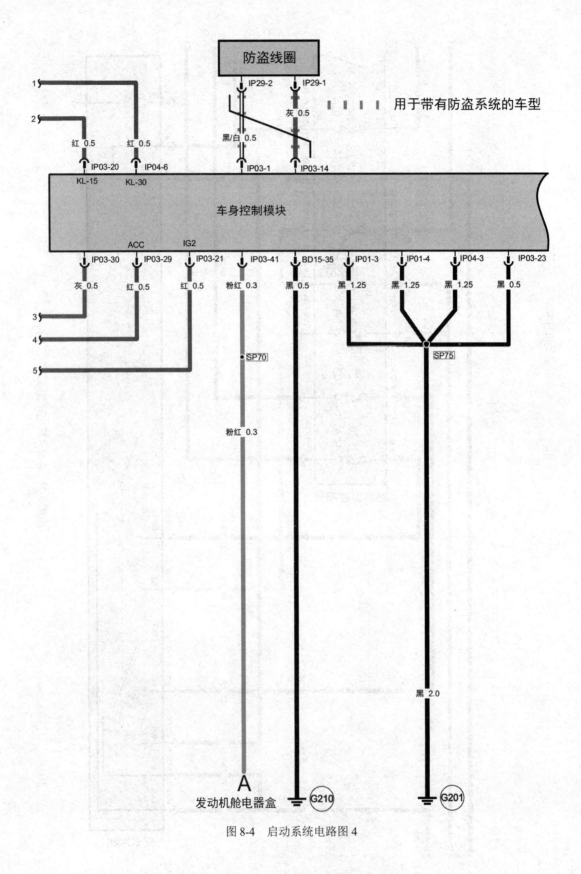

图 8-4 启动系统电路图 4

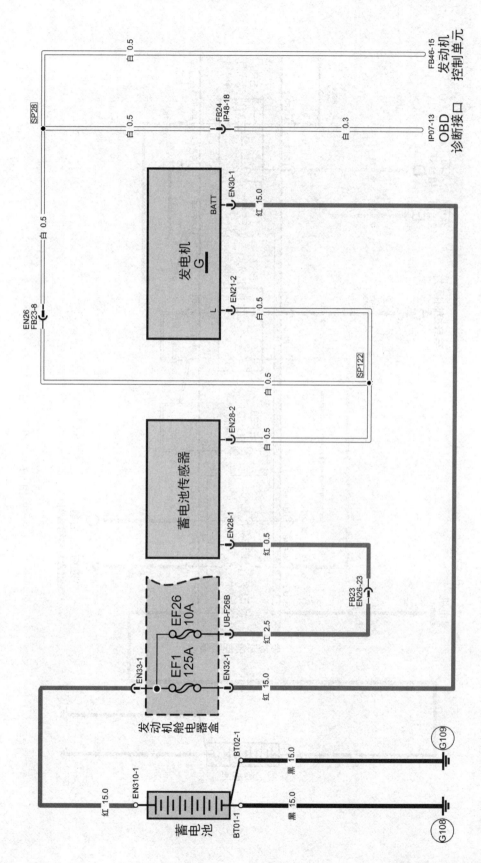

图 8-5 充电系统电路图

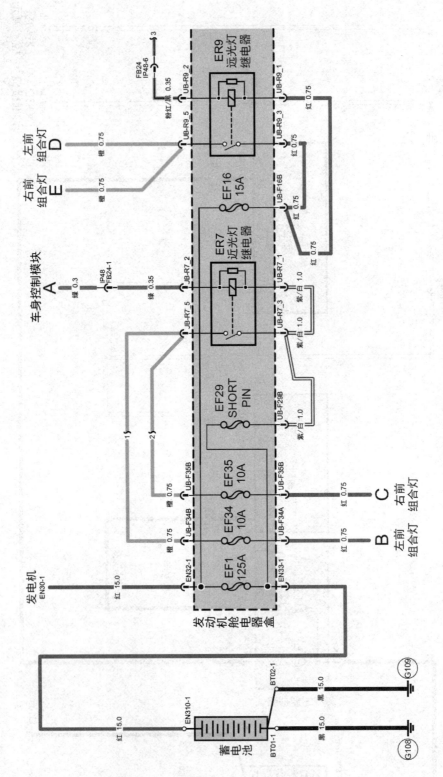

图 8-6 前照灯电路图 1

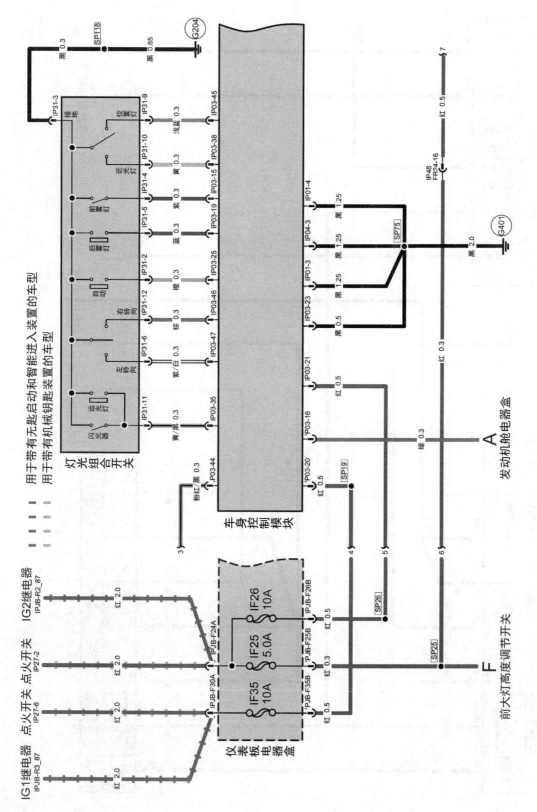

图 8-7 前照灯电路图 2

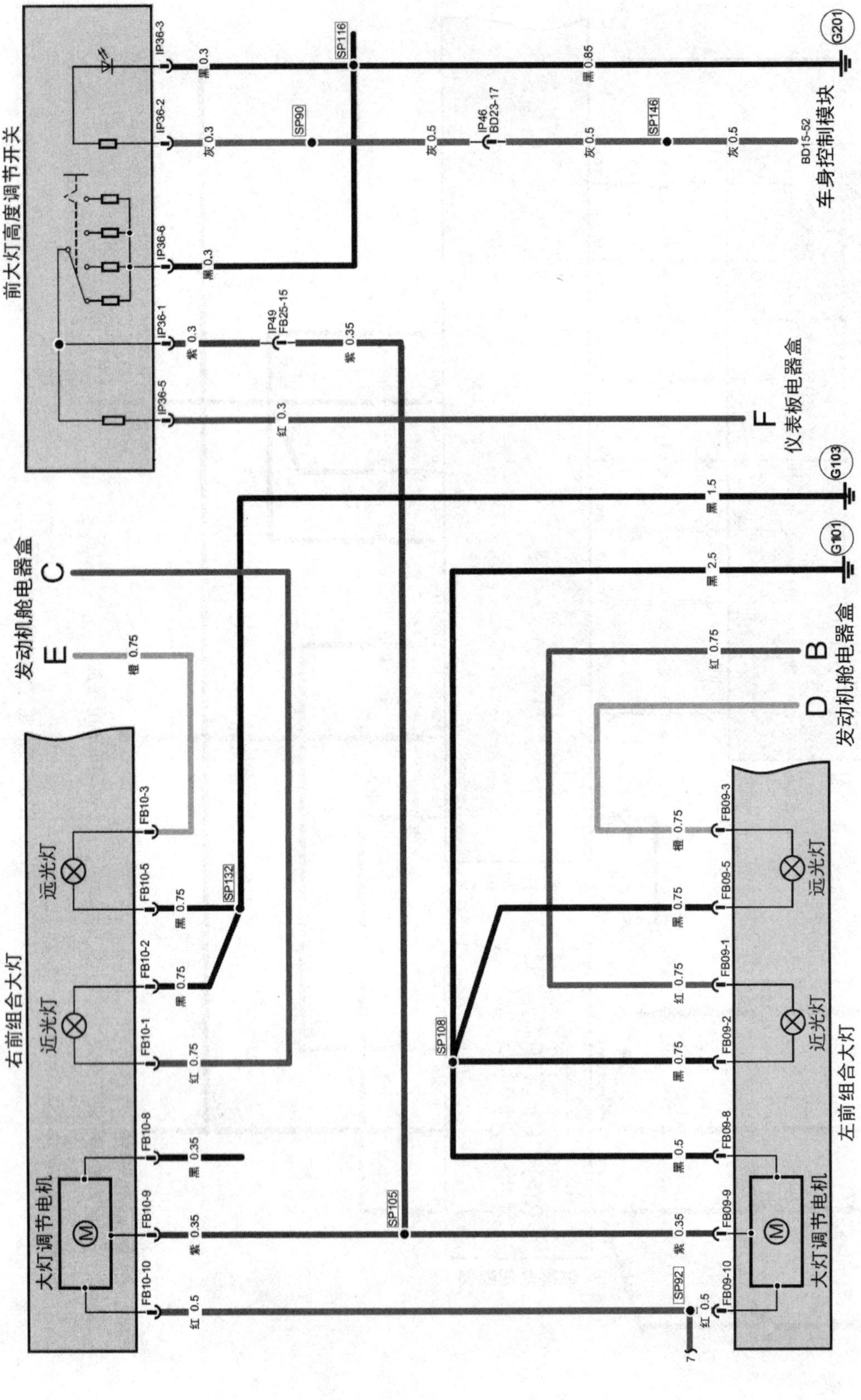

前大灯高度调节开关
IP36-5
IP36-1
IP36-6
IP36-2
IP36-3
SP116
SP90
IP49
FB25-15
IP46
BD23-17
SP146
BD15-52
车身控制模块
G201
仪表板电器盒
F
G103
G101
发动机舱电器盒
C
E
B
D
右前组合大灯
远光灯
近光灯
大灯调节电机
FB10-3
FB10-5
FB10-2
FB10-1
FB10-8
FB10-9
FB10-10
SP132
SP105
SP108
SP92
左前组合大灯
FB09-3
FB09-5
FB09-1
FB09-2
FB09-8
FB09-9
FB09-10

图 8-8 前照灯电路图 3

2. 雾灯

广汽传祺 GS4 汽车的雾灯电路如图 8-9 所示。

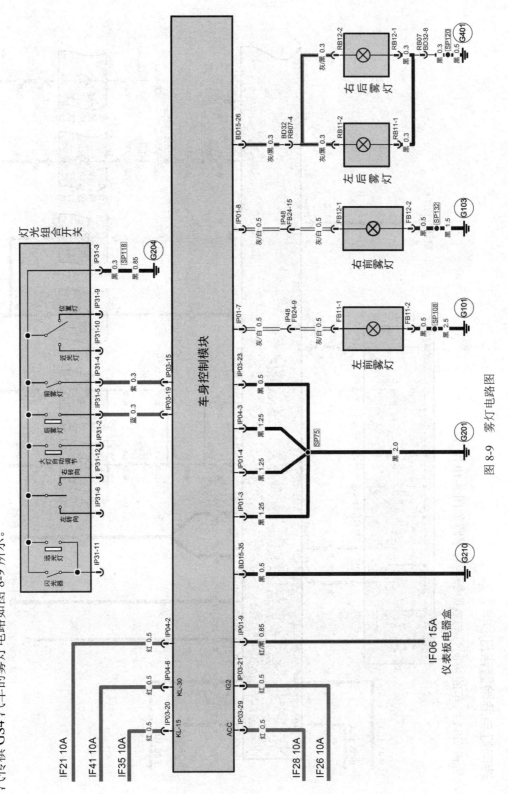

图 8-9 雾灯电路图

3. 转向灯与危险警告灯

广汽传祺 GS4 汽车的转向灯与危险警告灯电路如图 8-10 所示。

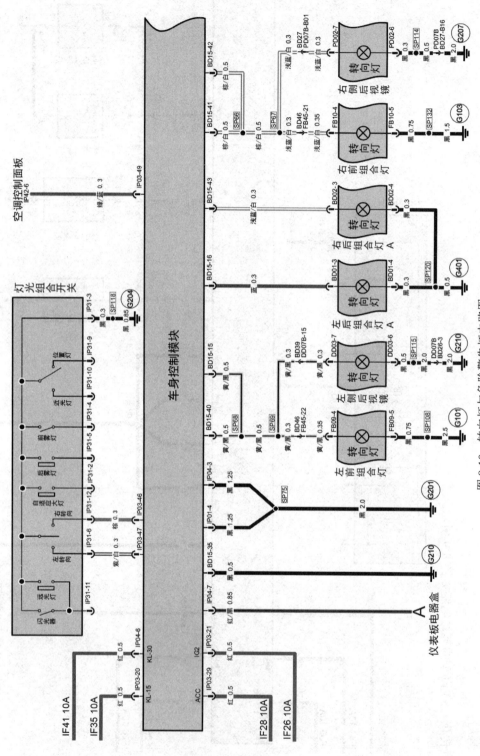

图 8-10 转向灯与危险警告灯电路图

4. 车内灯与后备厢灯

广汽传祺 GS4 汽车的车内灯与后备厢灯电路如图 8-11、图 8-12 所示。

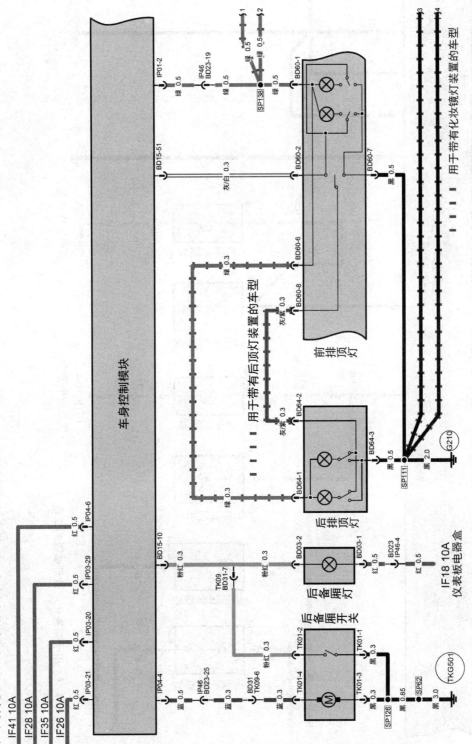

图 8-11 车内灯与后备厢灯电路图 1

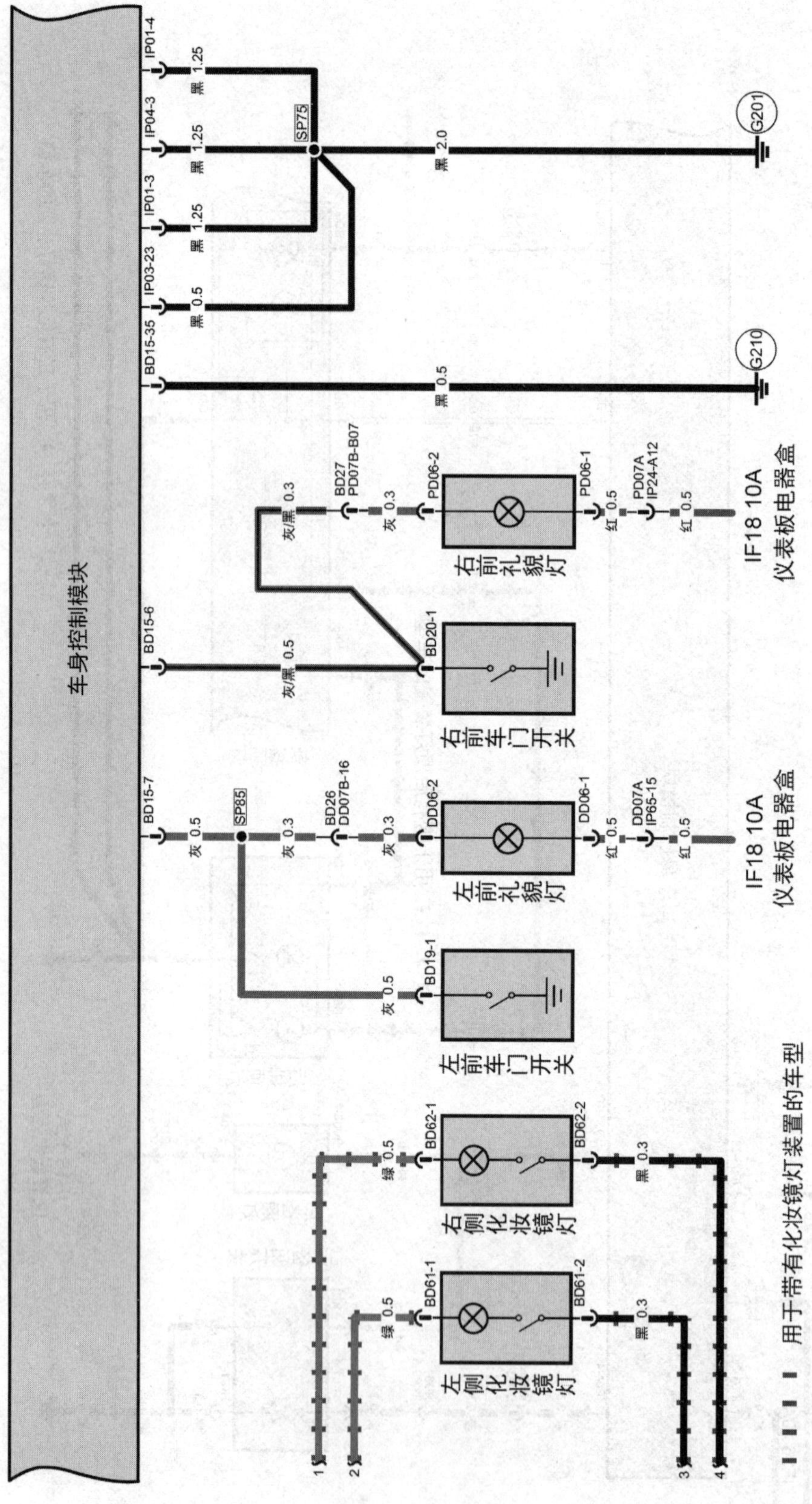

图 8-12 车内灯与后备厢灯电路图 2

三、刮水器与洗涤器

广汽传祺 GS4 汽车的刮水器与洗涤器电路如图 8-13~图 8-16 所示。

刮水器组合开关连接器 IP30 的引脚定义：1—INT；2—LO/MIST；3—HI；4—后洗涤；5—后刮水器；8—接地；9—前洗涤；10—INT ADJ。

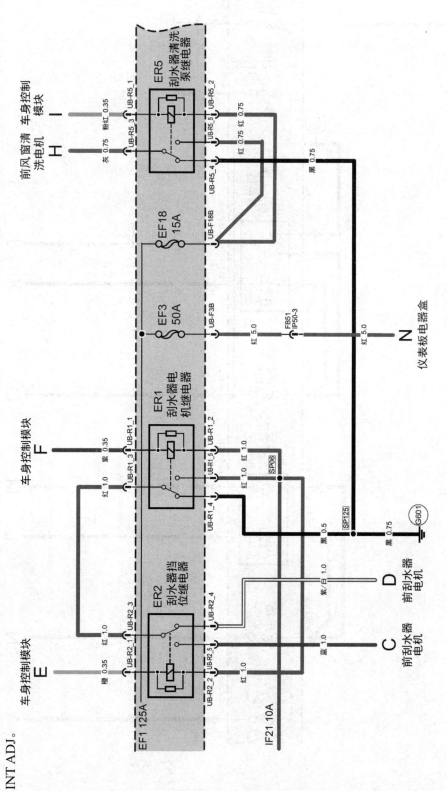

图 8-13 刮水器与洗涤器电路图 1

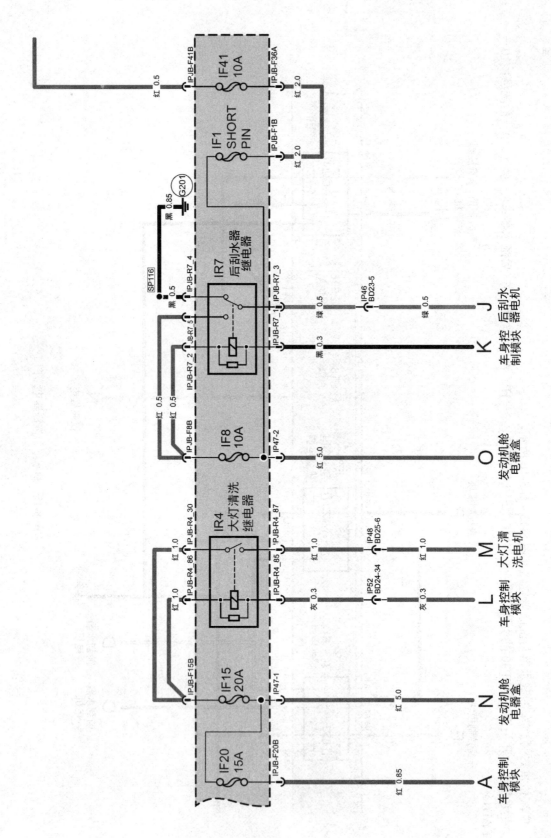

图 8-14 刮水器与洗涤器电路图 2

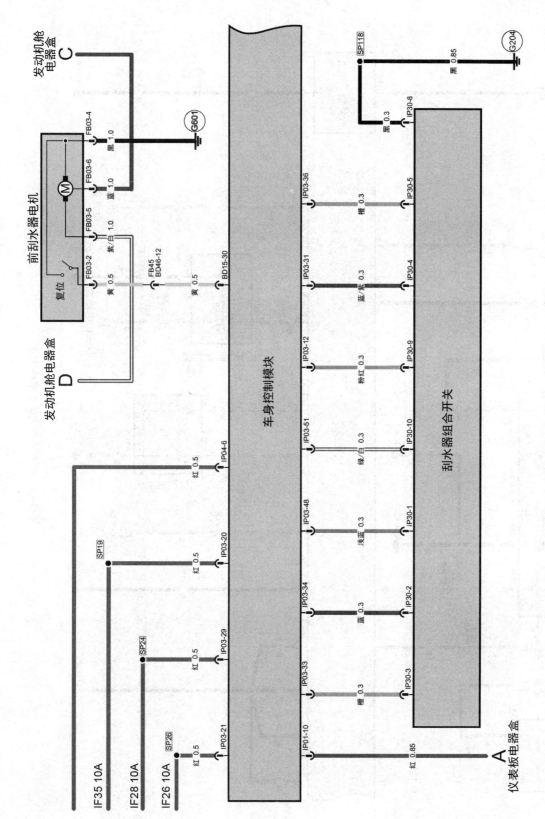

图 8-15 刮水器与洗涤器电路图 3

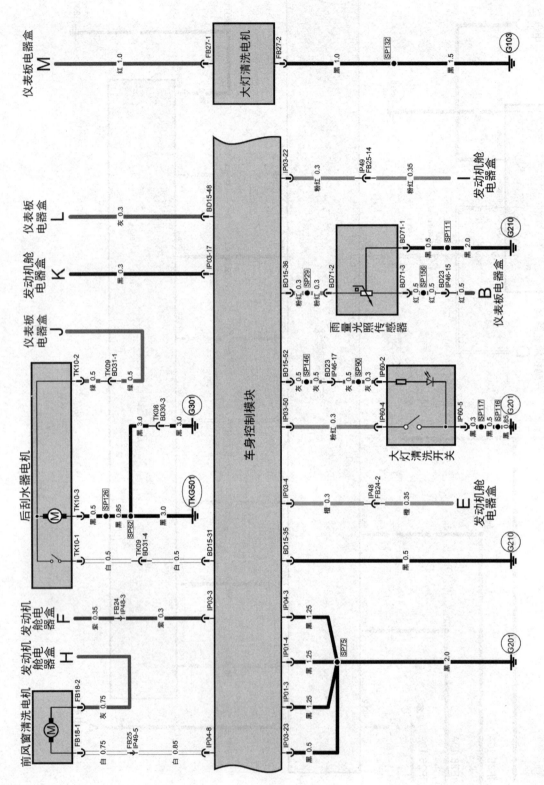

图 8-16 刮水器与洗涤器电路图 4

四、中控门锁系统

广汽传祺 GS4 汽车的中控门锁系统电路如图 8-17、图 8-18 所示。

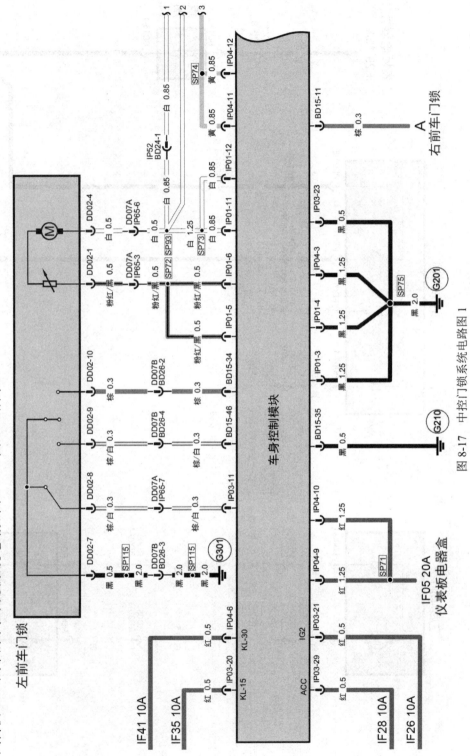

图 8-17 中控门锁系统电路图 1

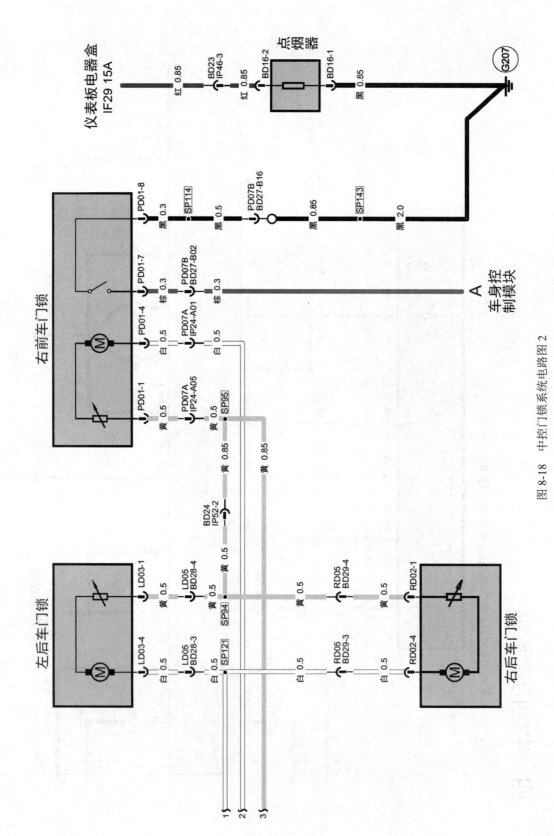

图 8-18 中控门锁系统电路图 2

五、无钥匙启动和智能进入系统

广汽传祺 GS4 汽车的无钥匙启动和智能进入系统电路如图 8-19～图 8-22 所示。

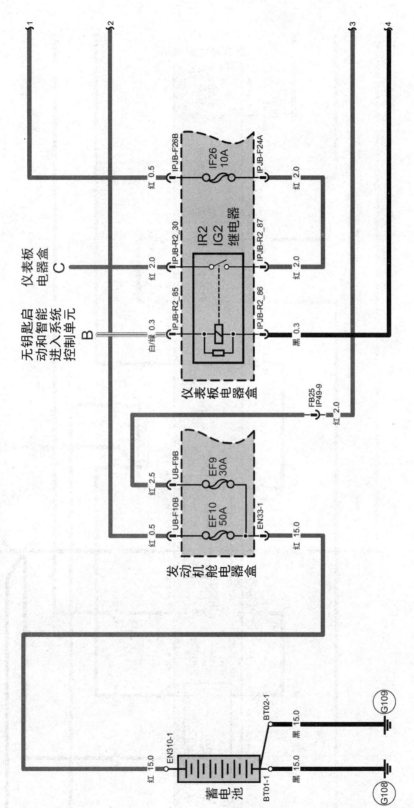

图 8-19 无钥匙启动和智能进入系统电路图 1

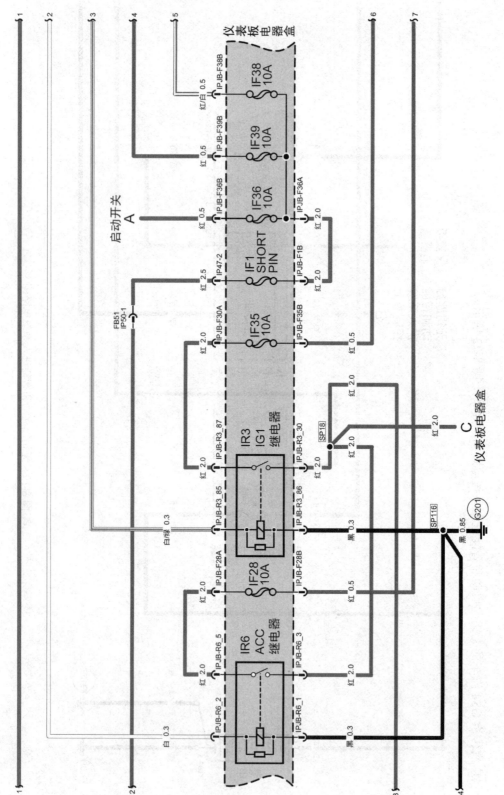

图 8-20 无钥匙启动和智能进入系统电路图 2

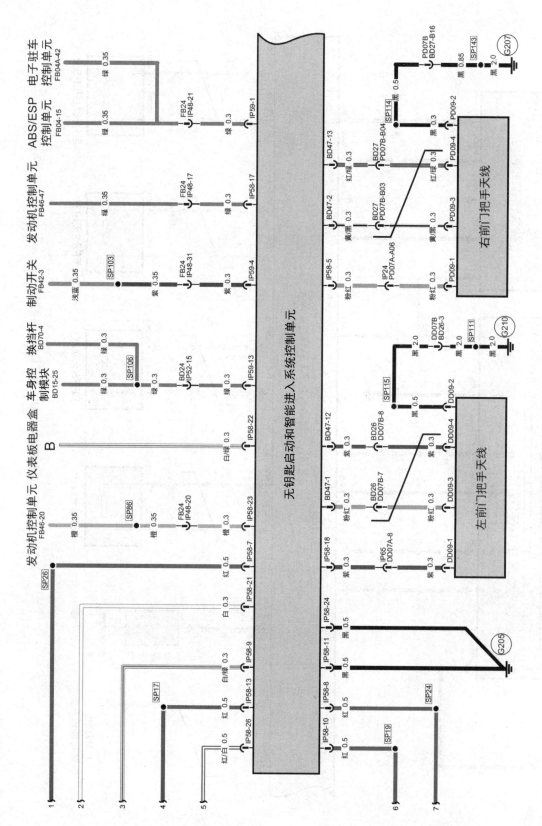

图 8-21 无钥匙启动和智能进入系统电路图 3

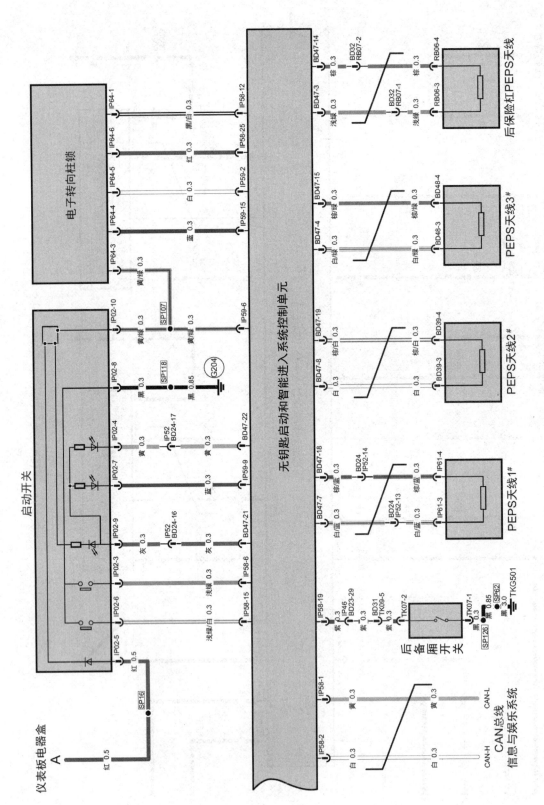

图 8-22 无钥匙启动和智能进入系统电路图 4

六、电动车窗系统

广汽传祺 GS4 汽车的电动车窗系统电路如图 8-23~图 8-25 所示。

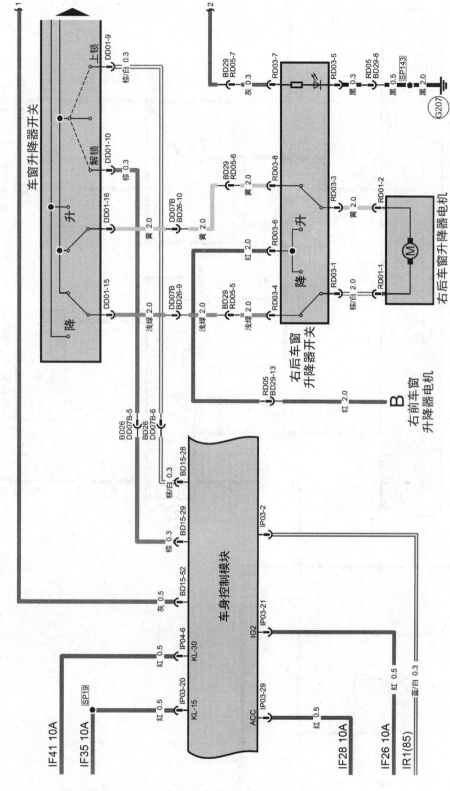

图 8-23　电动车窗系统电路图 1

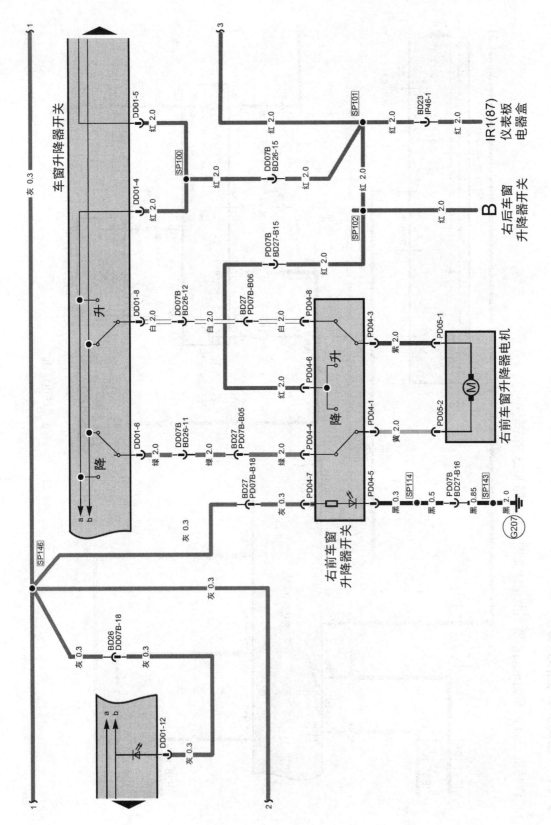

图 8-24 电动车窗系统电路图 2

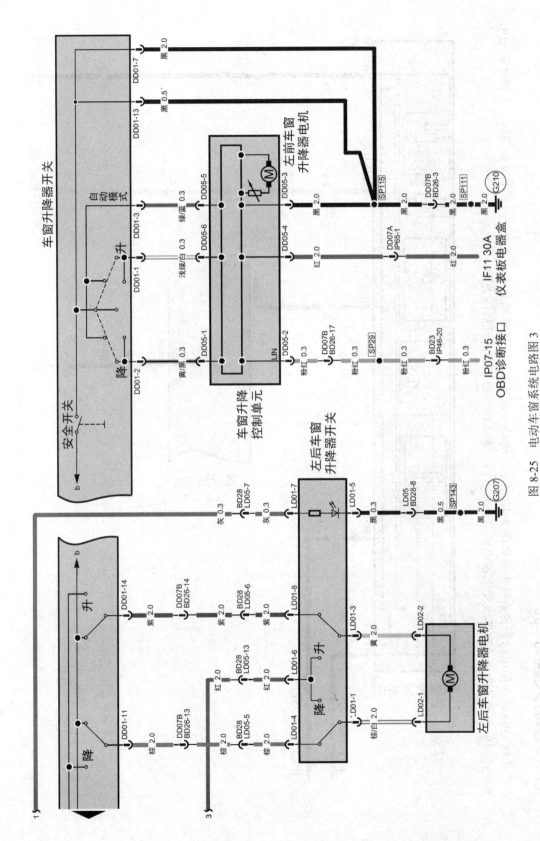

图 8-25 电动车窗系统电路图 3

七、电动天窗系统

广汽传祺 GS4 汽车的电动天窗系统电路如图 8-26 所示。电动天窗开关位于前排顶灯上，点火开关在 ON 位置时，天窗才能通电工作。天窗控制单元通过两个继电器改变天窗电机的电流方向，来实现天窗玻璃的开启与关闭。

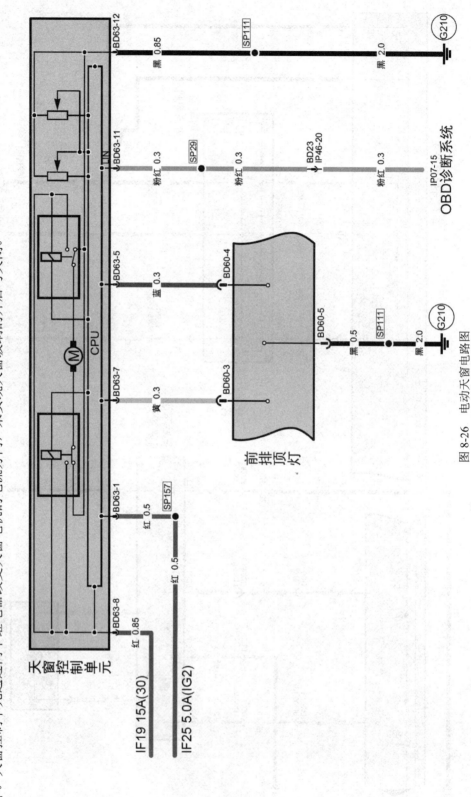

图 8-26 电动天窗电路图

八、电动后视镜系统

广汽传祺 GS4 汽车的电动后视镜系统电路如图 8-27～图 8-29 所示。

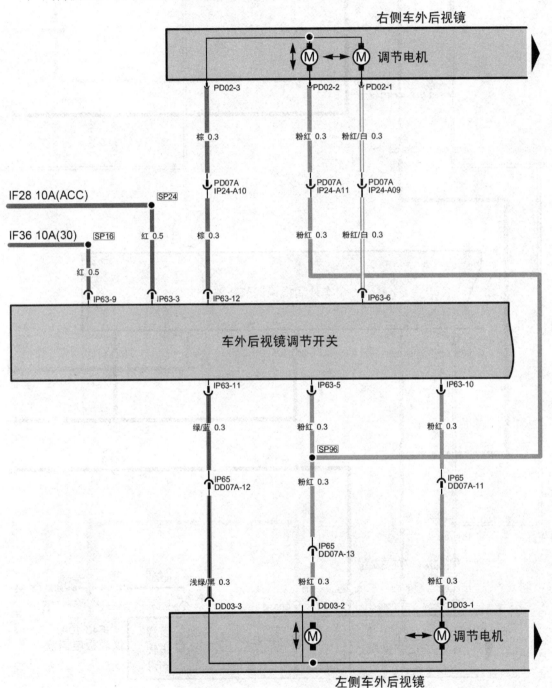

图 8-27　电动后视镜系统电路图 1

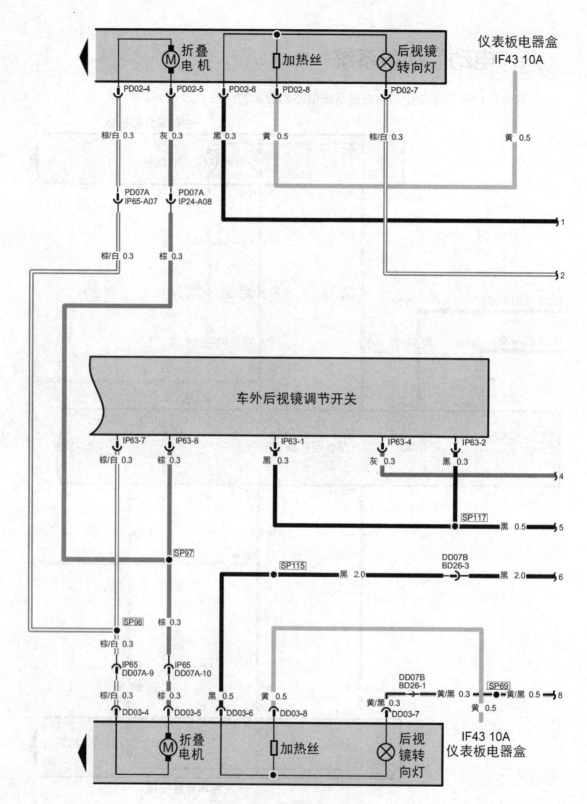

图 8-28　电动后视镜系统电路图 2

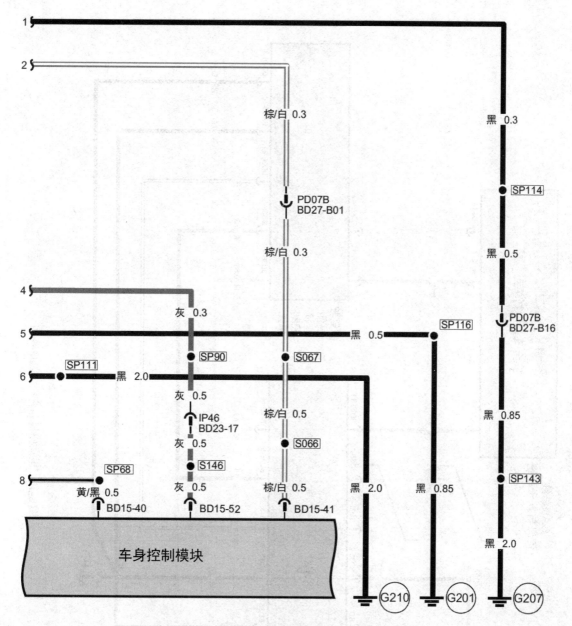

图 8-29 电动后视镜系统电路图 3

九、电动座椅和座椅加热

广汽传祺 GS4 汽车的电动座椅和座椅加热电路如图 8-30 所示。

驾驶员侧座椅控制单元连接器 BD35 的引脚定义：1—供电；2—IG1 电源；3—接地；4—座椅加热；5—加热座椅温度信号；6—加热座椅接地；8—CAN-H；9—驾驶员侧座椅电机+；10—驾驶员侧座椅电机-；11—驾驶员侧安全带开关；13—CAN-L。

安全气囊控制单元连接器 BD43 的引脚定义：2—乘员探测传感器；7—副驾驶员侧安全带开关。

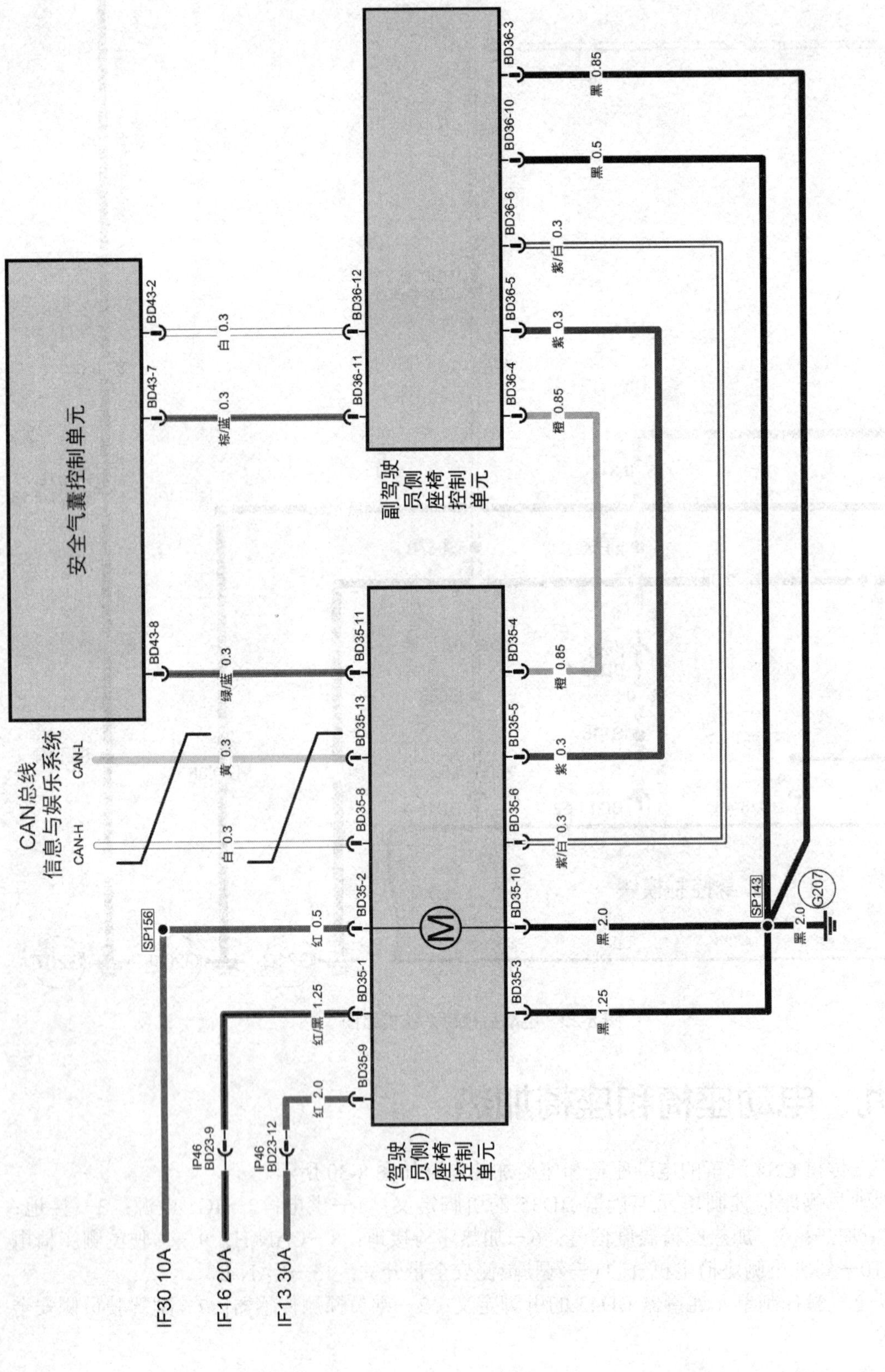

图 8-30 电动座椅和座椅加热电路图

十、空调系统

广汽传祺 GS4 汽车的空调系统电路如图 8-31～图 8-35 所示。

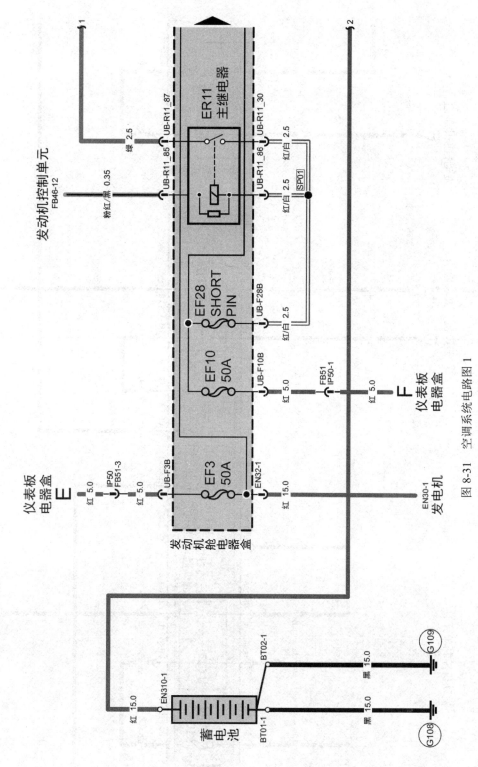

图 8-31 空调系统电路图 1

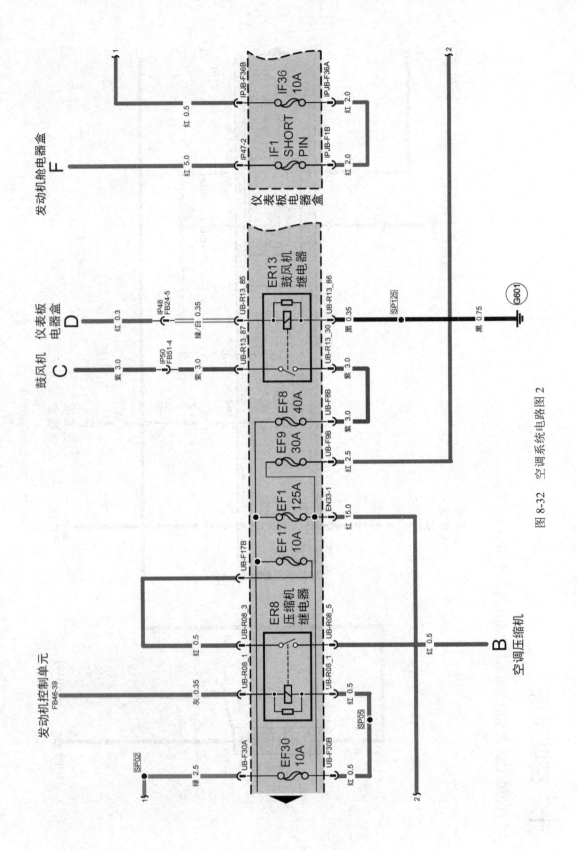

图 8-32 空调系统电路图 2

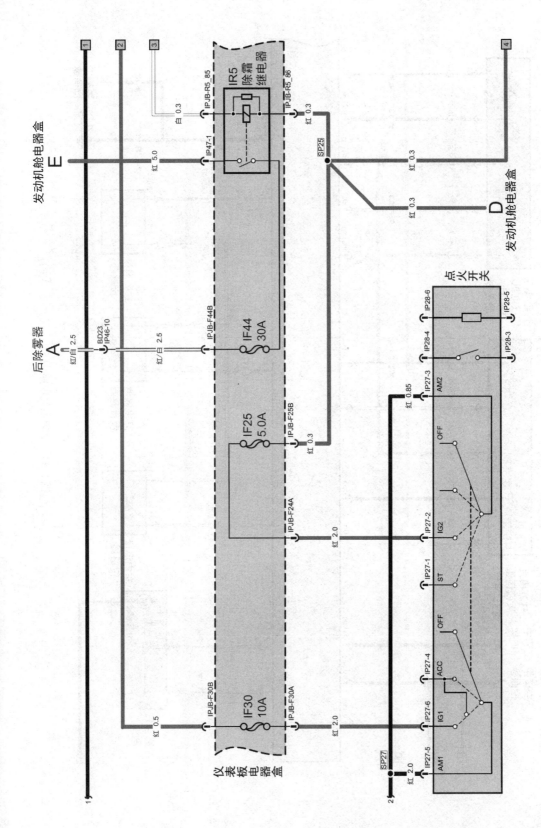

图 8-33 空调系统电路图 3

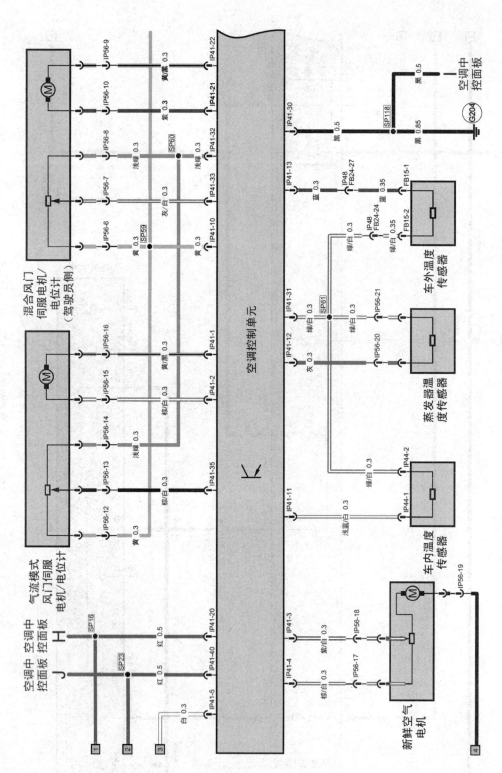

图 8-34 空调系统电路图 4

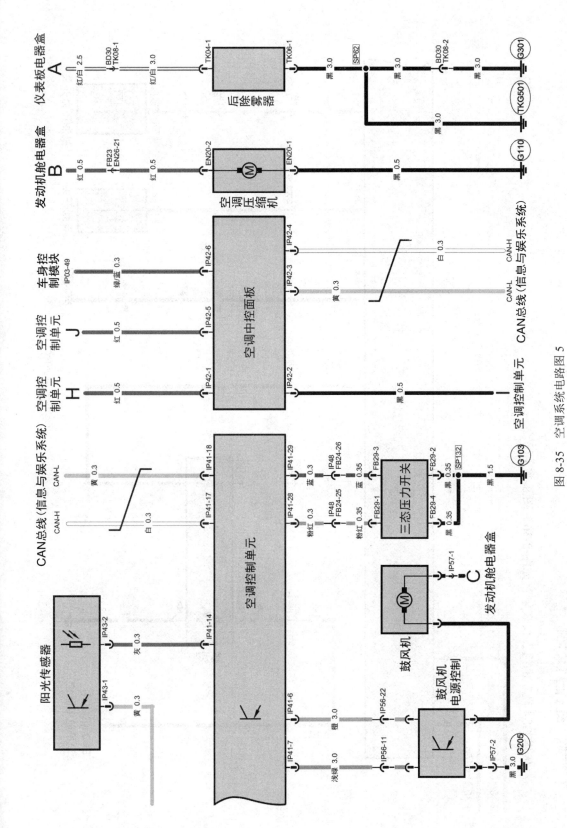

图 8-35 空调系统电路图 5

十一、组合仪表

广汽传祺 GS4 汽车的组合仪表电路如图 8-36、图 8-37 所示。

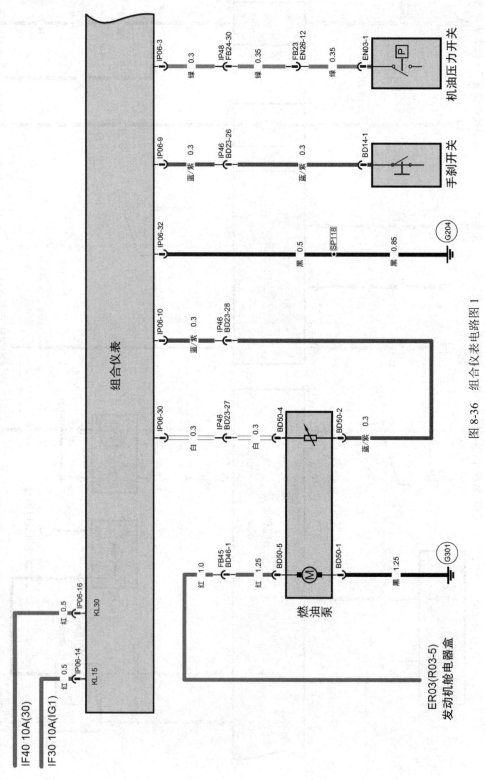

图 8-36 组合仪表电路图 1

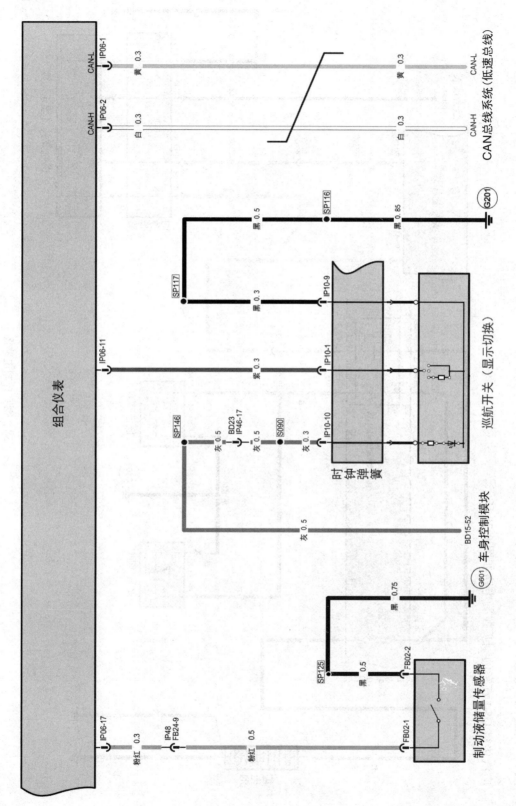

图 8-37 组合仪表电路图 2

十二、喇叭

广汽传祺 GS4 汽车的喇叭控制电路如图 8-38 所示。

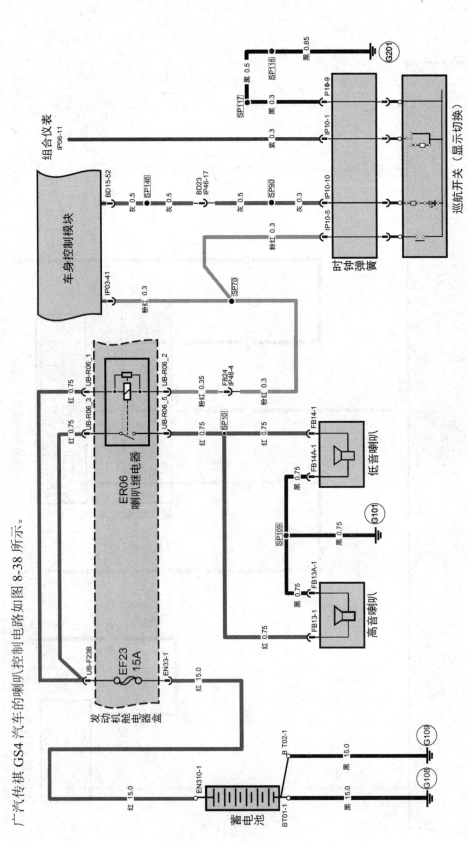

图 8-38　喇叭控制电路图

十三、智能传感器

广汽传祺 GS4 汽车的智能传感器电路如图 8-39 所示。

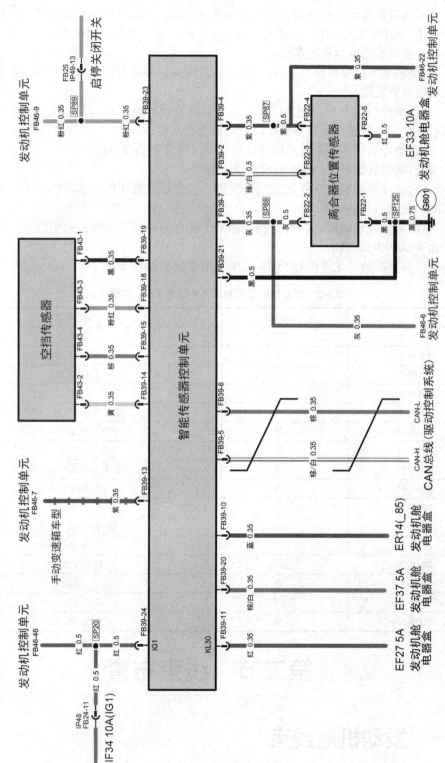

图 8-39 智能传感器电路图

智能传感器主要用于手动挡车型的自动启停系统。智能传感器通过空挡传感器获得空挡信号，并通过离合器位置传感器检测离合器分离状态，再将这些信号发送给发动机控制单元或 TCM。按下启停开关，在自动停机状态下，空挡时踩下离合器踏板或加速踏板，发动机会再次启动。装有手动变速箱的车辆：

① 当车辆从上次停车再次行驶，车速超过 8km/h 停车时，切换到空挡状态并松开离合器，发动机会被关闭。

② 在自动停机状态下，空挡时踩下离合器踏板或加速踏板，发动机会再次启动。如果启动后一段时间内驾驶员无任何操作，发动机会再次自动停机。

③ 在自动停机状态下，转动转向盘超过一定角度则触发启动。

④ 在自动停机状态下，按下启停开关则触发启动。

⑤ 首次启动发动机时，在无空挡传感器、离合器位置传感器故障情况下，直接用钥匙（或 PEPS）启动。

⑥ 首次启动发动机时，在有空挡传感器、离合器位置传感器故障情况下，踩下制动踏板用钥匙（或 PEPS）启动。

智能传感器控制单元连接器 FB39 的端子定义如表 8-1 所示。

表 8-1 智能传感器控制单元连接器 FB39 的端子定义

端子号	导线颜色	端子定义
FB39-2	绿/白	5V 电源
FB39-4	紫	离合器位置传感器信号
FB39-5	棕/白	CAN-H
FB39-6	棕	CAN-L
FB39-7	灰	离合器位置传感器信号
FB39-10	蓝	启停继电器控制信号
FB39-11	红	供电
FB39-13	紫	发动机控制单元信号
FB39-14	黄	空挡传感器
FB39-15	棕	空挡传感器
FB39-18	粉红	空挡传感器 5V 电源
FB39-19	黑	空挡传感器接地
FB39-20	棕/白	启动反馈信号
FB39-21	黑	接地
FB39-23	粉红	启停关闭开关
FB39-24	红	IG1 电源

第二节　线束布置

一、发动机舱线束

广汽传祺 GS4 汽车发动机舱线束如图 8-40 所示。

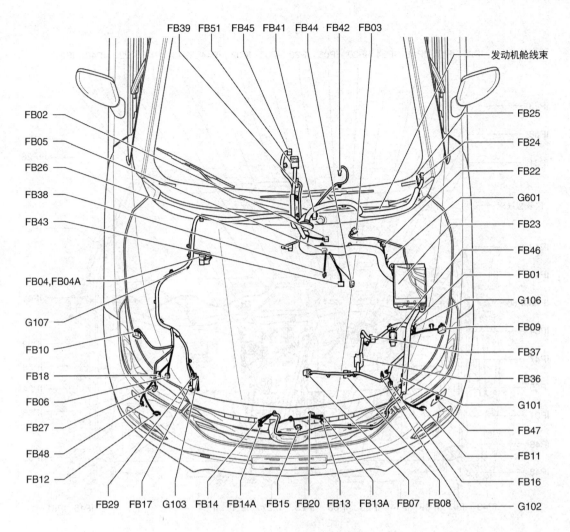

图 8-40 发动机舱线束布置图

FB01—左前轮速传感器；FB02—制动液液位传感器；FB03—刮水器电机；FB04—ABS/ESP 控制单元；FB04A—电子稳定性与驻车控制模块；FB05—真空泵传感器；FB06—右前轮速传感器；FB07—左侧冷却风扇；FB08—右侧冷却风扇；FB09—左前组合灯；FB10—右前组合灯；FB11—左前雾灯；FB12—右前雾灯；FB13—左前喇叭+；FB13A—左前喇叭-；FB14—右前喇叭+；FB14A—右前喇叭-；FB15—车外温度传感器；FB16—左前碰撞传感器；FB17—右前碰撞传感器；FB18—前风窗清洗电机；FB20—发动机盖开关；FB22—离合器分泵；FB23—接发动机线束；FB24—接仪表线束；FB25—接仪表线束；FB26—后氧传感器；FB27—前大灯清洗电机；FB29—三态压力开关；FB36—G-DCT 变速器控制单元；FB37—K1 位置传感器；FB38—驻车传感器；FB39—智能传感器控制单元；FB41—加速踏板位置传感器；FB42—制动开关；FB43—空挡传感器；FB44—倒挡开关；FB45—接车身线束；FB46—发动机控制单元；FB47—左前日间行车灯；FB48—右前日间行车灯；FB51—接仪表线束

二、仪表板线束

广汽传祺 GS4 汽车仪表板线束如图 8-41 所示。

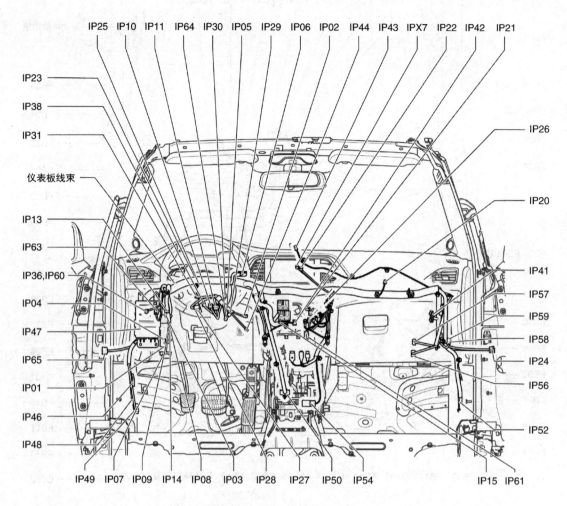

图 8-41 仪表板线束布置图

IP01，IP03，IP04—车身控制单元；IP02—启动开关；IP05—大灯自动调节控制单元；IP06—组合仪表；IP07—诊断接口；IP08，IP09，IP14—电子助力转向控制单元；IP10，IP11—时钟弹簧；IP13—仪表台左侧组合开关；IP15，IP22—音响控制单元；IP20—安全气囊（副驾驶员侧）；IP21—音响组合开关；IP23，IP25—T-BOX 控制单元；IP24—接右前门线束；IP26—中控面板；IP27—点火开关；IP28—点火钥匙插入开关；IP29—防盗线圈；IP30—刮水器开关；IP31—灯光组合开关；IP36—大灯调节开关；IP38—转向角速度传感器；IP41—空调控制单元；IP42—空调控制面板；IP43—阳光传感器；IP44—车内温度传感器；IP46—接车身线束；IP47—接仪表板电器盒；IP48～IP50—接发动机舱线束；IP52—接车身线束；IP56，IP57—接空调线束；IP58，IP59—无钥匙启动和智能进入控制单元；IP60—大灯清洗开关；IP63—后视镜开关；IP64—电子转向柱锁；IP65—接左前门线束

三、车身线束

广汽传祺 GS4 汽车车身线束如图 8-42 所示。

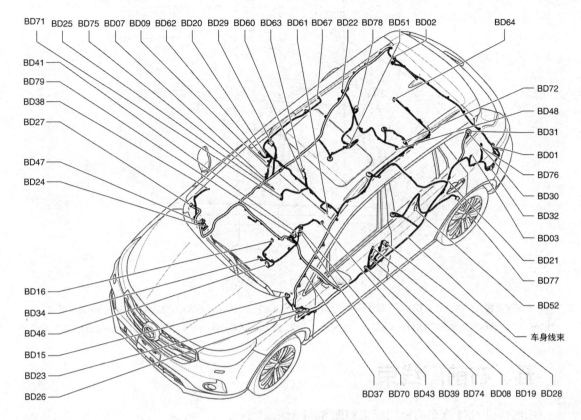

图 8-42 车身线束布置图

BD01—左后组合灯 A；BD02—右后组合灯 A；BD03—后备厢灯；BD07—右侧碰撞传感器；BD08，BD74—驾驶员侧安全带预紧器；BD09—副驾驶员侧安全带预紧器；BD15—车身控制单元；BD16—点烟器灯；BD19—驾驶员侧车门未关开关；BD20—副驾驶员侧车门未关开关；BD21—左后车门未关开关；BD22—右后车门未关开关；BD23，BD24—接仪表线束；BD25—自动防眩目内后视镜；BD26—接左前门线束；BD27—接右前门线束；BD28—接左后门线束；BD29—接右后门线束；BD30，BD31—接后备厢线束；BD32—接保险杠线束；BD34—接仪表线束；BD37—左侧扬声器（高音）；BD38—右侧扬声器（高音）；BD39—PEPS 天线 $2^{\#}$；BD41，BD43—安全气囊控制单元；BD46—接发动机舱线束；BD47—无钥匙启动和智能进入控制单元；BD48—PEPS 天线 $3^{\#}$；BD51—左后轮速传感器；BD52—左后轮速传感器；BD60—前排顶灯；BD61—左侧化妆镜灯；BD62—右侧化妆镜灯；BD63—天窗控制单元；BD64—后排顶灯；BD67—右侧安全气帘；BD70—挡位开关；BD71—雨量光照传感器；BD72—悬架高度传感器；BD75—乘员侧安全带预紧器；BD76—胎压控制单元；BD77—左侧驻车制动电机；BD78—右侧驻车制动电机；BD79—驻车制动开关

四、左前门线束

广汽传祺 GS4 汽车左前门线束如图 8-43 所示。

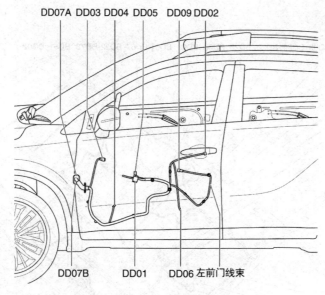

图 8-43 左前门线束布置图

DD01—左前车窗升降器开关；DD02—驾驶员侧车门锁电机；DD03—左侧车外后视镜；DD04—左前扬声器（低音）；DD05—车窗升降控制单元；DD06—礼貌灯；DD07A—接仪表线束；DD07B—接车身线束；DD09—左前门把手天线

五、右前门线束

广汽传祺 GS4 汽车右前门线束如图 8-44 所示。

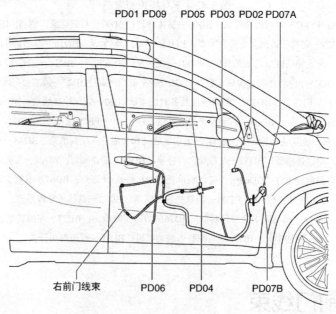

图 8-44 右前门线束布置图

PD01—副驾驶员侧车门锁电机；PD02—右侧车外后视镜；PD03—右前扬声器（低音）；PD04—右前车窗升降开关；PD05—右前车窗升降器电机；PD06—礼貌灯；PD07A—接仪表线束；PD07B—接车身线束；PD09—右前门把手天线

六、左后门线束

广汽传祺 GS4 汽车左后门线束如图 8-45 所示。

七、右后门线束

广汽传祺 GS4 汽车右后门线束如图 8-46 所示。

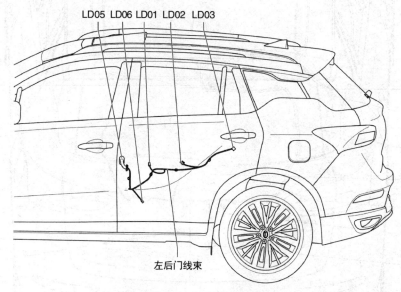

图 8-45　左后门线束布置图
LD01—左后车窗升降开关；LD02—左后车窗升降器电机；LD03—左后车门锁电机；
LD05—接车身线束；LD06—左后扬声器（低音）

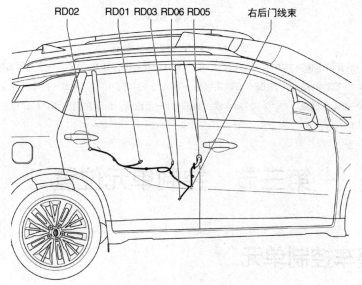

图 8-46　右后门线束布置图
RD01—右后车窗升降器电机；RD02—右后车门锁电机；RD03—右后车窗升降开关；
RD05—接车身线束；RD06—右后扬声器（低音）

八、后背门线束

广汽传祺 GS4 汽车后背门线束如图 8-47 所示。

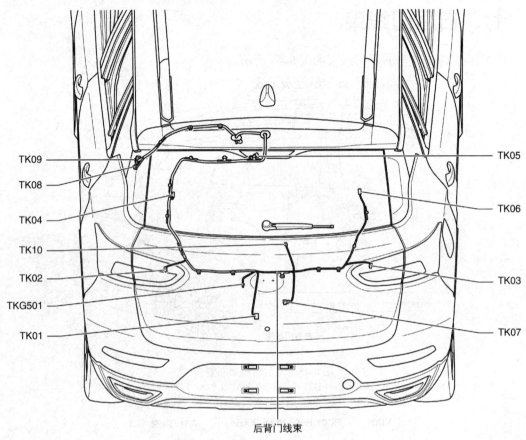

图 8-47　后背门线束布置图

TK01—后背门电机；TK02—左后组合灯 B；TK03—右后组合灯 B；TK04—后除雾器电源；
TK05—高位制动灯；TK06—后除霜接地；TK07—后背门开关；TK08—接车身线束；
TK09—接车身线束；TK10—后刮水器；TKG501—接地点，位于尾门中部，门锁电机左侧

第三节　控制单元位置

一、整车控制单元

广汽传祺 GS4 汽车整车控制单元位置分布如图 8-48 和表 8-2 所示。

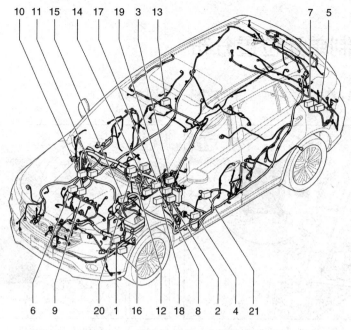

图 8-48 整车控制单元位置分布图

表 8-2 整车控制单元位置说明

序号	控制单元名称	控制单元位置
1	发动机控制单元	发动机舱左前部,空气滤清器旁
2	车身控制模块	仪表板左下方内侧
3	组合仪表	仪表板左侧
4	车窗升降控制单元	左前车门内
5	倒车雷达控制单元	后备厢左侧车罩内
6	电子稳定性与驻车控制模块	发动机舱右后部
7	胎压监测控制单元	后备厢左侧
8	T-BOX 控制单元	仪表板左侧,组合仪表前部
9	ABS/ESP 控制单元	发动机舱右后部
10	无钥匙启动和智能进入系统控制单元	仪表板右侧内部
11	空调控制单元	仪表板右侧内部
12	音响控制单元	仪表板中部
13	天窗控制单元	天窗前部
14	安全气囊控制单元	换挡杆中央通道上
15	智能传感器控制单元	换挡杆中央通道上前部
16	G-DCT 控制单元	G-DCT 变速器上
17	空调中控面板	仪表板中部音响控制单元下方
18	电动助力转向控制单元	仪表板左侧,转向盘下方
19	前大灯自动调节控制单元	仪表板左侧,转向盘下方
20	前中控面板	仪表板中部,中控面板下部
21	座椅控制单元	左前座椅下部

二、控制单元位置分布

广汽传祺 GS4 汽车各控制单元的位置分布如图 8-49 所示。

(a) 发动机控制单元　　(b) 车身控制模块

(c) 组合仪表　　(d) 车窗升降控制单元

(e) 倒车雷达控制单元　　(f) 胎压监测控制单元

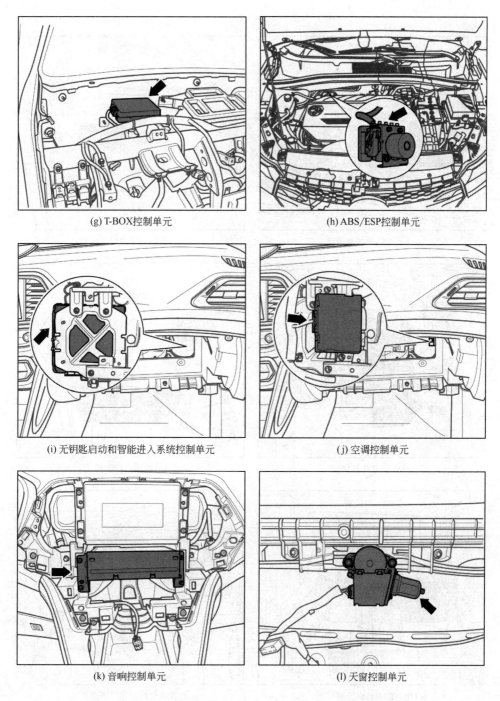

图 8-49

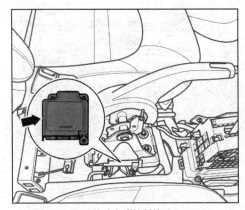

(m) 安全气囊控制单元

(n) 智能传感器控制单元

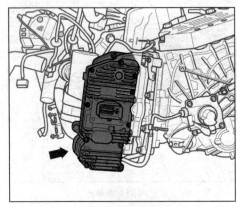

(o) G-DCT控制单元

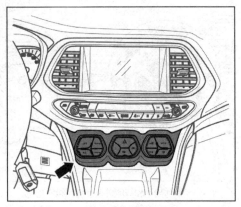

(p) 空调中控面板

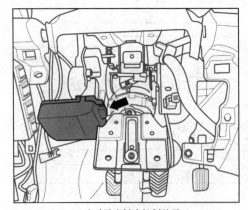

(q) 电动助力转向控制单元

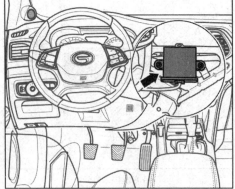

(r) 前大灯自动调节控制单元

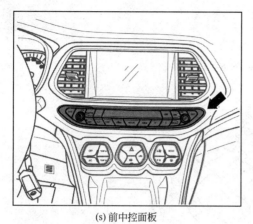
(s) 前中控面板

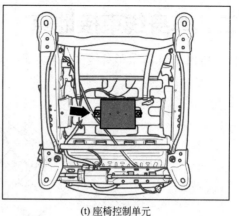
(t) 座椅控制单元

图 8-49　控制单元位置分布

第四节　接地点分布

一、发动机舱线束接地点

广汽传祺 GS4 汽车发动机舱线束接地点分布如图 8-50 所示。

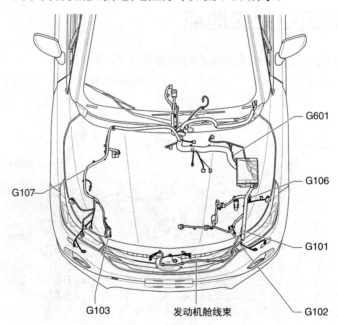

图 8-50　发动机舱线束接地点分布图

G101—散热器横梁总成左侧，左侧组合大灯下部；G102—散热器横梁总成左侧；
G103—散热器横梁总成右侧；G106—发动机舱右侧，保险丝盒前端；
G107—发动机舱右侧，ABS 泵旁；G601—发动机舱左侧，蓄电池旁

二、车身线束接地点

广汽传祺 GS4 汽车车身线束接地点分布如图 8-51 所示。

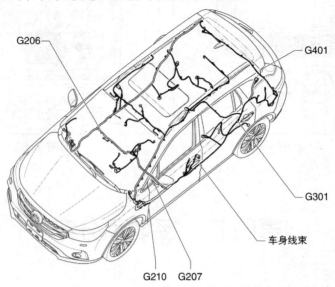

图 8-51　车身线束接地点分布图

G206—右前座椅下部；G207—左前座椅下部；G210—左前A柱下部；G301—左后C柱上，左后座椅旁；G401—后备厢左后部

三、仪表板线束接地点

广汽传祺 GS4 汽车仪表板线束接地点分布如图 8-52 所示。

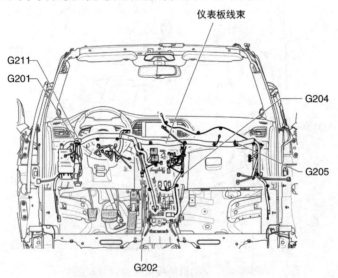

图 8-52　仪表板线束接地点分布图

G201—仪表板左侧；G202—仪表板中部，中控台左侧；G204—仪表板中部，中控台右侧；
G205—仪表板右侧；G211—仪表板左侧

四、后背门线束接地点

广汽传祺 GS4 汽车后背门线束接地点分布如图 8-53 所示。

五、蓄电池线束接地点

广汽传祺 GS4 汽车蓄电池线束接地点分布如图 8-54 所示。

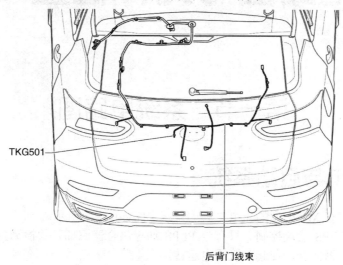

图 8-53　后背门线束接地点分布图

TKG501—尾门中部，门锁电机左侧

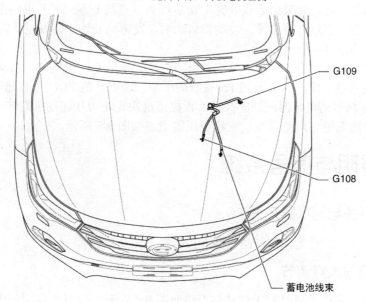

图 8-54　蓄电池线束接地点分布图

G108—发动机舱左侧，蓄电池旁；G109—G-DCT 变速器左侧中部

第九章
2016～2017 奇瑞瑞虎 7 电路图与元件位置

第一节 系统电路图

一、充电与启动系统

奇瑞瑞虎 7 汽车 MT 车型的充电与启动系统电路如图 9-1 所示。

启动系统由 PEPS 模块控制。只有当 PEPS 通过离合器底部开关检测到离合器分离时，才能控制启动继电器闭合，使起动机通电运转。

奇瑞瑞虎 7 汽车 CVT 车型的充电与启动系统电路如图 9-2 所示。

点火开关打开时，发电机 L 端为低电平（小于 2V），此时充电指示灯应点亮，表示调节器被激活，开始预励磁。如果组合仪表充电指示灯到发电机 L 端（1#）电路出现断路，充电指示灯将不能点亮，表示电路异常。发动机启动后，发电机开始正常发电，发电机 L 端为高电平，此时充电指示灯应熄灭。

启动系统是否工作由 PEPS 模块控制。当挡位开关处于 P/N 位置时，启动继电器才能吸合，起动机才能通电工作。对于无 PEPS 系统的车型，瑞虎 7 的 ECU 具有起动机保护功能。启动时，ECU 控制启动继电器线圈的接地，根据工况决定是否让起动机运转。

蓝驱版车型的充电与启动系统、直流稳压器电路如图 9-3 所示。

二、照明与信号系统

1. 灯光开关与刮水器开关

奇瑞瑞虎 7 汽车的灯光开关与刮水器开关电路如图 9-4 所示。

2. 前照灯与大灯调节

奇瑞瑞虎 7 汽车的前照灯与大灯调节电路如图 9-5 所示。远近光使用一个灯泡并且是同一个灯丝，灯光开关通过 BCM 控制远近光切换电磁阀来实现大灯的远近光切换。大灯调节开关有四个挡位，通过此开关可根据需要调节前照灯光束高度。

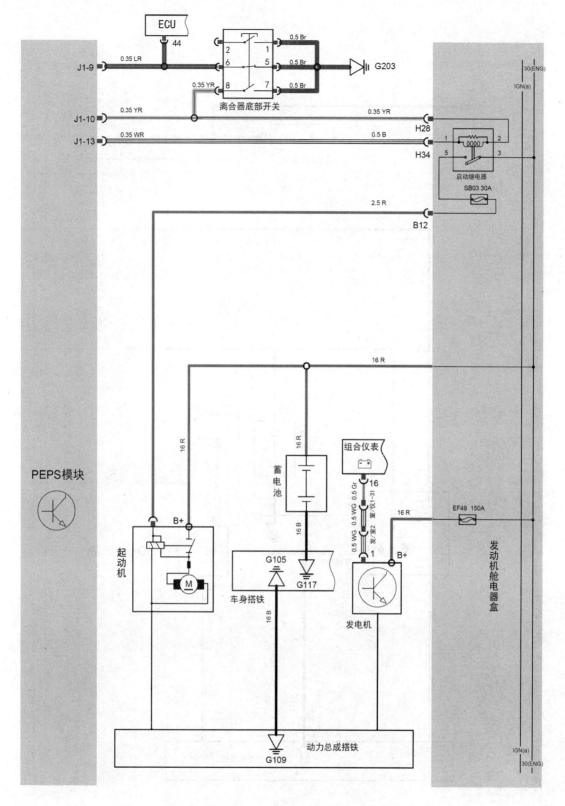

图 9-1 充电与启动系统电路图（MT 车型）

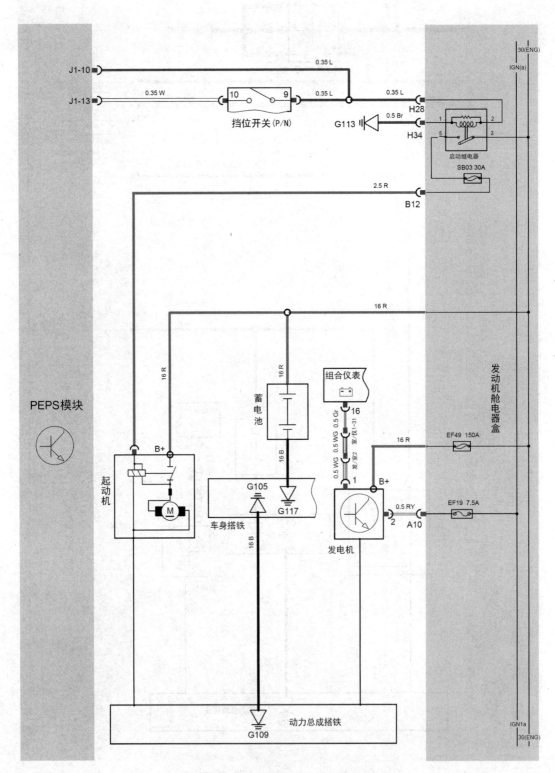

图 9-2 充电与启动系统电路图（CVT 车型）

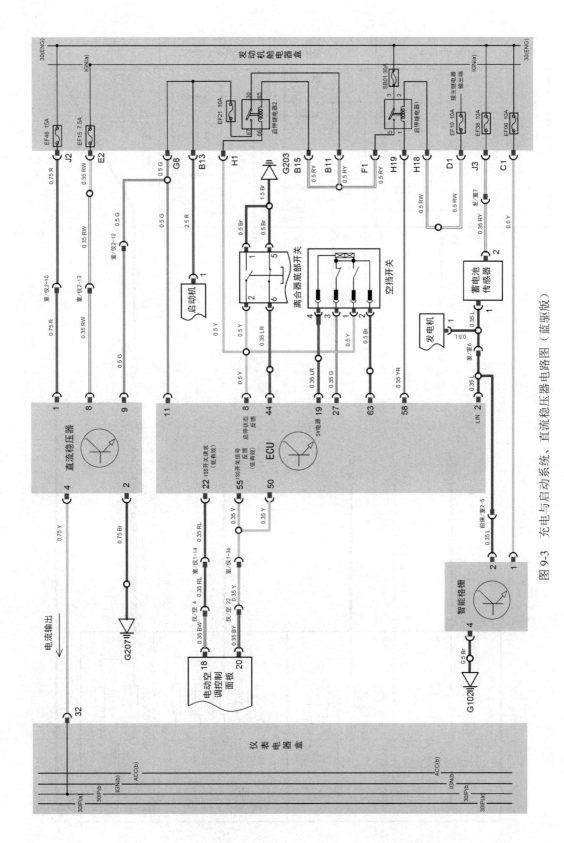

图 9-3 充电与启动系统、直流稳压器电路图（蓝驱版）

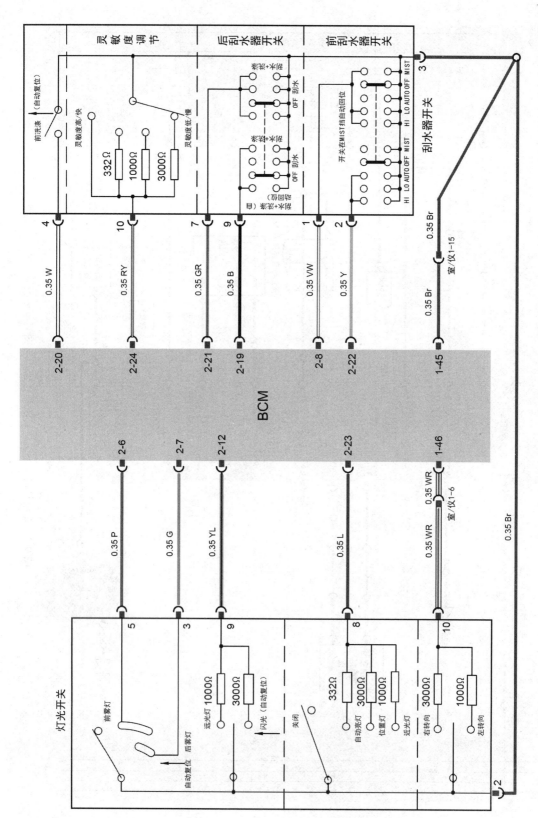

图 9-4 灯光开关与刮水器开关电路图

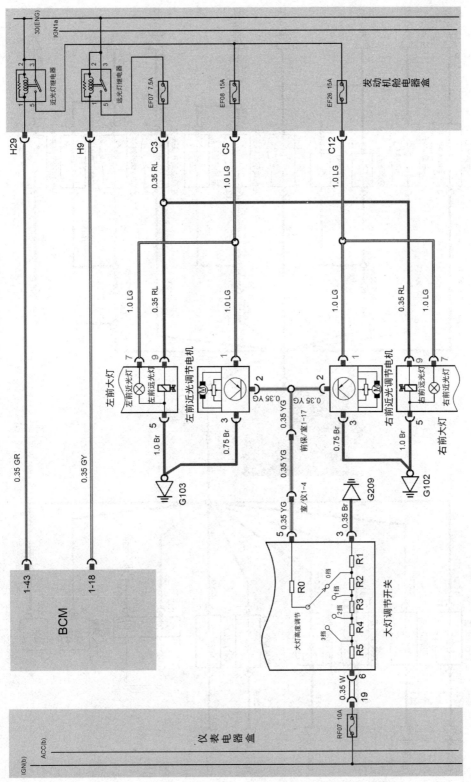

图 9-5 前照灯与大灯调节电路图

3. 前位置灯、夜光灯、氛围灯与牌照灯

奇瑞瑞虎 7 汽车的前位置灯、夜光灯、氛围灯与牌照灯电路如图 9-6 所示。

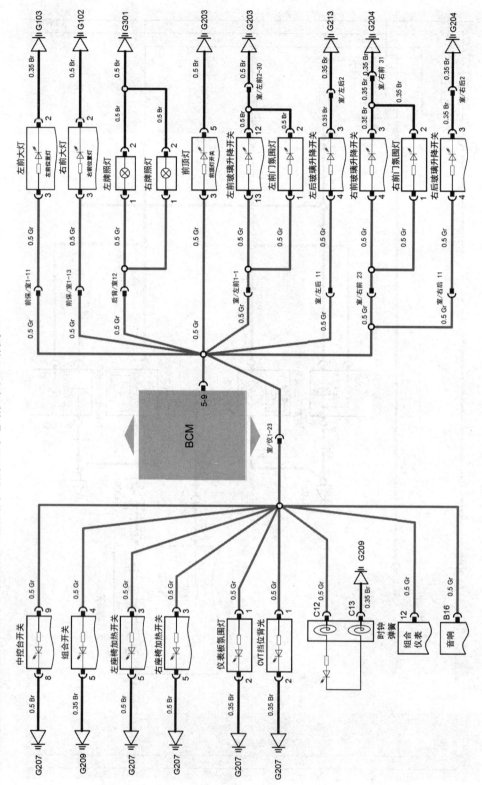

图 9-6 前位置灯、夜光灯、氛围灯与牌照灯电路图

4. 前后雾灯与倒车灯

奇瑞瑞虎 7 汽车的前后雾灯与倒车灯电路如图 9-7 所示。

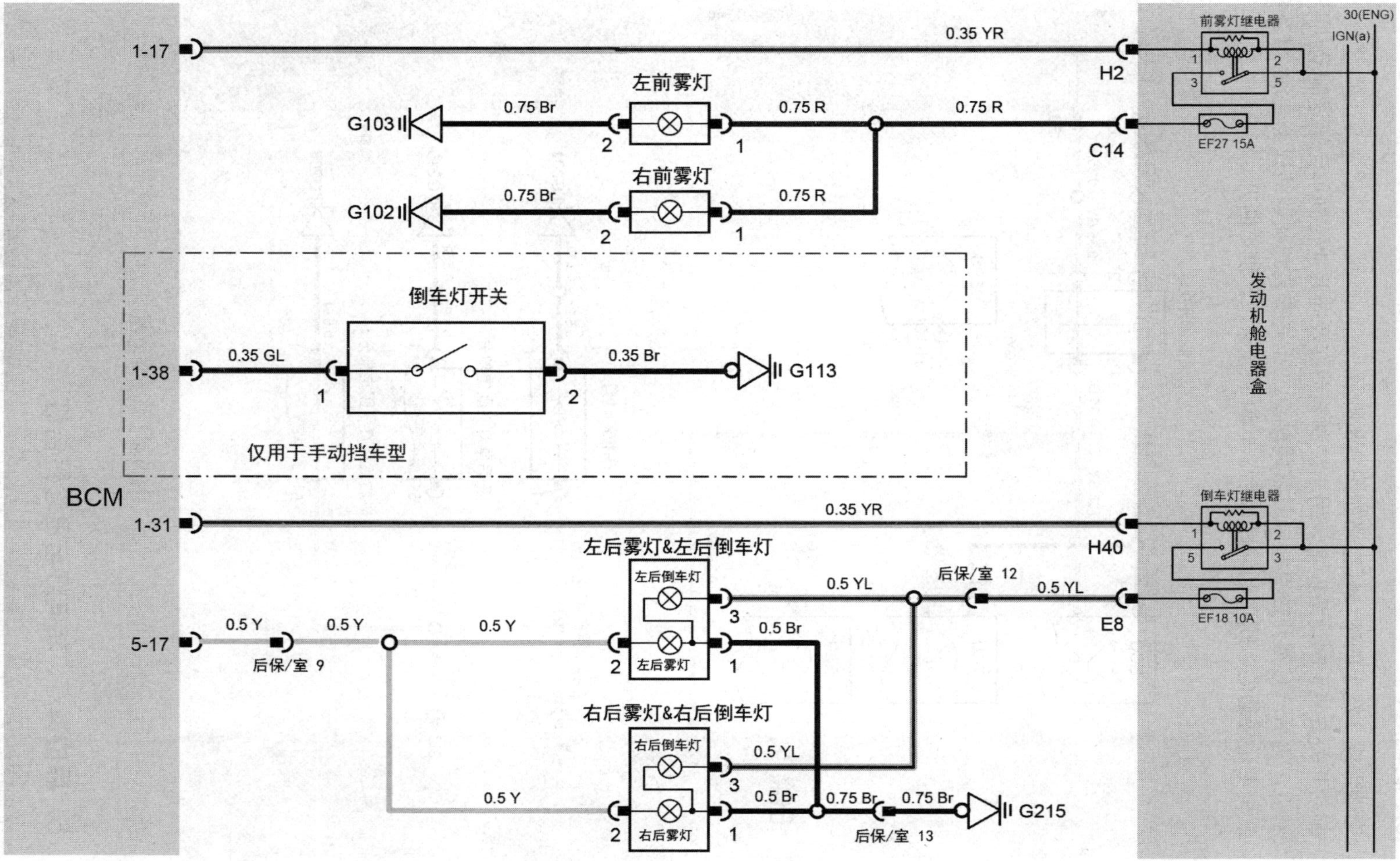

图 9-7 前后雾灯与倒车灯电路图

5. 制动灯

奇瑞瑞虎 7 汽车的制动灯电路如图 9-8 所示。

制动开关安装于制动踏板上，用于控制制动灯及向其他控制单元输送制动信号。开关采用双触点，包括一对常开触点和一对常闭触点。开关安装到制动踏板上之后，1#和3#是断开的，2#和4#是导通的。踩下制动踏板后，1#和3#导通，2#和4#断开。

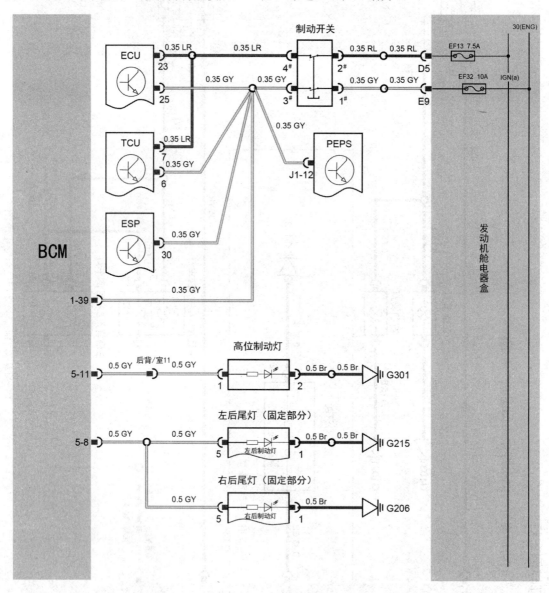

图 9-8 制动灯电路图

6. 后位置灯、转向灯与危险警告灯

奇瑞瑞虎 7 汽车的后位置灯、转向灯与危险警告灯电路如图 9-9 所示。

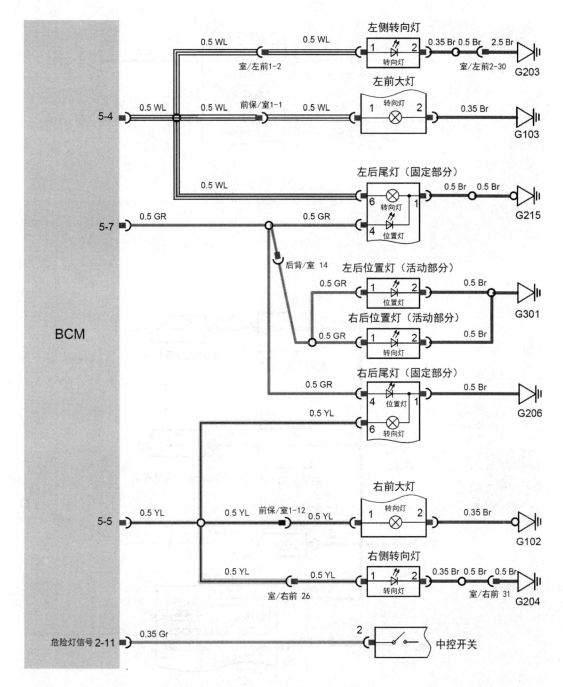

图 9-9 后位置灯、转向灯与危险警告灯电路图

7. 日间行车灯与车内灯

奇瑞瑞虎 7 汽车的日间行车灯与车内灯电路如图 9-10 所示。

发动机正常运行，远近光灯、前雾灯均未开启时，日间行车灯自动激活。当小灯、近光灯、前雾灯打开后，日间行车灯关闭。点火开关打开，开启音响，按中控面板上的 SET 键，可以设置日间行车灯为开启或不开启。

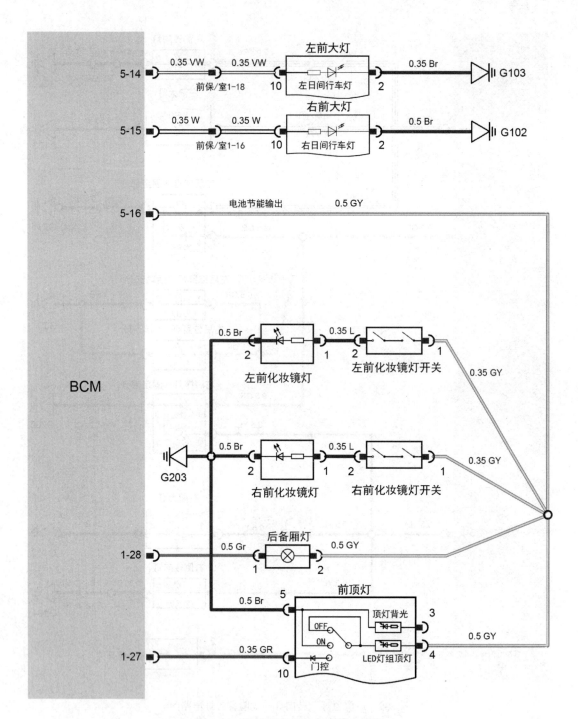

图 9-10 日间行车灯与车内灯电路图

三、刮水器与洗涤器

奇瑞瑞虎 7 汽车的刮水器与洗涤器电路如图 9-11 所示。

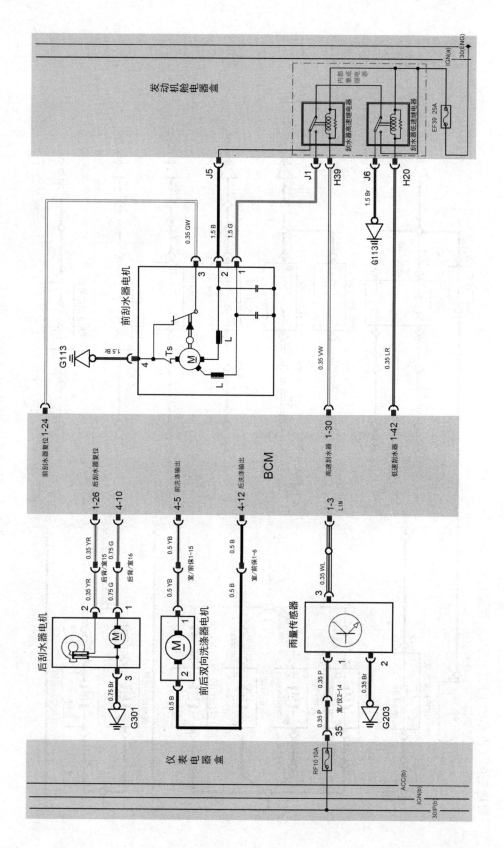

图 9-11 刮水器与洗涤器电路图

四、中控门锁与后视镜折叠

奇瑞瑞虎 7 汽车的中控门锁与后视镜折叠电路如图 9-12 所示。

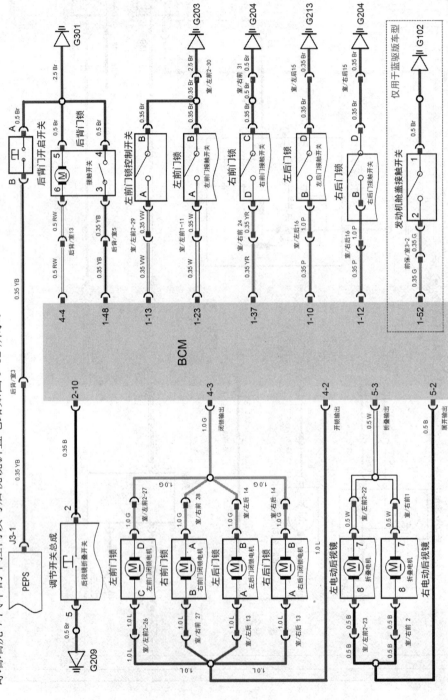

图 9-12 中控门锁与后视镜折叠电路图

五、无钥匙进入与启动系统（PEPS）

奇瑞瑞虎 7 汽车的无钥匙进入与启动系统电路如图 9-13、图 9-14 所示。

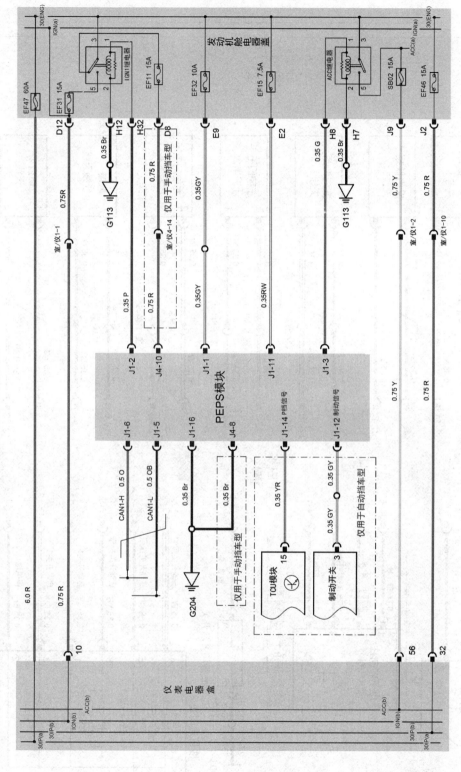

图 9-13　无钥匙进入与启动系统电路图 1

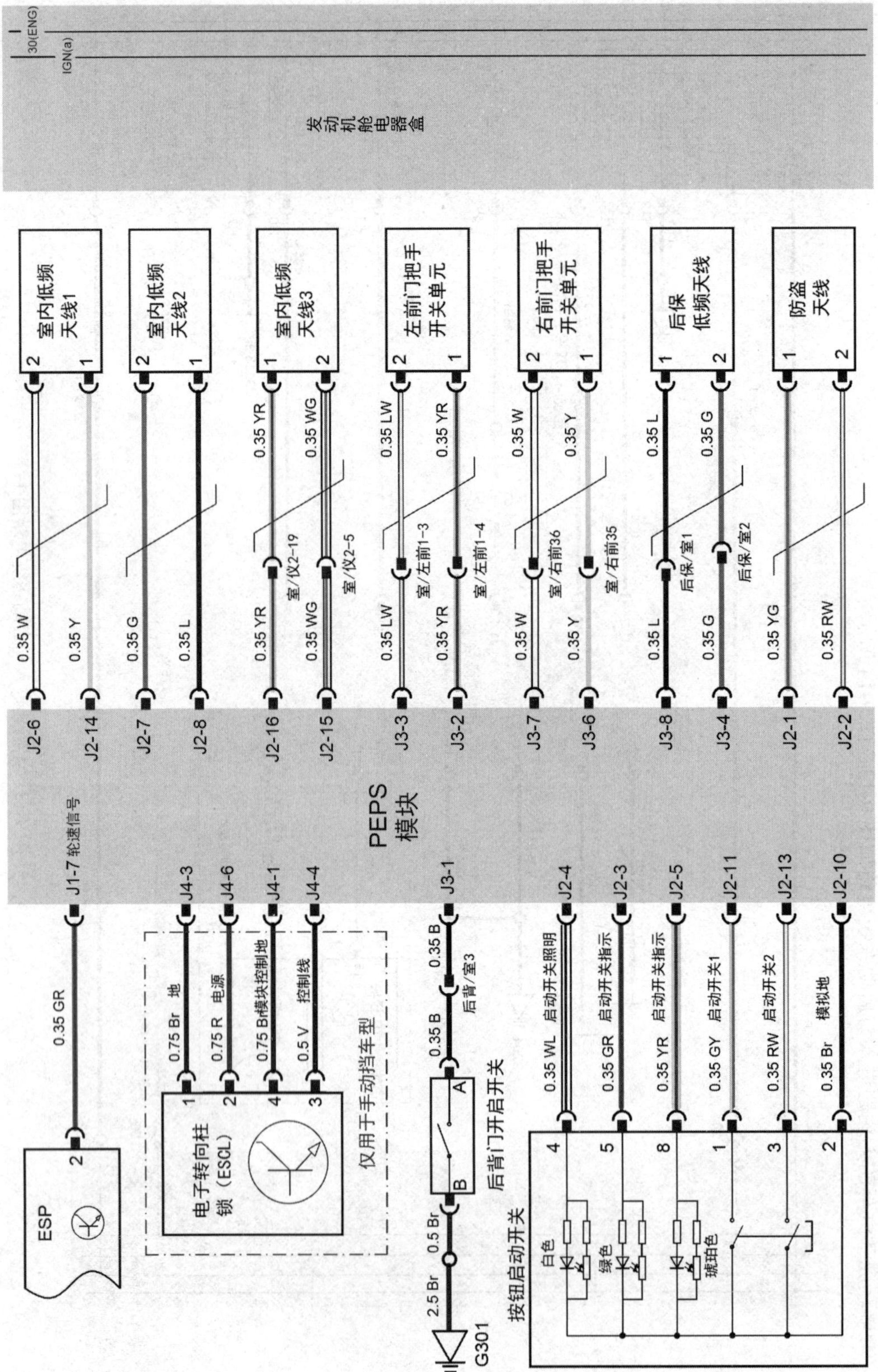

图 9-14 无钥匙进入与启动系统电路图 2

六、电动车窗、除霜和喇叭

奇瑞瑞虎 7 汽车的电动车窗、除霜和喇叭电路如图 9-15、图 9-16 所示。

玻璃升降开关用于控制四门玻璃升降。左前玻璃升降开关可以控制其他四门玻璃的升降，还可以让驾驶员通过中控开关控制中控门锁。

BCM 检测各玻璃升降开关的输入情况，然后驱动玻璃升降电机正转或反转。按下喇叭开关时，BCM 控制喇叭继电器电磁线圈接地，接通喇叭工作电路。按下空调面板上的后除霜按钮时，BCM 将通过后除霜继电器接通后视镜加热和后风挡玻璃加热电路。

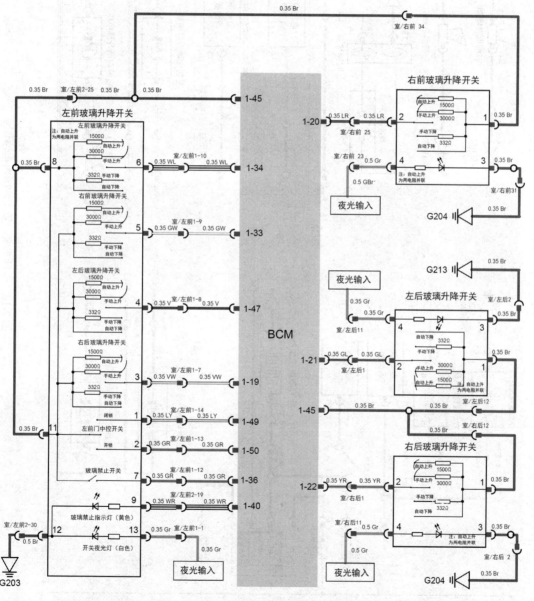

图 9-15　电动车窗、除霜和喇叭电路图 1

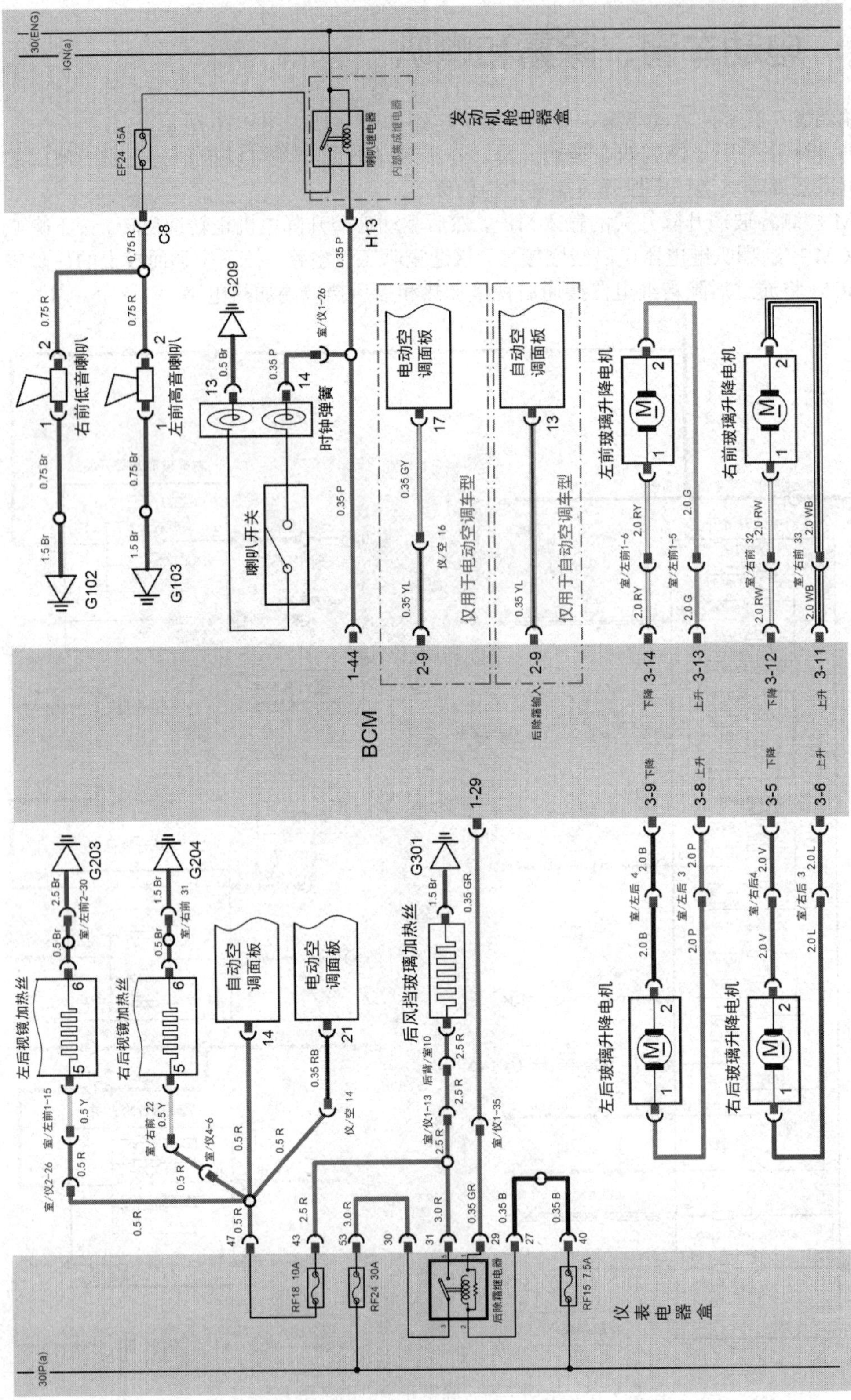

图 9-16 电动车窗、除霜和喇叭电路图 2

七、电动天窗和点烟器

奇瑞瑞虎 7 汽车的电动天窗和点烟器电路如图 9-17 所示。

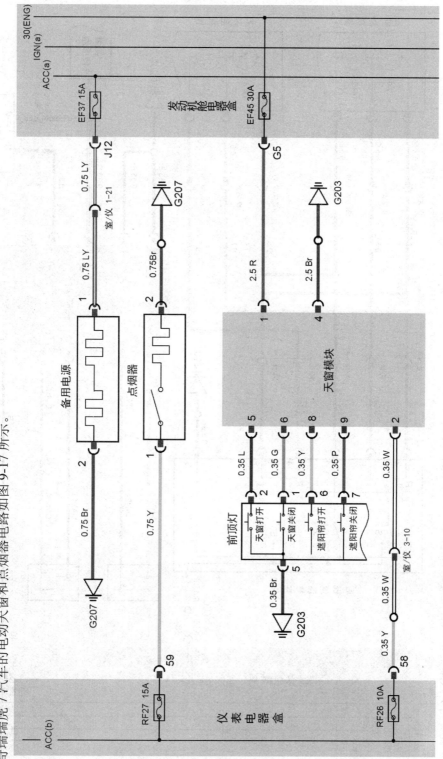

图 9-17　电动天窗和点烟器电路图

八、电动后视镜与诊断接口

奇瑞瑞虎7汽车的电动后视镜与诊断接口电路如图9-18所示。

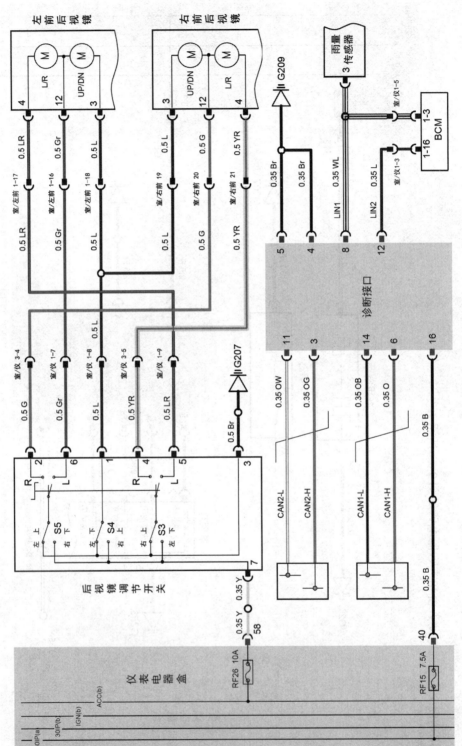

图9-18 电动后视镜与诊断接口电路图

九、电动座椅和座椅加热

奇瑞瑞虎 7 汽车的电动座椅调节电路如图 9-19 所示。

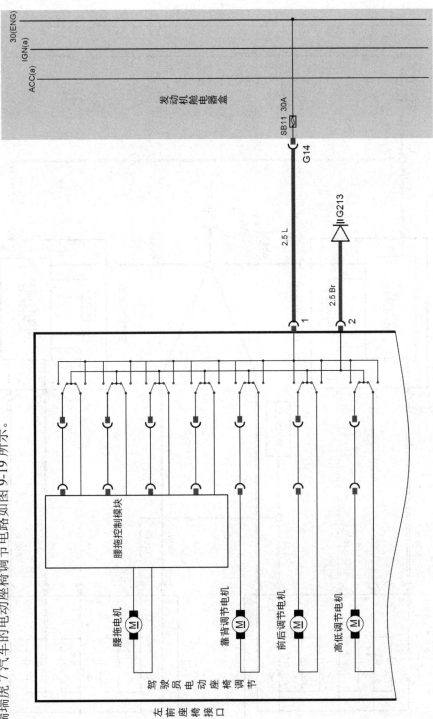

图 9-19　电动座椅调节电路图

奇瑞瑞虎7汽车的座椅加热电路如图9-20所示。

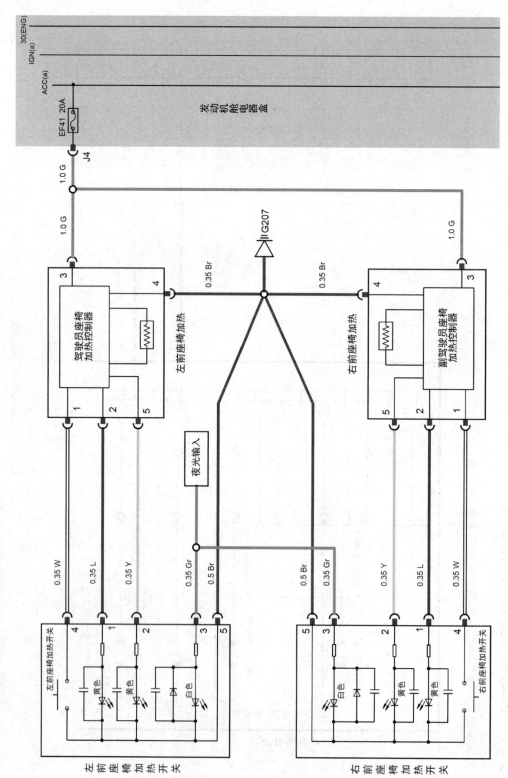

图9-20 座椅加热电路图

十、电动空调系统

奇瑞瑞虎 7 汽车的电动空调系统电路如图 9-21、图 9-22 所示。

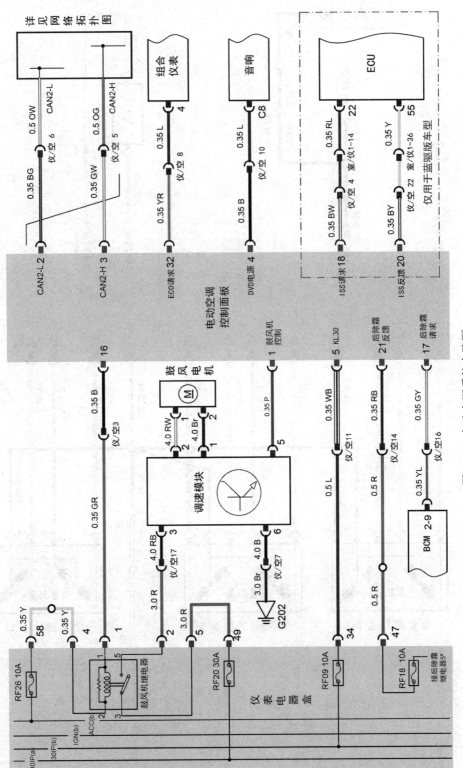

图 9-21 电动空调系统电路图 1

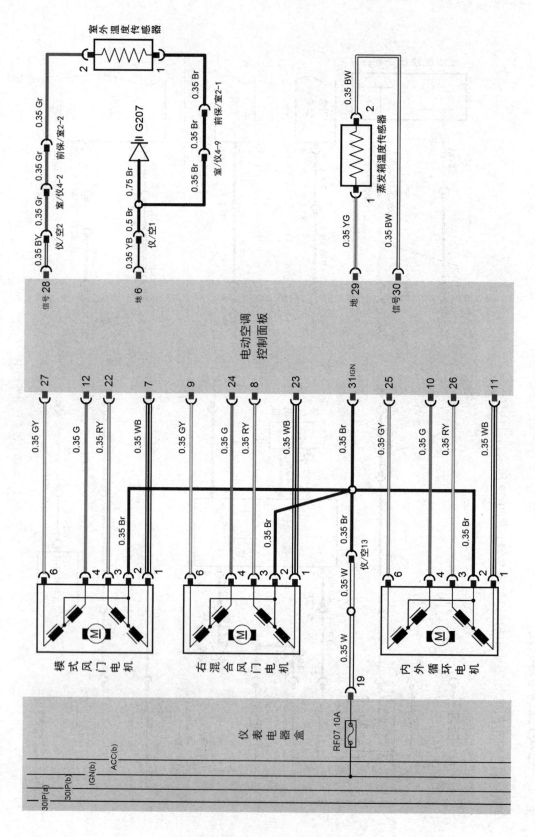

图 9-22 电动空调系统电路图 2

十一、自动空调系统

奇瑞瑞虎 7 汽车的自动空调系统电路如图 9-23～图 9-25 所示。

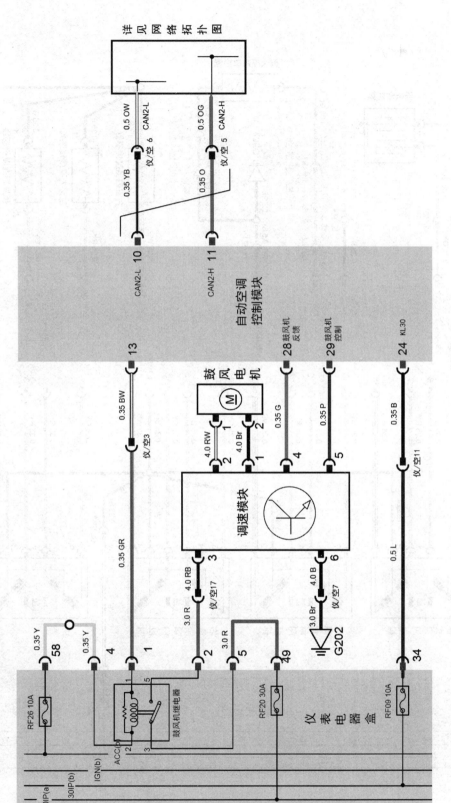

图 9-23 自动空调系统电路图 1

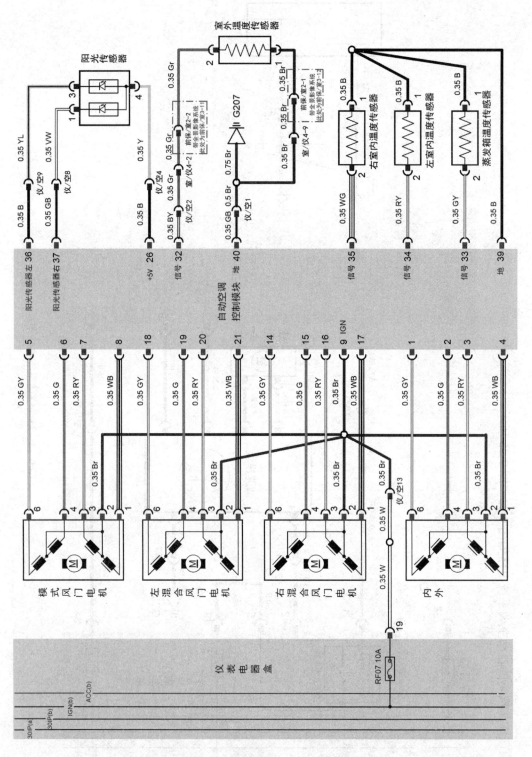

图 9-24 自动空调系统电路图 2

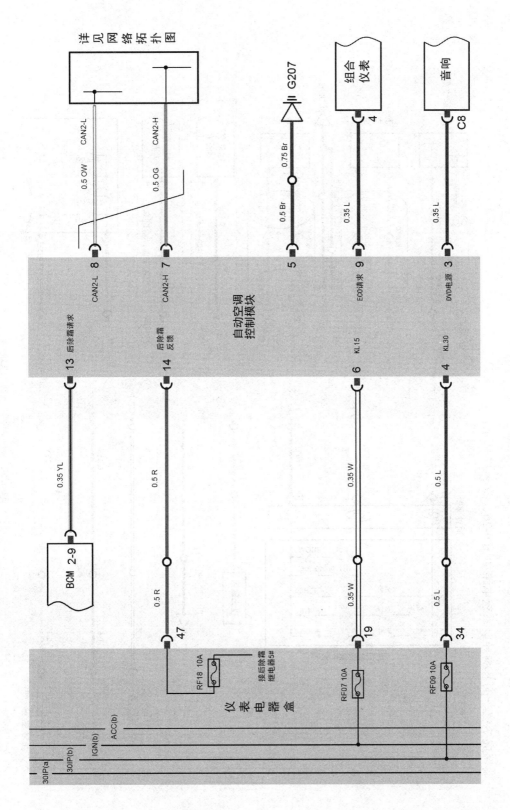

图 9-25 自动空调系统电路图 3

十二、音响导航系统

奇瑞瑞虎 7 汽车的音响导航系统电路如图 9-26、图 9-27 所示。

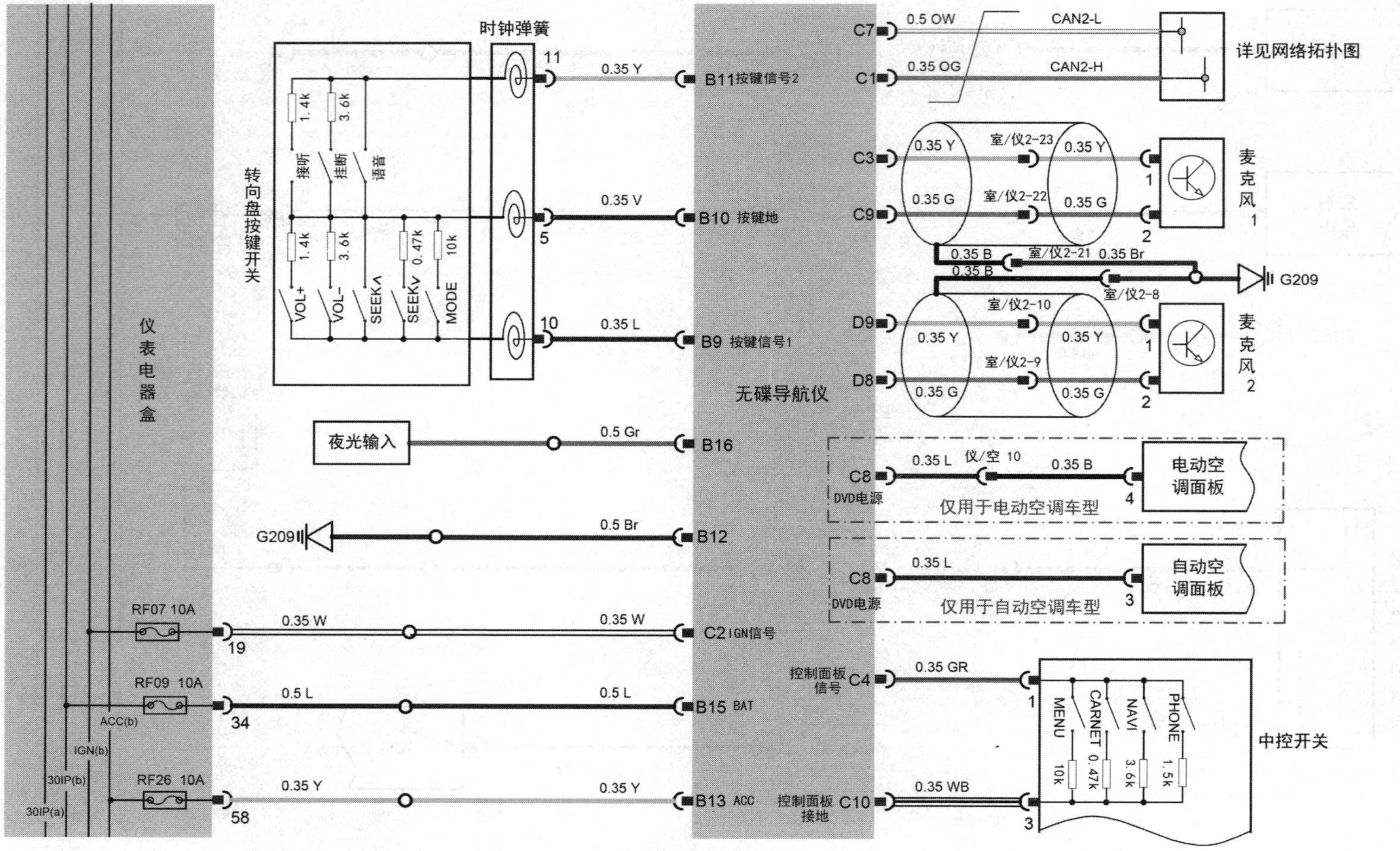

图 9-26 音响导航系统电路图 1

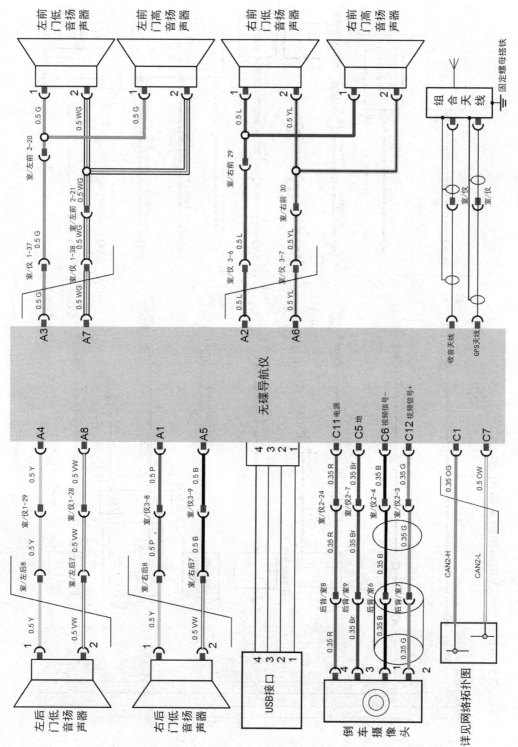

图 9-27 音响导航系统电路图 2

第九章 2016～2017 奇瑞瑞虎 7 电路图与元件位置

十三、组合仪表

奇瑞瑞虎 7 汽车的组合仪表电路如图 9-28 所示。

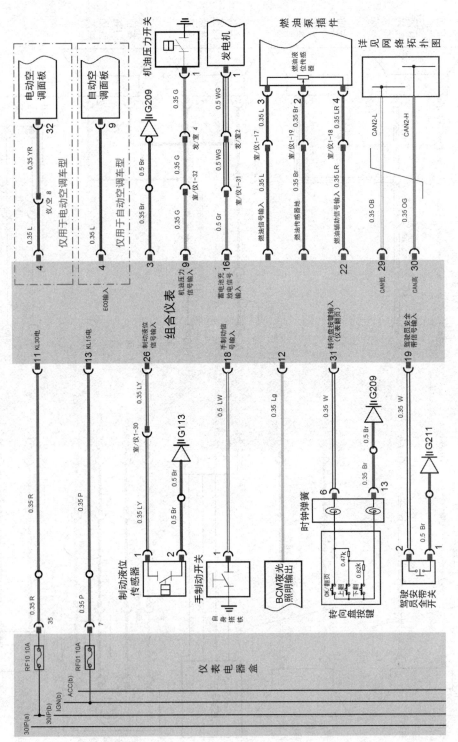

图 9-28 组合仪表电路图

十四、倒车雷达系统

奇瑞瑞虎 7 汽车的倒车雷达系统电路如图 9-29 所示。

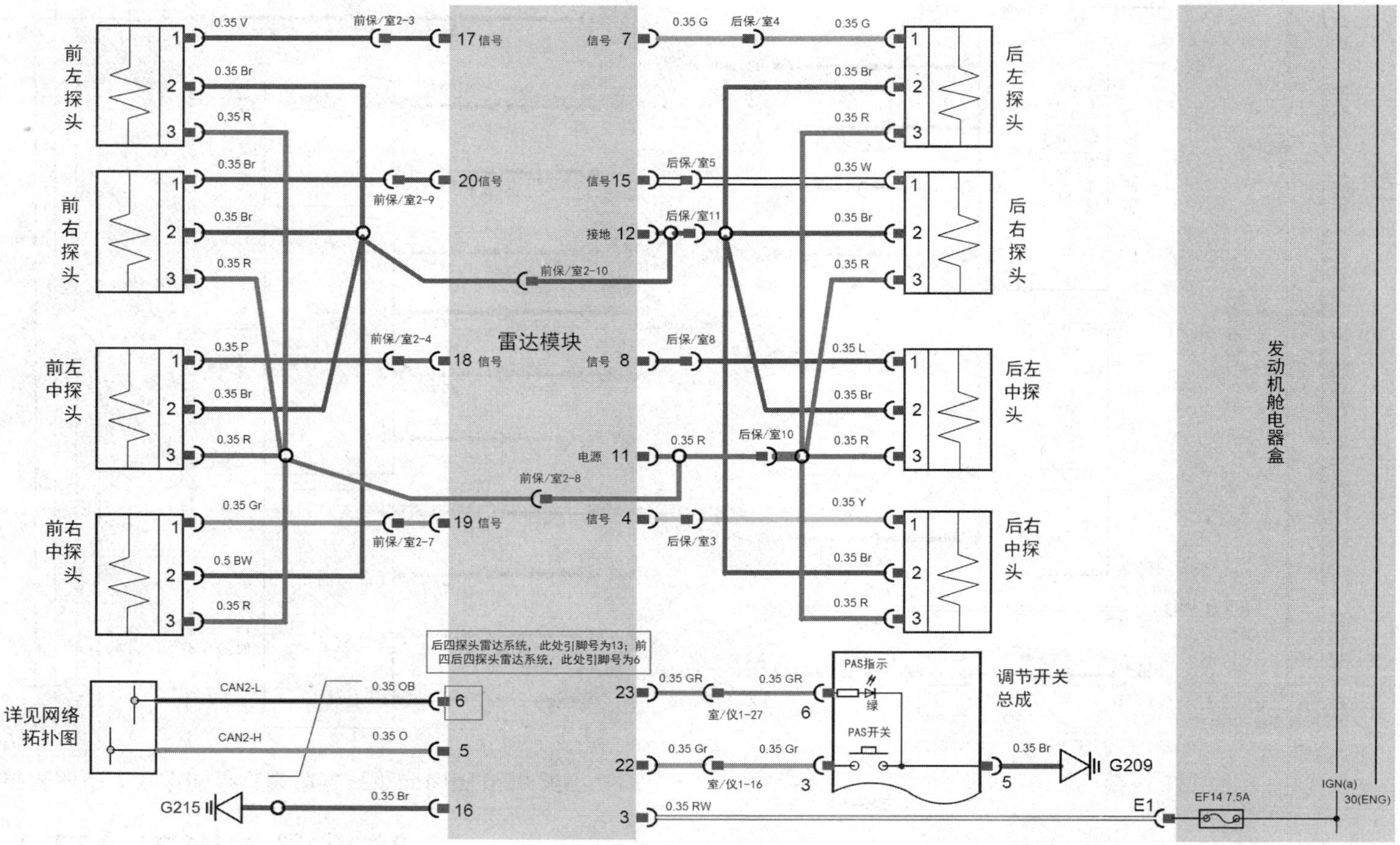

图 9-29　倒车雷达系统电路图

十五、全景影像系统

奇瑞瑞虎7汽车的全景影像系统电路如图9-30所示。

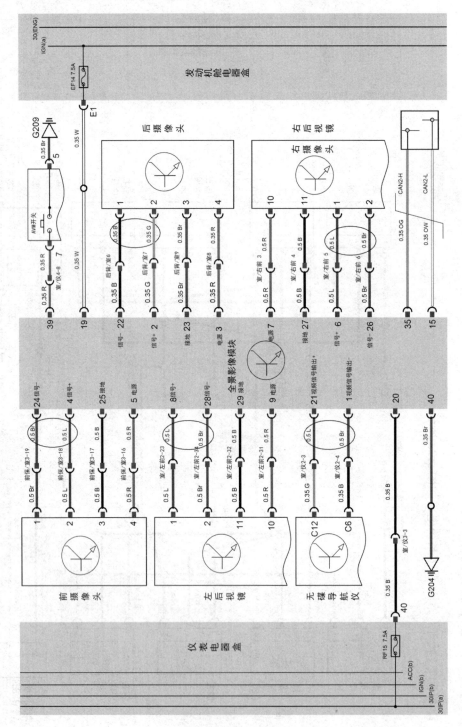

图9-30 全景影像系统电路图

十六、BCM 电源、网络通信

车身控制模块（BCM）集中控制了车辆大部分电器，为车身电器系统中的重要部件。奇瑞瑞虎 7 汽车的 BCM 电源、网络通信电路如图 9-31 所示。

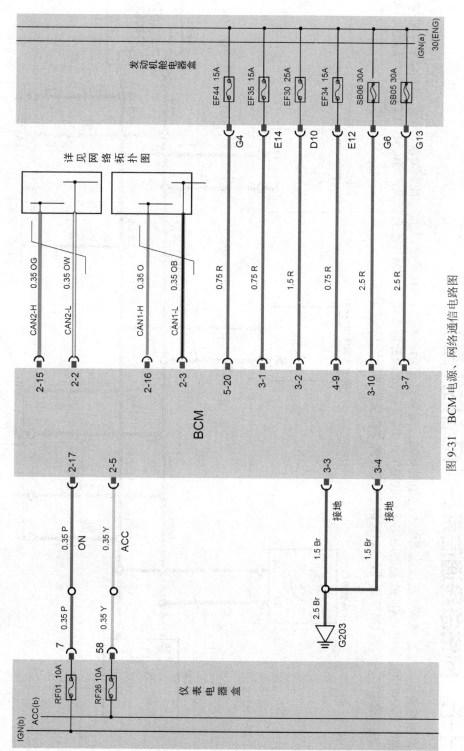

图 9-31 BCM 电源、网络通信电路图

十七、网络总线通信系统（网络拓扑图）

奇瑞瑞虎 7 汽车的网络总线通信系统电路如图 9-32、图 9-33 所示。数据通信系统的大部分控制器及诊断接口都是通过 CAN 总线连接的，CAN 控制器和 CAN 收发器均集成在电控单元中。终端电阻分别集成在 ICM（组合仪表）、BCM、ECU 中，形成以 BCM 和 ECU 为终端电阻的动力 CAN 总线，以 BCM 和 ICM 为终端电阻的舒适 CAN 总线。

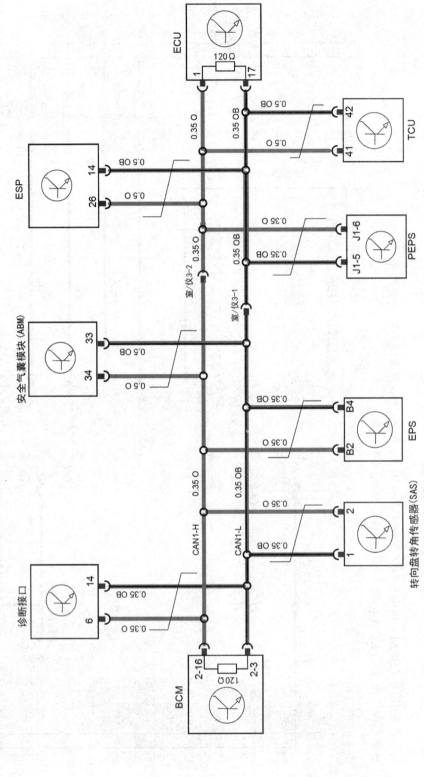

图 9-32　网络总线通信系统电路图 1

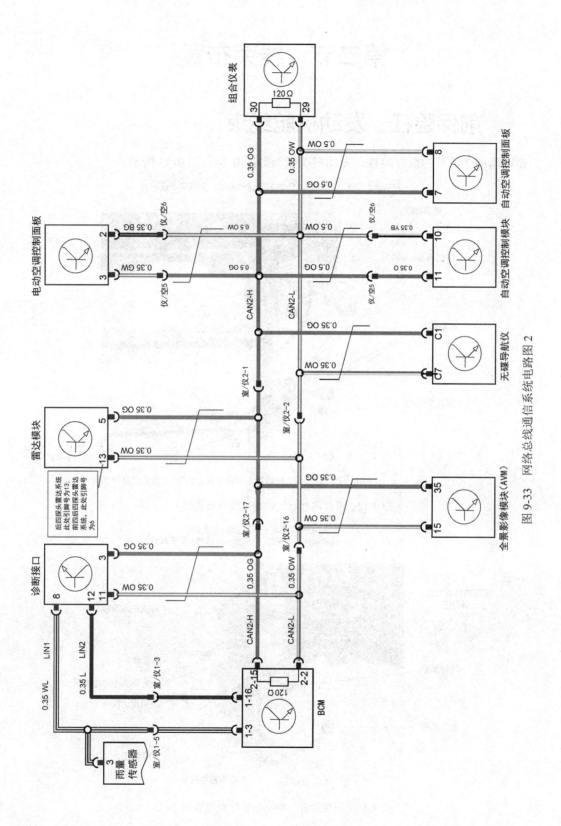

图 9-33 网络总线通信系统电路图 2

第二节 线束布置

一、前保险杠、发动机舱线束

奇瑞瑞虎 7 汽车的前保险杠、发动机舱线束如图 9-34、图 9-35 所示。

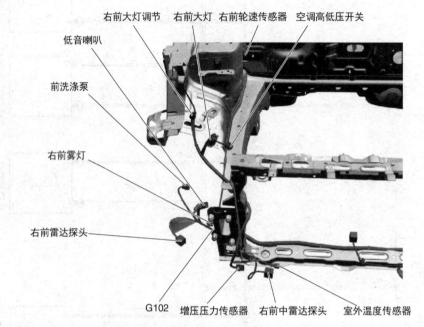

图 9-34 前保险杠、发动机舱线束布置图 1

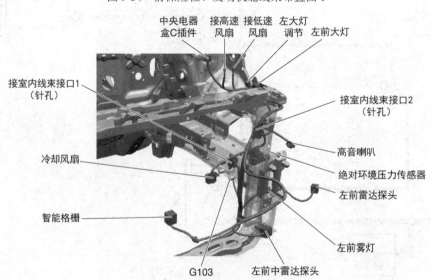

图 9-35 前保险杠、发动机舱线束布置图 2

二、仪表板线束

奇瑞瑞虎 7 汽车的仪表板线束如图 9-36～图 9-38 所示。

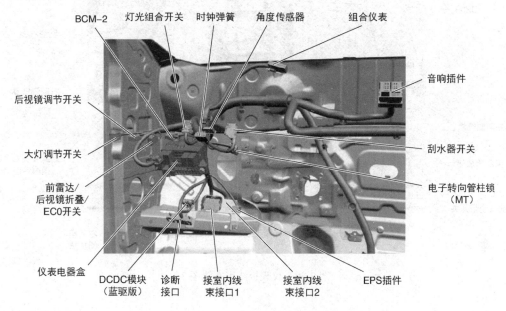

图 9-36　仪表板线束布置图 1

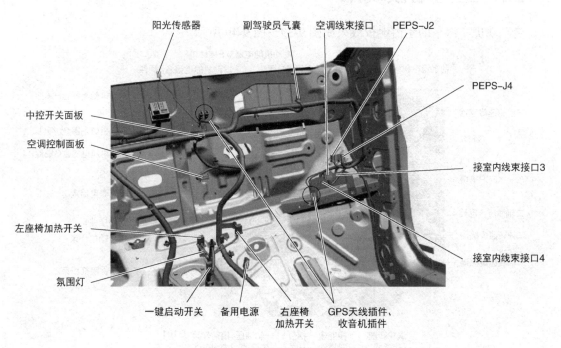

图 9-37　仪表板线束布置图 2

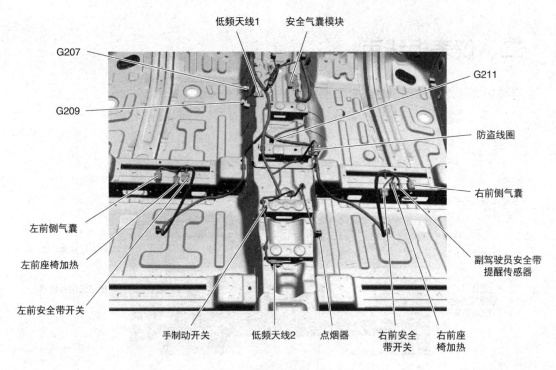

图9-38 仪表板线束布置图3

三、室内地板线束

奇瑞瑞虎7汽车的室内地板线束如图9-39～图9-49所示。

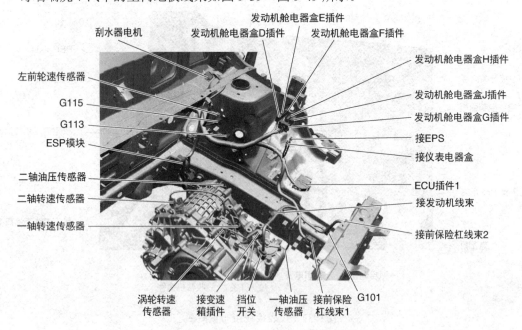

图9-39 室内地板线束布置图1

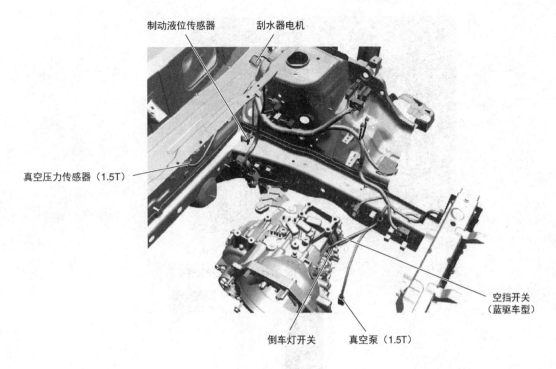

图 9-40　室内地板线束布置图 2

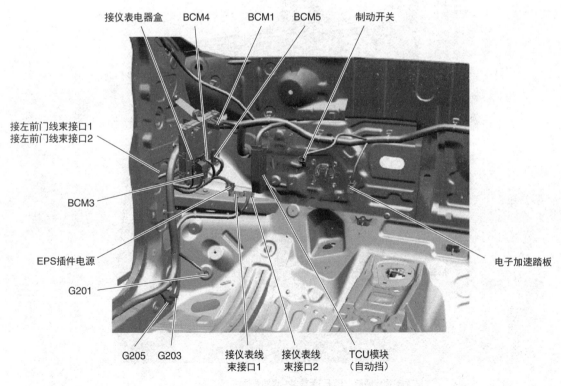

图 9-41　室内地板线束布置图 3

图 9-42 室内地板线束布置图 4

图 9-43 室内地板线束布置图 5

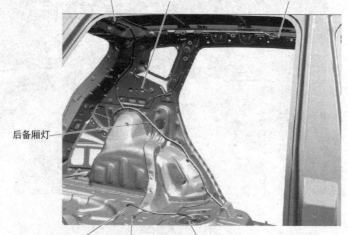

图 9-44 室内地板线束布置图 6

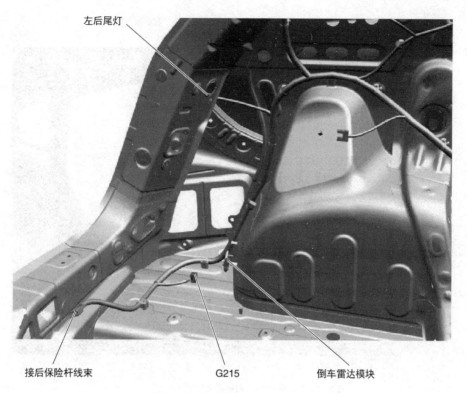

图 9-45 室内地板线束布置图 7

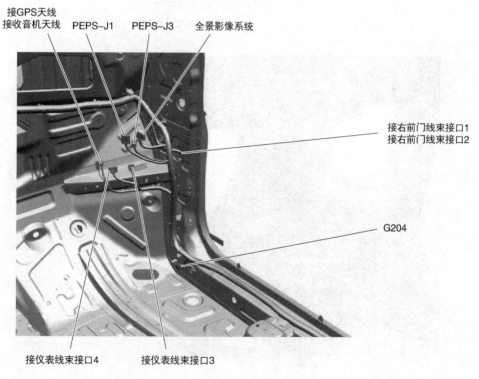

图 9-46 室内地板线束布置图 8

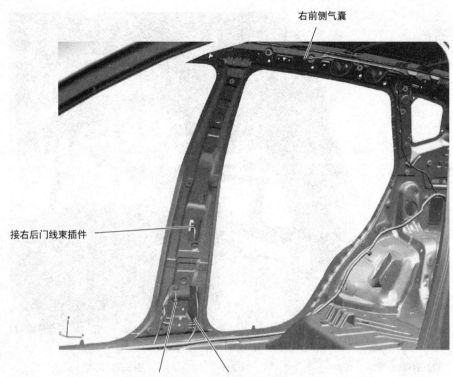

图 9-47 室内地板线束布置图 9

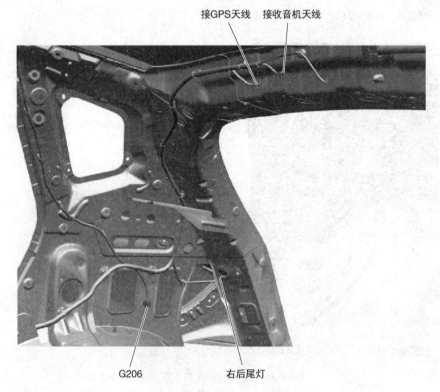

图 9-48 室内地板线束布置图 10

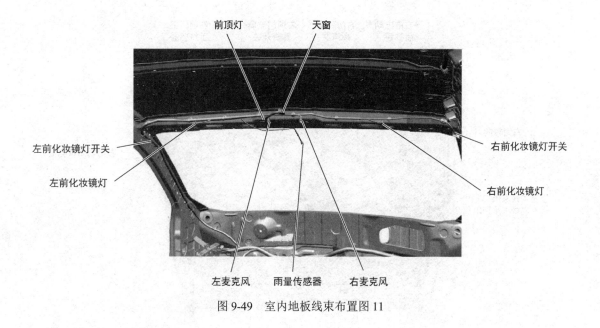

图 9-49　室内地板线束布置图 11

四、车门线束

奇瑞瑞虎 7 汽车的左前门线束如图 9-50 所示。

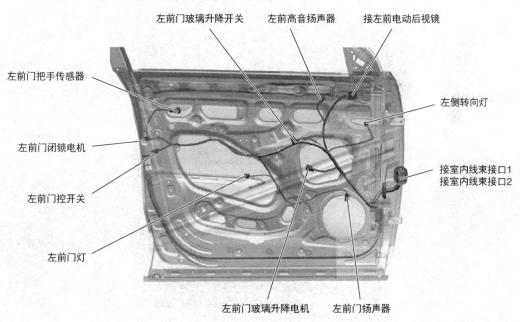

图 9-50　左前门线束布置图

奇瑞瑞虎 7 汽车的右前门线束如图 9-51 所示。

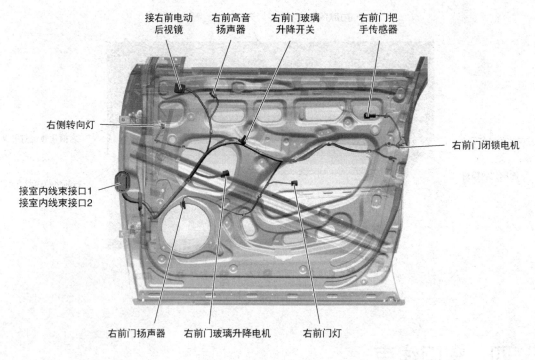

图 9-51 右前门线束布置图

奇瑞瑞虎 7 汽车的左后门线束如图 9-52 所示。

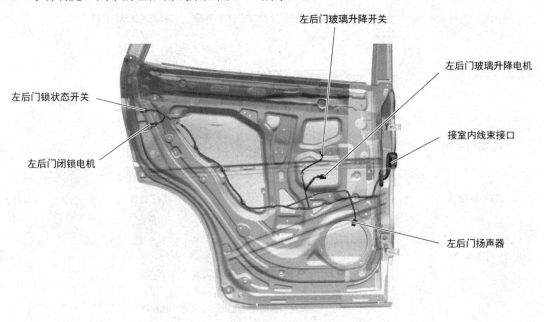

图 9-52 左后门线束布置图

奇瑞瑞虎 7 汽车的后背门线束如图 9-53 所示。

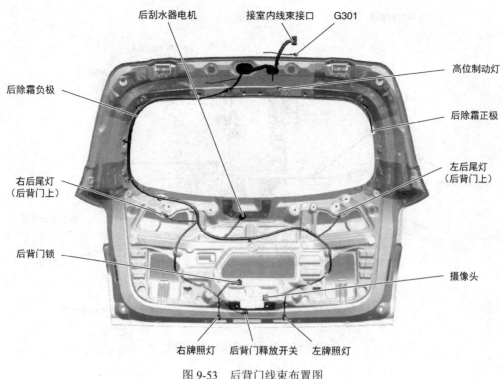

图 9-53 后背门线束布置图

五、后保险杠线束

奇瑞瑞虎 7 汽车的后保险杠线束如图 9-54 所示。

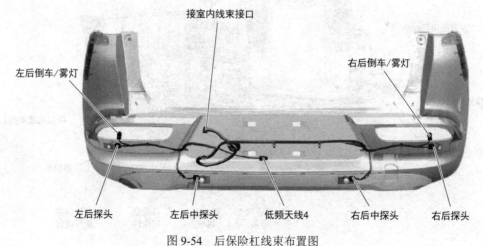

图 9-54 后保险杠线束布置图

六、空调线束

奇瑞瑞虎 7 汽车的电动空调线束如图 9-55 所示。

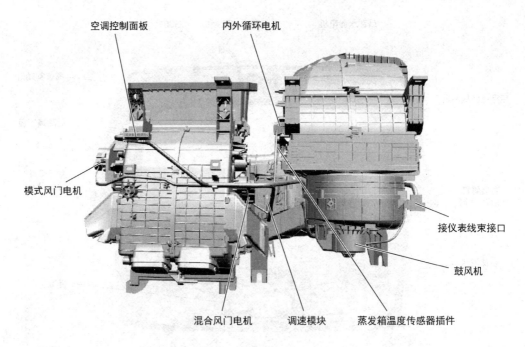

图 9-55　电动空调线束布置图

奇瑞瑞虎 7 汽车的自动空调线束如图 9-56 所示。

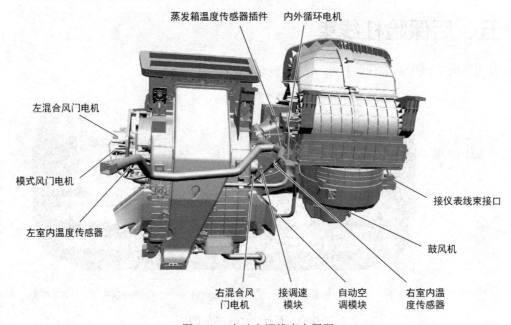

图 9-56　自动空调线束布置图

七、电源线束

奇瑞瑞虎 7 汽车的电源线束如图 9-57、图 9-58 所示。

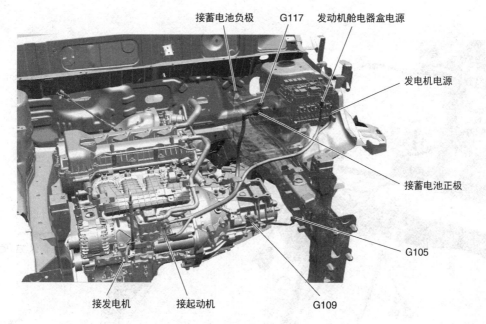

图 9-57　电源线束布置图 1

图 9-58　电源线束布置图 2

八、整车线束插接器

奇瑞瑞虎 7 汽车的整车线束插接器位置如图 9-59～图 9-68 所示。

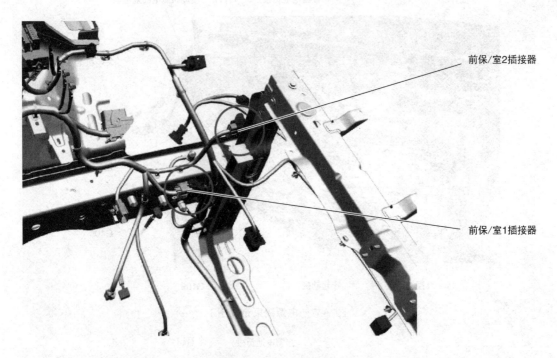

图 9-59 前保/室插接器位置

图 9-60 发/室插接器位置

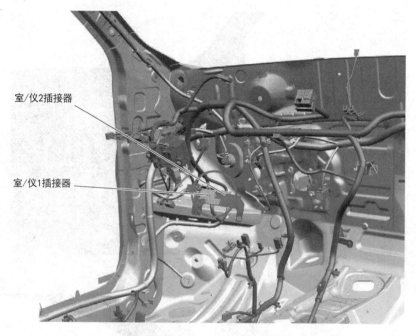

图 9-61 室/仪 1、2 插接器位置

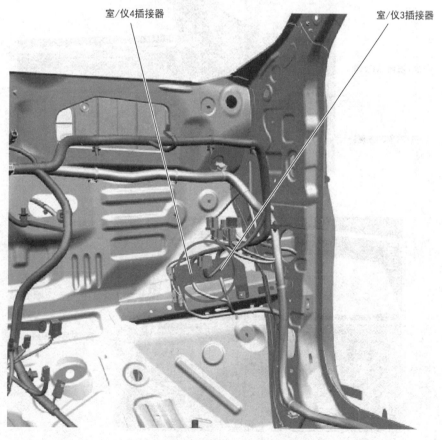

图 9-62 室/仪 3、4 插接器位置

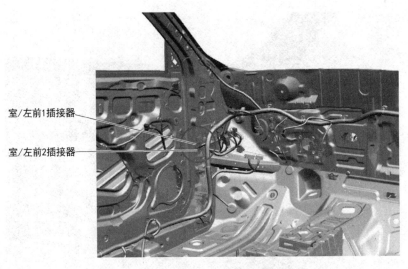

图 9-63 室/左前插接器位置

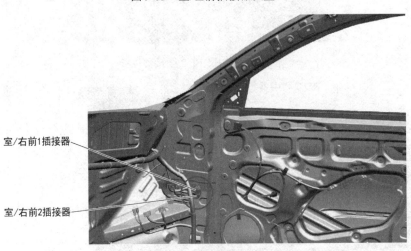

图 9-64 室/右前插接器位置

图 9-65 室/左后插接器位置

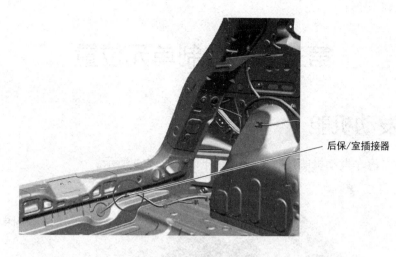

图 9-66　后保/室插接器位置

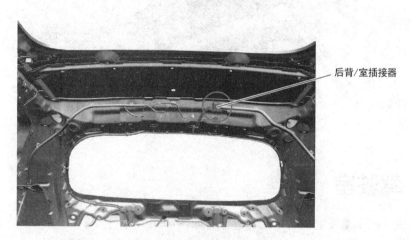

图 9-67　后背/室插接器位置

图 9-68　仪/空插接器位置

第三节 控制单元位置

一、发动机舱

奇瑞瑞虎 7 汽车发动机舱控制单元位置分布如图 9-69 所示。

图 9-69 发动机舱控制单元位置分布图

二、驾驶室

奇瑞瑞虎 7 汽车驾驶室控制单元位置分布如图 9-70 所示。

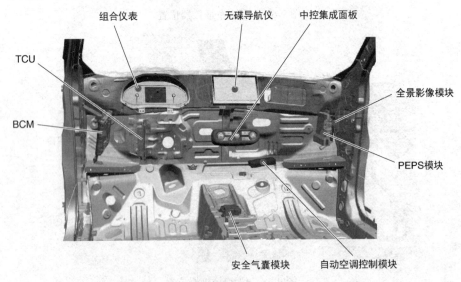

图 9-70 驾驶室控制单元位置分布图

三、后备厢

奇瑞瑞虎 7 汽车后备厢控制单元位置分布如图 9-71 所示。

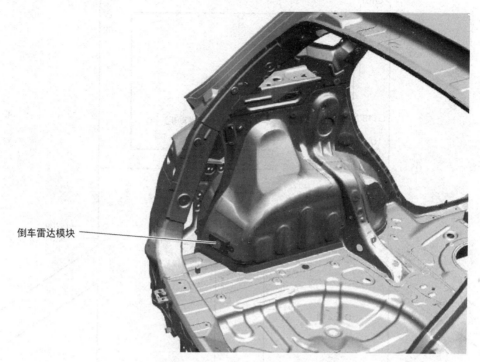

图 9-71　后备厢控制单元位置分布图

第四节　接地点分布

一、整车接地点分布

奇瑞瑞虎 7 汽车整车接地点分布如图 9-72 所示。

二、发动机舱线束接地点

奇瑞瑞虎 7 汽车发动机舱线束接地点分布如图 9-73~图 9-75 所示。

三、室内地板线束接地点

奇瑞瑞虎 7 汽车室内地板线束接地点分布如图 9-76~图 9-81 所示。

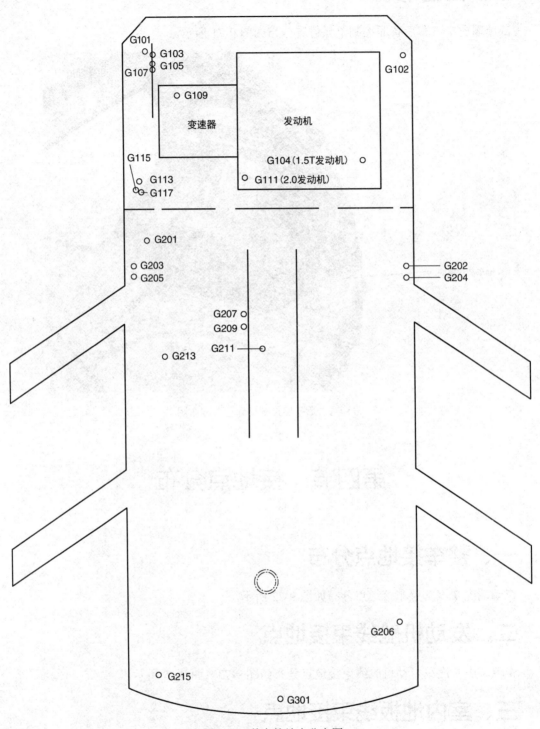

图 9-72 整车接地点分布图

图 9-73 发动机舱线束接地点分布图 1

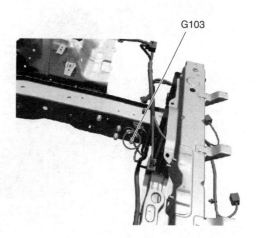

图 9-74 发动机舱线束接地点分布图 2

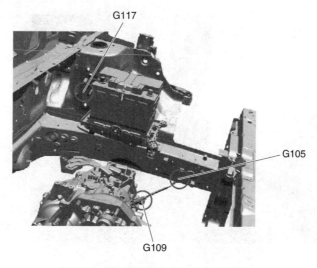

图 9-75 发动机舱线束接地点分布图 3

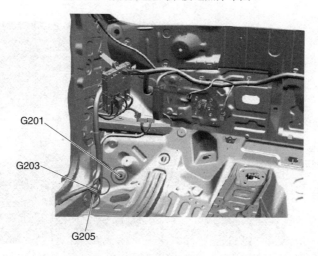

图 9-76 室内地板线束接地点分布图 1

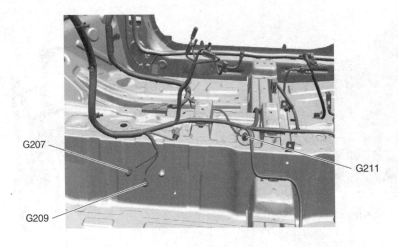

图 9-77 室内地板线束接地点分布图 2

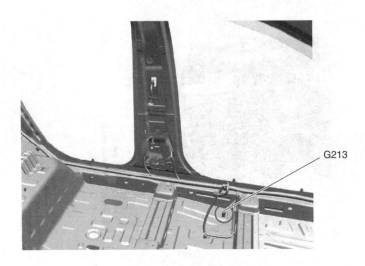

图 9-78 室内地板线束接地点分布图 3

图 9-79 室内地板线束接地点分布图 4

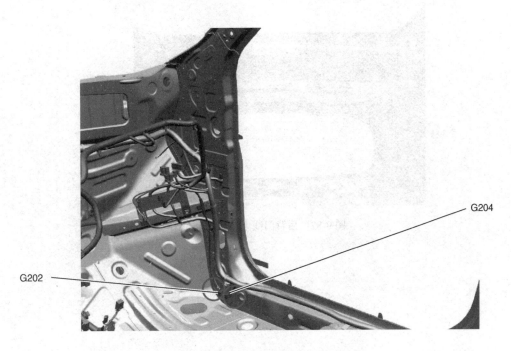

图 9-80 室内地板线束接地点分布图 5

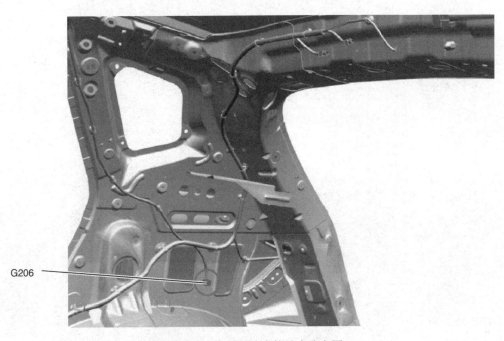

图 9-81 室内地板线束接地点分布图 6

四、后背门线束接地点

奇瑞瑞虎 7 汽车后背门线束接地点分布如图 9-82 所示。

图 9-82　后背门线束接地点分布图

附 录

本书使用说明

本书介绍了国产自主品牌汽车电气系统的电路图、线束布置、电气元件/控制单元位置分布和接地点分布。这些电气系统包括充电与启动系统、照明与信号系统、刮水器与洗涤器、中控门锁和防盗系统、无钥匙进入与启动系统、电动车窗、电动天窗、电动后视镜、电动座椅调节系统、空调系统、音响娱乐系统和组合仪表等。

以第二章为例，该章的第一节为长城哈弗 H6 汽车的电气系统电路图，第二节是线束布置，第三节是电气元件/控制单元在车上的位置，第四节介绍了接地点分布。

（1）电路图按系统分，方便查看。电气系统电路图配有简要的电路原理说明，有的还配备了系统原理图，有利于全局把握电路原理。如在第二章的"第一节 系统电路图""二、照明与信号系统"中，在图1（原图2-5）的前面介绍了系统的工作原理："长城哈弗 H6 的照

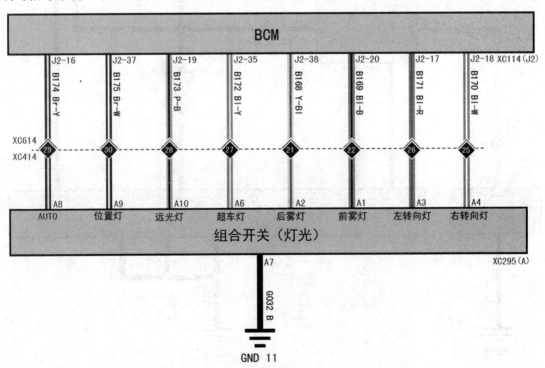

图1 灯光组合开关电路图

明与信号系统主要由 BCM 控制。BCM 检测灯光组合开关的位置和其他传感器开关信息,通过继电器或直接控制车内外灯的开启与关闭…"。

有了系统原理图和电路工作原理介绍,我们再来看电路原理图,那就简单多了,就能较快地了解电路系统的控制原理,弄懂主要控制单元、电气元件引脚的含义,以及它们的控制信号(或电源状态)和电路走向。

有的电路图前面或后面还列出了主要控制单元如 BCM、控制开关和执行器的引脚定义及功能描述(或端子信号说明)。当我们不知电路中控制单元某一引脚的性质时,通过查看引脚定义就可以很快了解相关线路的功能。

(2)本书的第二节是线束布置图。查看电路图 2(原图 2-7)时,如要寻找右前组合灯插件 XC254 或其他电气元件的位置,可在线束图 3(原图 2-39)中找到,它位于图 3 中标注 1 所指的位置。

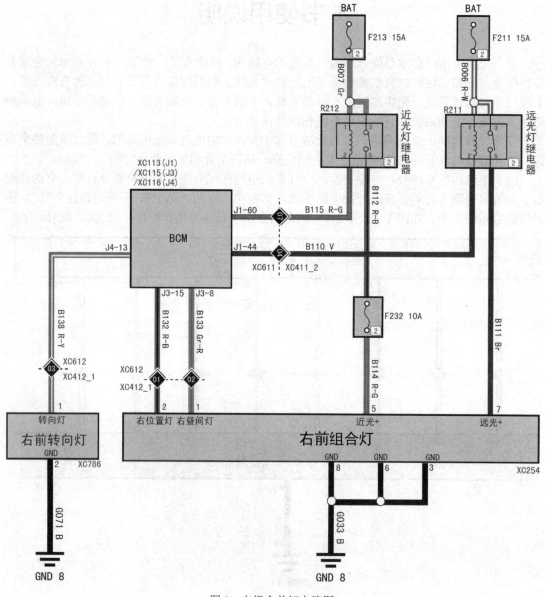

图 2　右组合前灯电路图

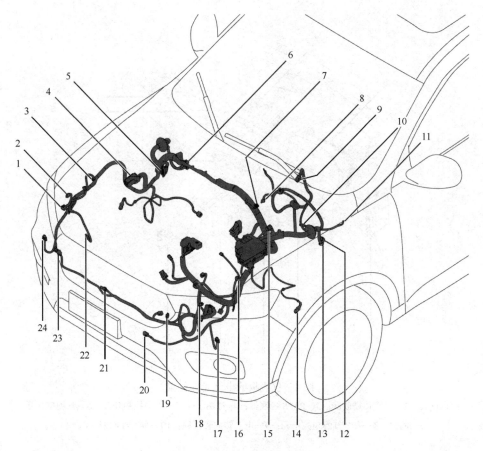

图3 发动机舱线束布置图

1—接右前组合灯 XC254；2—接右前转向灯 XC786；3—接空调管路压力传感器 XC074；4—接发动机 ECU-GW4C20 XC001；5—发动机舱线束对接发动机线束 XC606-XC406；6—发动机舱线束对接车身线束 1 XC412_1-XC612；7—接制动液位开关 XC106；8—接加速踏板模块 XC009；9—接 EPS 电源 XC048；10—接制动灯开关 XC003；11—B+；12—发动机舱线束对接车身线束 3 XC411_1-XC611；13—发动机舱线束对接车身线束 4 XC411_2-XC611；14—接左前轮速传感器 XC038；15—接制动真空传感器 XC108；16—接左前高调电机 XC249；17—接左前雾灯 XC244；18—接左前碰撞传感器 XC176；19—接 TCU 电子水泵 XC701；20—接室外温度传感器 XC742；21—接发动机罩锁微动开关 XC276；22—接右前碰撞传感器 XC177；23—接右侧电喇叭 XC200；24—接右前雾灯 XC245

（3）本书第三节是电气元件/控制单元位置图，它给出了各电气系统控制单元、控制开关、执行元件的安装位置。如果我们要更换长城哈弗 H6 的车身控制模块（BCM），通过查找图4（原图 2-56），便可确定 BCM 位于驾驶员仪表板左侧，非常直观易找。

（4）本书第四节是接地点分布图。接地（搭铁）不良是众多汽车电器故障的一大因素，本节按区域展示了各个接地点的分布位置。如果前照灯系统出现接触不良故障（大灯驶过颠簸路段时亮时不亮），我们可以先检测其接地点是否良好。

① 若要查找灯光组合开关的接地点 GND 11，我们可以在图5（原图 2-61）仪表板线束接地点中找到，它位于图5中标注3所指的位置。

② 若要查找右组合前灯的接地点 GND 8，我们可以在图6（原图 2-60）发动机舱线束接地点中找到，它位于图6中标注6所指的位置。

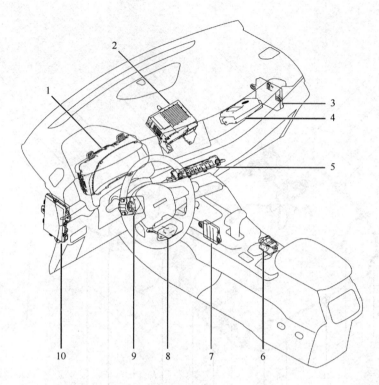

图 4 仪表板的电气元件位置

1—组合仪表；2—多媒体播放器；3—PEPS 控制器；4—T-BOX；5—中央控制开关；6—驾驶模式开关；
7—网关；8—安全气囊电控单元；9—电子转向管柱锁；10—车身控制器（BCM）

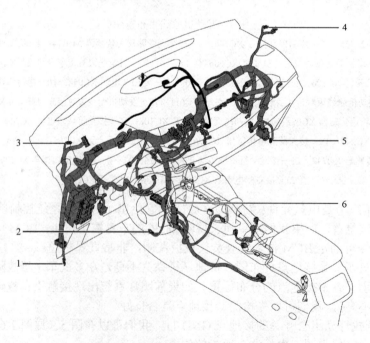

图 5 仪表板线束接地点分布图

1—GND10；2—GND13；3—GND11；4—GND14；5—GND15；6—GND12

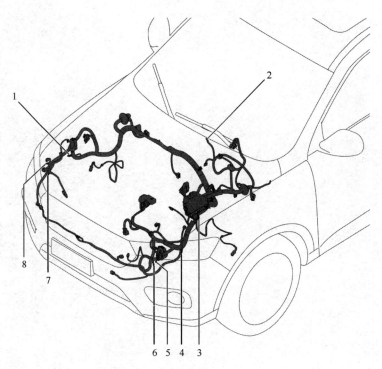

图6 发动机舱线束接地点分布图
1—GND9；2—GND6；3—GND5；4—GND23；5—GND4；6—GND8